S0-DZF-259

OCÉANO ATLÁNTICO

San Agustín

Miami

TRÓPICO DE CÁNCER

La Habana
Matanzas
Cienfuegos
Camagüey
CUBA
Guantánamo
Isla de
Pinos
Santiago
de Cuba
REPÚBLICA
DOMINICANA
Santiago
Islas
Vírgenes
HAITÍ
San Juan
JAMAICA
Puerto Príncipe
Ponce
Antigua
Santo
Domingo
PUERTO
RICO
Guadalupe
Kingston
Antillas
Mayores
Antillas
Menores
Dominica
Martinica
Santa Lucía
Barbados

MAR DEL CARIBE
San
Vicente
Granada
ONDURAS
Aruba
Curaçao
Puerto de
España
TOBAGO
NICARAGUA
Bonaire
Margarita
TRINIDAD
Barranquilla
Cartagena
Maracaibo
Caracas
n José
Puerto
Limón
El Canal de
Panamá
Portobello
Mérida
COSTA
RICA
Colón
Panamá
VENEZUELA
PANAMÁ
Golfo
de
Panamá
GUYANA
Medellín
COLOMBIA
BRASIL

Para Eduardo y Anna,

Amigos finos de
Cincinnati transportados
al sol caliente de
la Florida.

De su amiga,
Eva
17 de abril de 1990
Cincinnati, Ohio

VIAJEMOS
2001:
REPASO Y PROGRESO

VIAJEMOS 2001:
REPASO Y PROGRESO

Evelyn F. Brod   Carol J. Brady

University of Cincinnati

MACMILLAN PUBLISHING COMPANY

NEW YORK

Text Design and Production Supervision: **Grafica**
Cover Design and Illustration: **Brian Sheridan**
Developmental Editing: **Karen Davy, Teresa Chimienti**

This book was set in Weidemann, Futura & Century Schoolbook by Waldman Graphics, printed by Von Hoffmann, and bound by Von Hoffmann.
The cover was printed by Von Hoffmann.

Printed in the United States of America

Macmillan Publishing Company
866 Third Avenue, New York, New York 10022

Collier Macmillan Canada, Inc.

Library of Congress Cataloging-in-Publication Data

Brod, Evelyn F.
  Viajemos 2001: repaso y progreso.

  Intermediate-level Spanish course.
  Includes index.
  1. Spanish language—Textbooks for foreign speakers
—English.   2. Spanish language—Grammar—1950—
I. Brady, Carol J.   II. Title.
PC4129.E5B78   1990   468.2'421   89-12133

IBSN 0-02-315042-4   (Student's Edition)

ISBN 0-02-439948-5   (Instructor's Edition)

The authors are indebted to the following persons and companies for permission to reprint material appearing in this text.

Espasa-Calpe, S.A. for the story "El turista yanqui" by Julio Camba from *Obras completas I*
Abel Quezada/Novedades Editores, S.A. for the story "Extraños en el café" by Abel Quezada
Juan O. Valencia for his stories "Acolman" and "Volver a casa" from *Fábulas de azúcar*
William N. Stivers and Genevieve Barlow for the story "El león y el grillo" from *Leyendas
    mexicanas* (1976)
(continued on page x)

iv

A la memoria de
mis queridos padres,
Joseph T. y Freda E. Brod

EFB

Para Guillermo y Kyle—
por haber enriquecido mi vida

CJB

P R E F A C E

PHILOSOPHY AND APPROACH

Viajemos 2001: Repaso y progreso is a complete, functionally-oriented program designed for the intermediate-level Spanish course. The two main objectives of the program are:
- to facilitate the *transition* from beginning to intermediate-level Spanish.
- to motivate students to *progress* and develop their language skills.

Transition

Viajemos 2001 bridges the gap between first-year and intermediate courses, progressing logically from a review of basic concepts (**repaso**) to the introduction and practice of more advanced concepts and language manipulation (**progreso**). The organization of the text allows students to build upon a foundation of already familiar language structures. For example, a review of present tense stem-changing and irregular verbs precedes the introduction of the present subjunctive, and the present subjunctive then facilitates the understanding of formal commands.

Students are not asked to produce any verb form before it is presented in the text. When beginning-level concepts such as the imperfect, participles, or the preterit appear prior to an explanation, they are included for recognition only. In this way, students can review, without feeling intimidated, any grammar concepts they may not have completely internalized by the end of their elementary course.

The basic goals of language study—listening, speaking, reading, writing, and culture—are achieved through activities which range from personalized questions and answers to interviews, role-playing, and to reading culturally authentic materials such as advertisements, labels, menus, and carefully chosen literary selections by well-known Hispanic authors.

Progress

Viajemos 2001 provides extensive practice and communication opportunities in a variety of meaningful cultural contexts. Organized around the theme of "travel" (which, according to recent studies, is the primary reason for learning a second language), the text invites students to explore the Hispanic world. Each chapter presents a particular **destino**—beginning with Mexico, progressing through Central and South America, continuing through the Caribbean and ending with Spain—in a completely integrated format. All activities, grammar, and reading selections provide information (geographical, socio-political, cultural) related to the city or country "visited" in that chapter. This integration lends more meaning to the activities and exercises and thus creates a more cohesive program.

ORGANIZATION OF THE TEXT

Each chapter of the text is divided into the following parts:

DATOS This section incorporates reference material such as maps, photos, information on government, population, currency and historic sites that encourage global awareness. These **datos** are not intended for memorization but should be used to introduce the chapter and to orient the student to each **destino.** The discussion/comprehension questions that follow each section—**Preguntas sobre los datos**—provide a series of question and answer activities in which students practice putting into sentences the information they have just scanned. This prepares them for the reading selection that follows.

DIÁLOGO The dialogs depict a variety of everyday situations likely to be encountered in an Hispanic country. These can be read and discussed in pairs or in "whole-class" sessions or they can be used as samples for the role-playing activities in the **Simulación** section. The dialogs are glossed and are followed by comprehension questions. **Palabras en acción** provides additional practice using the vocabulary of the dialog.

SIMULACIÓN These role-playing activities provide opportunities for students to practice communicating in "real-life" situations. The simulations are realistic interactions based on the conversations in the **Diálogo** of the chapter. However, they include a larger high-frequency vocabulary suitable for use in a variety of situations to encourage creative improvisation. Simulations such as registering in a hotel, ordering a meal, and asking for directions may be used as pair or as small-group activities or they may be presented to the whole class as skits. Students may either follow the directed dialog or improvise one of their own using words and expressions from the accompanying vocabulary list.

GRAMÁTICA The grammar presentation follows a logical sequence, using first-year concepts as a foundation for building new skills. Concise grammar explanations are in English in order to facilitate independent study. Illustrations and examples help students visualize the concepts presented. A variety of exercises, aimed at personalizing the grammar, follows each section and may be used for whole group, pair, or individual practice.

LECTURA Reading selections by well-known Hispanic authors have been specifically chosen to enhance the chapter's cultural content and to promote discussion on issues and beliefs integral to that area of the Hispanic world. All readings are preceded by guide questions—**Antes de leer**—to focus student's attention on important points, and numbered paragraphs within the readings help students locate information. Discussion questions follow each selection.

PARA AVANZAR These activities go "one step further" to broaden students' communication skills. This section encourages students to confront socio-political issues through debates, discussions, interviews, poetry, and role-playing. Vocabulary is provided to facilitate the preparation of each new activity.

ANCILLARIES

The complete package to accompany *Viajemos 2001* consists of an Instructor's Manual, with answer keys to exercises in the text, as well as a printed tape script. The workbook/laboratory manual provides additional opportunities for written practice and review. A computer-assisted instructional program is also available.

And finally . . .

Viajemos 2001 is a complete intermediate Spanish program, offering communicative activities, grammar, and culture in a relevant, cohesive format. Students are constantly provided with opportunities that encourage them to use the language freely and creatively in personalized situations and meaningful contexts to help them communicate in Spanish from the very start.

Y ahora, ¡adelante! ¡Viajemos 2001!

A NOTE OF THANKS

The authors would like to thank Professor Juan O. Valencia, Professor Emeritus of the University of Cincinnati, for his invaluable assistance during the preparation of this text, Rosemary Weaver, currently of the University of Cincinnati Raymond Walters College, and Janice Sankot formerly of the University of Cincinnati Raymond Walters College for their continuous technical support. We are also particularly grateful to Karen Davy Sepúlveda, Editorial Consultant, for her enthusiasm and faith in our program and to Teresa Chimienti without whose superb editing this book would not have been completed.

ACKNOWLEDGMENTS

We also wish to thank the following reviewers whose recommendations and criticisms helped us shape our book:

Harold Cannon, *California State University, Long Beach*
Rosa M. Fernández, *The University of New Mexico*
David William Foster, *Arizona State University*
Juan R. Franco, *Tarrant County Junior College—Northeast*
Carolyn L. Hansen, *University of South Carolina*

Karl H. Heise, *Mankato State University*
Gilberto Hinojosa, *Tarrant County Junior College—Northeast*
Reynaldo L. Jiménez, *University of Florida*
Hugo Pineda, *The American University*
Michael Reider, *West Virginia University*
Berardo Valdés, *Iowa State University*
Daniel Zalacaín, *Seton Hall University*

(permissions continued from page iv)
Roberto Sosa for his poem "La yerba cortada por los campesinos" from *Un mundo para todos dividido*
Kenneth Koch for children's poems "As I Sailed" and "The León in Invierno" from *Wishes, Lies, and Dreams: Teaching Children to Write Poetry,* Copyright © 1970, 1973 by Kenneth Koch
Eduardo Bähr for his selections of "Crónica de un corresponsal no alineado" from *El cuento de la guerra*
La Letra Editores, S.A. de C.V. for the selections of "La guerra" by Roque Dalton from *Historias prohibidas de pulgarcito* © Roque Dalton. *Historias prohibidas de pulgarcito,* Siglo XXI Editores, S.Z. 9ª edición, México, 1988. Representantes exclusivos para todos los países (excepto Cuba) e idiomas: La Letra Editores, S.Z. de C.V., Matías Romero 1415–2, México 03600 D.F.
Jaime Carrero for his story "En americano" from *Cuentos puertorriqueños*
Editorial Sudamericana, S.A. for the story "Conversación" by Eduardo Mallea from *El cuento hispanoamericano*
Stevenson & Schulman, Attornies on behalf of Heirs of Federico García Lorca, for the poem "Romance de la luna, luna" by Federico García Lorca from *Obras completas.* Copyright © Herederos de Federico García Lorca. Used with permission. All rights reserved.
Rafael Alberti and Magdalena Oliver, Agencia Literaria Carmen Balcells, S.A. for the poem "El matador" by Rafael Alberti
Smith/Skolnick Literary Management for the story "La casa de Asterión" by Jorge Luis Borges. Copyright © 1972 by Jorge Luis Borges. Reprinted by the Estate of Jorge Luis Borges.
Ernesto Padilla for his poem "Ohming Instick"
Tino Villanueva for his poem "Que hay otra voz." Copyright © 1972 by Tino Villanueva. Printed by permission of the author.
Sonia Gallegos Vda. de Palomino for the story "Un místico" by Rómulo Gallegos from *La rebelión y otros cuentos* (1947)
Elba López for her poem "Wellesley" from *Perspectivas* (1974) published by Holt, Rinehart and Winston, Inc.
Juan O. Valencia for los poemas concretos BESO and COMER from *Signo y sentimiento,* published by the University of Cincinnati, 1976.

PHOTO CREDITS

Preparación: 2 Peter Menzel. 4 Peter Menzel. 5 Peter Menzel/Stock, Boston. 6 (top) Stuart Cohen/Comstock. 6 (bottom) Peter Menzel/Stock, Boston. 7 Peter Menzel/Stock, Boston. 25 Peter Menzel/Stock, Boston. 27 Hazel Hankin. 29 Stuart Cohen/Comstock.

Destino 1: 32 Mexican Government Tourism Office. 34 Peter Menzel. 35 Stuart Cohen/Comstock. 37 Beryl Goldberg. 38 Organization of American States.

39 J. Cron/Monkmeyer. 41 Stuart Cohen/Comstock. 42 Mexican Government Tourism Office. 53 ABBAS/Magnum Photos. 56 Peter Chartrand/DDB Stock Photo.

Destino 2: 58 Mexican Government Tourism Office. 60 (top) Mexican Government Tourism Office. 60 (bottom) Victor Englebert/Photo Researchers. 64 Victor Englebert/Photo Researchers. 65 Peter Menzel. 67 Stuart Cohen/Comstock. 86 Stuart Cohen/Comstock. 87 Stuart Cohen/Comstock.

Destino 3: 88 George Holton/Photo Researchers. 90 Hugh Rogers/Monkmeyer. 91 Peter Menzel/Stock, Boston. 93 George Holton/Photo Researchers. 94 Beryl Goldberg. 95 Peter Menzel. 96 George Holton/Photo Researchers. 98 Peter Menzel. 116 Beryl Goldberg.

Destino 4: 118 D. Donne Bryant/Filmteam. 120 (top) Peter Menzel. 120 (bottom) Jerry Frank/United Nations. 121 Organization of American States. 123 D. Donne Bryant/Filmteam. 124 Pat Goudvis/U.N. Photo. 125 (top) Doranne Jacobson/ U.N. Photo. 125 (bottom) George Gardner/The Image Works. 135 George Holton/ Photo Researchers.

Destino 5: 138 The Picture Cube. 140 (left) Organization of American States. 140 (top, right) Peter Menzel. 140 (bottom, right) Organization of American States. 141 Peter Menzel. 144 Christopher Brown/Stock, Boston. 155 Susan Metselas/ Magnum Photos. 157 The Picture Cube. 158 The Bettmann Archive.

Destino 6: 160 Monkmeyer. 162 A. Minaev/U.N. Photo. 163 Stuart Cohen/Comstock. 164 Hugh Rogers/Monkmeyer. 165 George Gerster/Comstock. 166 Monkmeyer. 169 George Holton/Photo Researchers. 171 George Holton/Photo Researchers. 176 The Bettmann Archive. 179 Ulrike Welsch/Photo Researchers.

Destino 7: 182 Stuart Cohen/Comstock. 184 (top) Stuart Cohen/Comstock. 184 (left, center) Organization of American States. 184 (right, center) George Gerster/ Comstock. 185 Stuart Cohen/Comstock. 187 Stuart Cohen/Comstock. 189 Stuart Cohen/Comstock. 204 Stuart Cohen/Comstock. 206 Eugene Gordon/Photo Researchers. 207 (top) Stuart Cohen/Comstock. 207 (bottom) Peter Menzel/Stock, Boston. 208 (left) Carl Frank/Photo Researchers. 208 (right) Carl Frank/Photo Researchers. 209 (top, left) Davis Pratt/Photo Researchers. 209 (bottom, left) Bernard P. Wolfe/Photo Researchers. 209 (bottom, right) Carl Frank/Photo Researchers.

Destino 8: 210 Freda Leinwand/Monkmeyer. 212 (top) Peter Menzel. 212 (bottom) Mimi Forsyth/Monkmeyer. 213 Peter Menzel. 214 Freda Leinwand/Monkmeyer. 215 Peter Menzel/Stock, Boston. 217 Peter Menzel. 226 Peter Menzel. 236 Hazel Hankin/Stock, Boston.

Destino 9: 238 Peter Menzel. 240 Peter Menzel. 241 Peter Menzel. 243 Mark Antman/The Image Works. 245 Peter Menzel. 246 Mark Antman/The Image Works. 252 Peter Menzel. 260 Mark Antman/The Image Works. 261 Mark Antman/The Image Works.

Destino 10: 262 The Bettmann Archive. 265 The Bettmann Archive. 267 (top) Larry Mangino/The Image Works. 267 (center) Mark Antman/The Image Works. 272 Peter Menzel. 274 Owen Franken/Stock, Boston. 287 The Bettmann Archive. 291 Peter Menzel/Stock, Boston.

Destino 11: 294 Mark Antman/The Image Works. 296 (left) Mark Antman/The Image Works. 296 (right) Reuters/Bettmann Newsphotos, 297 Mark Antman/The Image Works. 298 Owen Franken/Stock, Boston. 304 Peter Menzel/Stock, Boston. 306 Peter Menzel/Stock, Boston. 312 The Bettmann Archive/VIEW OF TOLEDO, by El Greco (Spanish, 1541–1614). Oil on canvas, 47¾ × 42¾ in. Bequest of Mrs.

H. O. Havemeyer, 1929. The H.O. Havemeyer Collection 29.100.6. In the newly reconstructed Picture Galleries, opened to the public on January 9, 1954. 316 Peter Menzel.

Destino 12: 322 Peter Menzel. 324 Monkmeyer. 325 Alan Carey/The Image Works. 328 Beryl Goldberg. 334 Peter Menzel. 339 Peter Menzel.

C O N T E N T S

DESTINO 3

DESTINO 4

DESTINO 5

DESTINO 6

DESTINO 7

DESTINO 11

DESTINO 12

VIAJEMOS
2001:
REPASO Y PROGRESO

Preparación

CONTENIDO

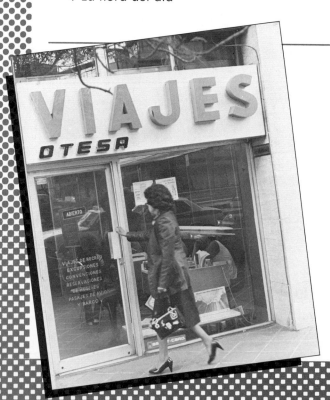

OBJETIVOS

- ☐ VOCABULARIO Y CONVERSACIÓN
  You will be able to plan a trip with a travel agent, discussing ticket prices, departure times, and reservations.

- ☐ INFORMACIÓN Y CULTURA
  You will become familiar with Mexico, the land, the political system, and the economy. You will also learn social and cultural differences between Hispanic countries and the United States.

Esta agencia de viajes en la calle Reforma en la capital mexicana arregla muchos tipos de viajes. ¿Cómo prefiere Ud. viajar—en avión o en barco?

Datos

MÉXICO

Capital México, Distrito Federal

Lengua oficial español; pero todavía se hablan más de 50 lenguas indias en las diferentes regiones del país

Geografía

área aproximadamente 1.223.000 km² (760.000 millas²); como el tamaño de los estados de Arizona, California, Colorado, Nuevo México y Texas juntos; es decir, una quinta parte (1/5) de los Estados Unidos

elevación lugar más alto: Orizaba, 5.700 m (18.701 pies); casi tan alto como Mt. McKinley en Alaska; lugar más bajo: cerca de Mexicali, 10 m (33 pies) bajo el nivel del mar

montañas la Sierra Madre Oriental y la Sierra Madre Occidental

volcanes Orizaba, Popocaté-petl, Ixtaccíhuatl, Paricutín

Clima

Ciudad de México Hay mucha lluvia durante el verano, y la temperatura es generalmente entre 70° y 80°F durante el día. Las noches son más frescas. Durante el invierno hay poca lluvia, y los días son moderados con temperaturas entre 65° y 75°F. Por la noche la temperatura puede bajar a los 40°F.

Acapulco En el verano normalmente llueve 15 días al mes. Hace mucho calor por el día (~90°F), pero las noches son más templadas (70°F). El invierno es más seco con días calientes y noches frescas.

Cancún El clima aquí es parecido al clima de Acapulco— con temperaturas altas y mucha lluvia durante el verano, inviernos secos con noches moderadas.

Nombre oficial Estados Unidos Mexicanos

Gobierno república; México está dividido en 31 estados y un distrito federal. El *presidente* es el jefe de estado. Es elegido por 6 años. El Congreso consiste en el *Senado* con 64 miembros y la *Cámara de Diputados* con 400 miembros.

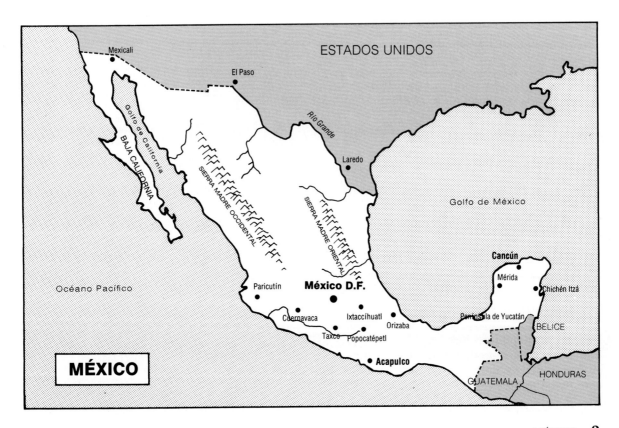

Población 86.233.000 (estimada para 1990)

Moneda el peso

Religión predominante Catolicismo

Productos
   agricultura algodón, alfalfa, **arroz, azúcar,** café, **frijoles,** frutas, **maíz,** tabaco, **trigo**
   fabricación artesanías, cemento, fertilizantes, **hierro y acero,** papel, **productos químicos,** ropa
   minería azufre, carbón, cobre, estaño, hierro, **oro,** petróleo, **plata, plomo,** zinc
   pesca atún, camarones, oreja marina, ostión, sardinas
   silvicultura caoba, chicle, ébano, palo de rosa, pino

VOCABULARIO

la agricultura *agriculture*
el algodón *cotton*
el arroz *rice*
el azúcar *sugar*
los frijoles *beans*
el maíz *corn*
el trigo *wheat*

la fabricación *manufacturing*
las artesanías *crafts*
el hierro y el acero *iron and steel*
los productos químicos *chemicals*

la minería *mining*
el azufre *sulphur*
el carbón *coal*
el cobre *copper*

el estaño *tin*
el oro *gold*
la plata *silver*
el plomo *lead*

la pesca *fishing*
el atún *tuna*
el camarón *shrimp*
la oreja marina *abalone*
el ostión *oyster*

la silvicultura *forestry*
la caoba *mahogany*
el chicle *gum*
el ébano *ebony*
el palo de rosa *rosewood*

Esta agente de viajes en Guadalajara, México le ayuda al cliente a hacer los arreglos de su viaje. ¿Visita Ud. una agencia de viajes para arreglar su itinerario?

PREGUNTAS SOBRE LOS DATOS

1. ¿Cuál es la capital de México?
2. ¿Cuál es el nombre oficial de México?
3. ¿Cuántos estados tiene México? ¿Cuántos estados tiene su país?
4. ¿Cuáles son las montañas más importantes de México?
5. ¿Qué tipo de gobierno tiene México?
6. ¿En qué consiste el Congreso de México?
7. ¿Quién es el jefe de estado?
8. Nombre tres productos de la agricultura de México; de la pesca; de la silvicultura; de la fabricación; de la minería.
9. ¿Cuál es el lugar más alto de México? ¿Dónde está situado?
10. ¿Cuál es la moneda de México? ¿Cuál es la moneda de su país?

Diálogo

PREPARACIÓN PARA VIAJAR

David y Consuelo Webster, un **matrimonio** de Nueva York, planean
un viaje por países **hispanohablantes.** Empiezan en México. Luego
van a pasar por Centro y Sudamérica, visitando Guatemala y Venezuela.
Piensan detenerse en Puerto Rico antes de viajar a España. De
España van a volver a los Estados Unidos.

Ahora visitan una **agencia de viajes** para hacer los **arreglos.**
Quieren pasar algunas semanas en cada país para aprender algo de su
gente y cultura. Escuchemos la conversación con el agente de viajes. Tal
vez nos permita acompañarles en su viaje.

married couple
Spanish-speaking

They're thinking about stopping

travel agency / arrangements

Agente	Buenas tardes. **Tengan la bondad de sentarse.** Soy Gilberto Stewart. ¿En qué puedo servirles?
David	**Mucho gusto,** Sr. Stewart. Me llamo David Webster. Ésta es mi esposa, Consuelo. Planeamos un viaje bastante largo, y venimos aquí para arreglar nuestro **itinerario.**
Agente	Muy bien. Empecemos con su destino. ¿Adónde quieren **viajar**?
Consuelo	**Pues,** Sr. Stewart, vamos a visitar muchos países. Queremos ir a México, Centro y Sudamérica y Puerto Rico. Terminamos con una visita a España.
Agente	De veras es un viaje largo. Con tantos lugares, creo que no es posible **conseguir boletos de ida y vuelta.** Necesitan boletos distintos para cada país. ¿Quieren **volar**?
David	Creo que es más rápido. ¿Puede decirnos **cuánto cuestan** los boletos?

Please sit down.

A pleasure to meet you

itinerary

to travel

Well

to obtain round-trip tickets / to fly

how much do . . . cost?

Los turistas necesitan
pasar por el control de
pasaportes. También
necesitan tarjetas
de turista para entrar
a México.

Agente	Los **precios** cambian frecuentemente, Sr. Webster. Puedo llamar a las **líneas aéreas.** ¿Cuándo quieren **salir?**	*prices* *airlines / to leave*
Consuelo	Queremos **llegar** a la Ciudad de México el 16 de septiembre.	*to arrive*
Agente	Muy bien, Sr. Webster. Puedo hacer las reservaciones esta semana. También necesitan **tarjetas de turista** para entrar a México. ¿Tienen Uds. pasaportes?	*tourist cards*
David	Sí, recibimos nuestros pasaportes **hace unas tres semanas.**	*some three weeks ago*
Agente	Bien. Pues, voy a hacer los arreglos necesarios para su viaje y, si Uds. quieren, puedo reservarles una **habitación** en la Ciudad de México.	*room*
Consuelo	**Muy amable,** Sr. Stewart. Nos comunicamos este viernes o el sábado.	*Very nice of you*

¿SABE UD. QUE...?

When traveling in an Hispanic country, you'll notice that people are more relaxed about physical contact. It is very common for men to sit with their arms around each other, and for women to walk hand-in-hand as they chat. People stand closer when conversing, and greetings are often accompanied by an **abrazo**, a strong embrace.

Es necesario hacer una reservación para volar en el avión de «Aeroméxico». Aquí el sobrecargo le ayuda al pasajero.

Este avión es de la línea aérea «Mexicana». Está en Puerto Vallarta. ¡Qué lástima que los Webster no vayan allí!

PALABRAS EN ACCION

Viajemos con David y Consuelo. Escoja las palabras apropiadas para completar las frases. Use cada palabra o expresión sólo una vez.

itinerario	destino
conseguir	tarjeta de turista
volar	boleto de ida y vuelta
precios	agencia de viajes
habitación	hacer la reservación

1. David y Consuelo planean un viaje. Su _____ es México.
2. Visitan una _____ para arreglar el _____.
3. El agente dice que no es posible _____ un _____.
4. El agente dice también que los _____ cambian frecuentemente.
5. David no quiere ir en tren. Quiere _____ porque es más rápido.
6. El agente ofrece _____.
7. El agente va a reservar una _____ en México.
8. David quiere saber si necesitan una _____ para entrar a México.

En el aeropuerto de Madrid, España, anuncian las llegadas internacionales. ¿A qué hora llega el vuelo 952 de Nueva York?

PREGUNTAS SOBRE EL DIALOGO

1. ¿Por qué van los Webster a una agencia de viajes?
2. ¿Adónde quieren viajar los Webster?
3. Cuando Ud. planea un viaje, ¿adónde va para arreglar su itinerario?
4. ¿Quiere Ud. visitar un país hispanohablante? ¿Cuándo?
5. ¿Pueden conseguir los Webster boletos de ida y vuelta? ¿Por qué?
6. ¿Cómo van a viajar los Webster?
7. ¿Cómo prefiere Ud. viajar? ¿Le gusta viajar en tren?
8. ¿A quién llama el agente para pedir el precio de los boletos? ¿Van a ser caros o baratos? ¿Qué cree Ud.?
9. ¿Qué necesitan los Webster para entrar a México?
10. ¿Qué necesitan para viajar a los otros países en su itinerario? ¿Tiene Ud. pasaporte?

EN UNA AGENCIA DE VIAJES

Un(a) viajero(a) / Un(a) agente de viajes

Ud. y un(a) compañero(a) de clase van a hacer el papel de un(a) viajero(a) y un(a) agente de viajes. Van a planear un viaje. Uds. pueden usar el diálogo siguiente o pueden inventar una simulación original con el vocabulario.

Quiero planear un viaje

Agente Say "Good afternoon," and ask how you can be of service.

Cliente Say you are planning a trip to Mexico City and you want to arrange your itinerary.

Agente Ask if the client wants to fly or travel by ship.

Cliente Say you want to travel by plane. Ask how much a round-trip ticket costs.

Agente Say the prices change frequently and that you can call the airlines. Ask when the client is leaving.

Cliente Say you are leaving the 16th of September and you are returning the 23rd of September.

Agente Say "Very good." Ask if the client has a tourist card.

Cliente Say that yes, you have a tourist card and a passport.

Agente Say "Fine," and that you can make the reservations today.

Cliente Say "Very nice of you. We'll be in touch at the end of the week."

V O C A B U L A R I O

planear un viaje	*to plan a trip*	**Puedo...**	*I can . . .*
arreglar el itinerario	*to arrange the itinerary*	**...hacer la reservación**	*make the reservation*
¿Cuánto cuesta?	*How much does it cost?*	**...llamar a las líneas aéreas**	*call the airlines*
el boleto de ida y vuelta	*round-trip ticket*	**el pasaporte**	*passport*
el precio	*price*	**la tarjeta de turista**	*tourist card*
cambiar	*to change*		
frecuentemente	*frequently*	**el transporte**	*transportation*
¿Cuándo sale / vuelve Ud.?	*When are you leaving/returning?*	**¿Quiere Ud. volar?**	*Do you want to fly?*
		Quiero viajar...	*I want to travel . . .*
		en autobús	*by bus*
Salgo / Vuelvo el...	*I'm leaving/ returning on . . .*	**en avión**	*by plane*
		en barco	*by boat*
		en tren	*by train*

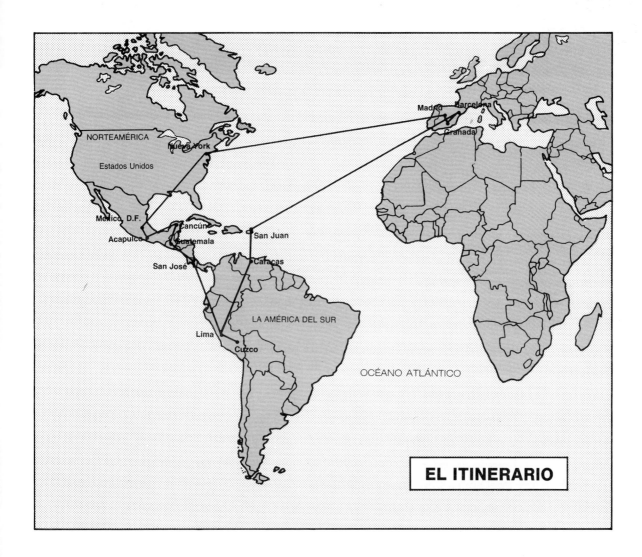

NORTEAMÉRICA

Estados Unidos

Nueva York

México, D.F.

Acapulco

Cancún

Guatemala

San Juan

San José

Caracas

LA AMÉRICA DEL SUR

Lima

Cuzco

OCÉANO ATLÁNTICO

Madrid

Barcelona

Granada

EL ITINERARIO

expresiones

Buenas tardes.	*Good afternoon.*
¿En qué puedo servirle?	*How can I be of service?*
el dieciséis / veintitrés de septiembre	*the 16th/23rd of September*
al fin de la semana	*at the end of the week*
hoy	*today*
Muy amable	*Very nice of you*
(Muy) bien	*(Very) good*
Nos comunicamos	*We'll be in touch*

Gramática

Los artículos

A. Spanish has four *definite* articles, all meaning *the*.

Masculine		**Feminine**	
Singular	**Plural**	**Singular**	**Plural**
el ⟶ los		la ⟶ las	

B. Spanish has four *indefinite* articles, the singular meaning *a* or *an*, and the plural meaning *some*[1].

Masculine		**Feminine**	
Singular	**Plural**	**Singular**	**Plural**
un ⟶ unos		una ⟶ unas	

C. Articles must agree with nouns in gender and number.

la agencia ⟶ las agencias   un pasaporte ⟶ unos pasaportes
el agente ⟶ los agentes   una lengua ⟶ unas lenguas

Uses of the definite article

1. The definite article is used with . . .
a. nouns in a general sense, that refer to all, or the entire group.

El hispano es cortés.	*Hispanics are courteous.*

b. abstract nouns (*life, liberty, happiness . . .*).

La vida es más agradable viajando.	*Life is more pleasant when traveling.*

2. The definite article must be used and repeated with nouns in a series.

Estudiamos las costumbres, la lengua y el gobierno de los hispanos.	*We're studying the customs, language, and government of the Hispanics.*

3. The definite article, rather than the possessive adjective, is used with parts of the body and wearing apparel.

Me pongo los guantes.	*I put on my gloves.*
Ella se lava la cara.	*She washes her face.*

---

[1]**Unos(as)** is used in conjunction with **otros(as)** as in: **Unos toman vino, otros cerveza.** *Some drink wine, others drink beer.*

4. The definite article is used with titles of respect (**señor, señora, señorita, doctora, profesor,** etc.) when speaking about the person but not when speaking directly to the person.

    La señora Webster es turista.   *Mrs. Webster is a tourist.*

                       BUT

    Señora Webster, me duele la   *Mrs. Webster, my head hurts.*
    cabeza.

5. The definite article is used with . . .
    a. days of the week (except after **ser**).

    Viajamos el miércoles por la   *We're traveling Wednesday in*
    mañana.   *the morning.*

                       BUT

    Hoy es jueves.   *Today is Thursday.*

    b. seasons of the year.

    La primavera es mi estación   *Spring is my favorite season.*
    favorita.

    c. clock time.

    Son las cinco de la tarde.   *It's 5:00 in the afternoon.*

    d. dates.

    Hoy es el primero de octubre.   *Today is the first of October.*

6. The definite article is used with languages (all of which are masculine), except after **hablar, de, en.**

    El portugués es una lengua   *Portuguese is a Latin language.*
    latina.

                   BUT

    Hablo español.   *I speak Spanish.*
    Ella es mi profesora de chino.   *She is my Chinese teacher.*
    La novela está escrita en   *The novel is written in Italian.*
    italiano.

7. The definite article is used with certain countries, many of which are in South America. These should be memorized.

la Argentina	el Perú	el Japón
el Brasil	el Uruguay	la India
el Ecuador	la República Dominicana	el Canadá
el Paraguay	la China	los Estados Unidos

8. The definite article is used with sports, games, and meals.

    El béisbol es un deporte de los   *Baseball is a sport of the United*
    Estados Unidos.   *States.*
    Tomo el almuerzo a la una.   *I eat lunch at one o'clock.*

Uses of the indefinite article

1. The indefinite article is used and repeated with nouns in a series.

Tengo <u>una</u> tarjeta de turista y <u>un</u> pasaporte.

I have a tourist card and a passport.

2. The indefinite article is omitted with nouns of religious, national, professional, or political affiliation after **ser** (unless modified).

Es católico y demócrata.
Ella es profesora; él es <u>un</u> doctor excepcional.

He's a Catholic and a Democrat.
She is a teacher; he is an exceptional doctor.

3. The indefinite article is omitted with **otro, mil, cien(to), sin,** and **con.**

No tengo otro chicle.

I don't have another piece of chewing gum.

Hay mil personas aquí.
El regalo me costó cien pesos.
Viajen Uds. con abrigos.

There are a thousand persons here.
The gift cost me one hundred pesos.
Travel with overcoats.

4. The indefinite article is used with **millón.**

Hay más de un millón de estrellas en el cielo.

There are more than a million stars in the sky.

Los sustantivos

A. All nouns in Spanish are either masculine or feminine. Normally, nouns that end in **-o** are masculine, and nouns that end in **-a** are feminine.
Common exceptions: **el día, el agua, la mano, el problema, el tema, el mapa, el clima, el telegrama, el drama.** In addition, nouns ending in **-ión, -tad, -dad, -tud, -ie, -umbre** are usually feminine.

la lengua	la nación	la ciudad	la serie
el precio	la libertad	la virtud	la costumbre

B. Nouns that do not have the aforementioned endings as well as those that do should be memorized along with their definite article. Some examples of nouns with unpredictable genders are:

el árbol   el mes   la clase   la nariz

C. Nouns that end in a vowel are made plural by adding **-s.** Nouns that end in a consonant are made plural by adding **-es.** Nouns ending in **-z** change **-z** to **-c** before adding **-es.**

la riqueza $\longrightarrow$ las riquezas		la actriz $\longrightarrow$ las actrices	
la catedral $\longrightarrow$ las catedrales		la canción $\longrightarrow$ las canciones[2]	

---

[2]The written accent is omitted in the plural form of nouns ending in **-ión** because the stressed syllable now is next-to-last: **can-<u>cion</u>-es.**

EJERCICIOS

A. Paco Suárez, de 70 años, habla de su vida. Complete Ud. sus frases con el artículo definido apropiado.

1. Trabajábamos mucho por _____ dinero.
2. _____ hijas de mi tío nos visitaban mucho.
3. Los amigos de mi padre siempre hablaban de _____ liberación.   .
4. _____ montaña en que vivíamos era hermosa.
5. En las fiestas _____ muchedumbre se divertía.
6. _____ católicos iban a misa los domingos.
7. Salían temprano con _____ luz de la mañana.
8. Visitábamos _____ ciudad de vez en cuando.
9. _____ días de mi juventud eran bonitos.

B. Describa a estos turistas. Complete las oraciones con la forma plural de los sustantivos indicados.

1. (turista) Los _____ vienen a la agencia de viajes.
2. (reservación) Necesitan hacer sus _____.
3. (yanqui) Los viajeros _____ viajan en autobús.
4. (dólar) Gastan muchos _____ en las tiendas.
5. (precio) Dicen que los _____ son buenos.
6. (comprador) Son _____ entusiastas.

C. A la señorita López le gusta viajar. Forme oraciones correctas con las palabras siguientes para describirla. Preste atención especial al uso de los artículos definidos o indefinidos.

1. mexicana / la / es / López / señorita
2. amistad / importante / ella / es / la / para
3. tiempo / siempre / un / para / amigo / tiene
4. francés / habla / japonés / es / el / cree / interesante / y / que
5. Japón / verano / el / visita / este

D. Forme un grupo de cuatro estudiantes. Cada estudiante piensa en un nombre con el artículo indefinido (**una pluma, un libro,** etc.). Luego describe esta cosa en dos frases sin mencionar el nombre. Los otros estudiantes tienen que adivinar qué es. Repita el ejercicio dos veces.

> ***Ejemplo*** Es algo que se usa para escribir. No es un lápiz.
> **Es una pluma.**

E. Escriba Ud. un cuento de cinco frases, usando muchos artículos definidos e indefinidos. Escriba cada frase en hojas de papel separadas. Dé las partes de su cuento a otros miembros de la clase. Tienen que aprender de memoria sus frases y luego ponerse de pie enfrente de la clase en el orden correcto del cuento. Ahora los estudiantes dicen oralmente sus frases.

F. Su amigo le hace una entrevista y toma notas para escribir una composición en su clase de español. Conteste sus preguntas, prestando atención al uso de los artículos.

1. ¿Eres profesor(a) o estudiante?
2. ¿Cuál es la fecha de tu cumpleaños?
3. ¿Es médico tu padre? .
4. ¿Juegas al fútbol?
5. ¿Te pones el suéter en el otoño?

Boletos de avión

¿Cuándo sale la pasajera?
¿Está escrito el boleto en inglés o en español?

G. ¡Conozcámonos! *(Let's get to know one another!)*
Pregúntele a un(a) compañero(a) de clase.

1. if (s)he speaks French (Italian, Chinese, Spanish)
2. if (s)he is Protestant (Catholic, Jewish, Agnostic)
3. if (s)he is going to visit Spain (Argentina, Ecuador, Mexico)
4. if (s)he prefers Mondays, Wednesdays, or Fridays
5. if (s)he puts on (her) his gloves in winter
6. if spring is (her) his favorite season

Los adjetivos

A. Adjectives which end in **-o** have four forms.

	Singular		**Plural**
Masculine	blanco	$\longrightarrow$	blancos
Feminine	blanca	$\longrightarrow$	blancas

B. Adjectives of nationality have four forms: **-a** is added to the masculine to form the feminine.

	Singular		**Plural**
Masculine	español	$\longrightarrow$	españoles
Feminine	española	$\longrightarrow$	españolas

C. Adjectives which do not end in **-o** have two forms.

Singular Masculine/Feminine		**Plural** Masculine/Feminine
verde	$\longrightarrow$	verdes

D. Adjectives agree with the nouns they modify in gender (masculine/feminine) and number (singular/plural).

Ella es una actriz magnífica.	*She is a magnificent actress.*
Son unos hombres generosos.	*They are some generous men.*

E. There are two basic kinds of adjectives: descriptive (quality) and limiting (quantity). Limiting adjectives normally precede the noun and descriptive adjectives usually follow the noun. The noun appears in the center of a three-word phrase with adjectives surrounding it.

	Limiting	**Noun**	**Descriptive**	
Tengo	un	cuaderno	rojo.	*I have a red notebook.*
Hay	muchos	comunistas	rusos.	*There are many Russian communists.*

F. Adjectives form their plurals in the same way as nouns.

interesante	$\longrightarrow$	interesantes	feliz	$\longrightarrow$	feli<u>ces</u>
francés	$\longrightarrow$	france<u>ses</u>			

G. Adjectives which show a natural quality of the noun precede the noun.

La blanca nieve es fría.	*The white snow is cold.*

H. Certain adjectives change meaning depending on whether they are positioned before or after the noun. For example, **pobre** may mean *unfortunate* when it is in front of the noun but *poor* monetarily when it is after the noun.

La pobre mujer está enferma.	*The unfortunate woman is ill.*
La mujer pobre necesita dinero para comer.	*The poor woman needs money in order to eat.*

Some other examples are: **antiguo** (*former/ancient, old*), **mismo** (*same/self*), **nuevo** (*new/brand new*).

I. Certain adjectives are shortened if they appear before the noun, but not when they are placed after the noun.

Es un mal (buen) horario.
Es un horario malo (bueno).

It is a bad (good) schedule.

J. Grande is placed before the noun to mean *great*. In the singular it shortens to **gran**. At all other times it means *large* or *big*.

El duque es un gran hombre.
Son dos grandes líderes.
La casa grande es blanca.

The Duke is a great man.
They are two great leaders.
The big house is white.

EJERCICIOS

A. El periódico de un colegio mexicano publicó un artículo sobre la visita de un grupo de estudiantes. Complete las oraciones con la forma apropiada de los adjetivos indicados.

1. (extranjero, amable) Los estudiantes ＿＿ son muy ＿＿.
2. (antiguo, alto) Hoy visitan las ruinas ＿＿ cerca de las montañas ＿＿.
3. (chileno, francés) Son estudiantes ＿＿; su profesora es ＿＿.
4. (azul, blanco) Llevan uniformes ＿＿ con camisas ＿＿.
5. (interesante, sudamericano) Ven cosas ＿＿ y escriben a sus amigos ＿＿.

B. ¡Conozcámonos!
Pregúntele a un(a) compañero(a) de clase.

1. if (s)he has a white or yellow tourist card
2. if (s)he is a rich person or a poor person
3. if (s)he is North American, French, or Spanish
4. if (her) his country is a great country or a big country
5. if (her) his Spanish book is a good book or a bad book

TV A COLORES CON CONTROL REMOTO

- **4 funciones con Control Remoto**
- **Sintonizador electrónico**
- **Listo para cable**

$199

¿Cómo es la televisión?
¿Es un buen precio?

C. Su amigo Alberto acaba de volver del Caribe. Con cada grupo de palabras, escriba una frase que describa su viaje. Preste atención a la forma apropiada de los adjetivos.

1. pasaporte / negro
2. tarjeta de turista / rojo
3. aviones / cubano / azul
4. agua / claro

5. José Martí[3] / patriota / bueno
6. turistas / español
7. trajes de baño / bonito

Ser / estar

A. Ser comes from the Latin *esse*, medieval *essere*, meaning *to be*. In English, words like *essence* and *essential* derive from *esse*. It is the principal verb of being in Spanish. It is used as follows.

1. To define or explain the subject:

David es (=) hombre de negocios.	*David is a businessman.*
Consuelo Webster es (=) turista.	*Consuelo Webster is a tourist.*
Yo soy (=) estudiante.	*I am a student.*

2. To describe a permanent characteristic of the subject:

El profesor es (=) argentino.	*The teacher is Argentinian.*
Las mesas son (=) amarillas.	*The tables are yellow.*

3. With professions:

Ricardo es (=) médico.	*Richard is a doctor.*

4. To tell time:

Es la una y media.	*It is one thirty.*
Son las tres menos cuarto.	*It is a quarter to three.*

5. With **de** to show origin, possession, or to describe the material of which something is made:

Origin	**Yo soy de los Estados Unidos de América.**	*I am from the United States of America.*
Possession	**El boleto es de Julio.**	*The ticket is Julio's.*
Material	**La universidad es de ladrillo y cemento.**	*The university is made of brick and cement.*

6. With **para** to show for whom something is intended:

El documento es para el administrador.	*The document is for the administrator.*

---

[3]Cuban patriot and writer, (1853–1895)

7. With adjectives in impersonal expressions (where the subject is "it"):

Es importante hacer las reservaciones.	*It is important to make the reservations.*

8. To mean "to take place":

La fiesta es a las ocho.	*The party takes place at eight o'clock.*

9. To emphasize the "do-ers" of an action:

Los manuscritos fueron escritos por los monjes.	*The manuscripts were written by the monks.*

10. The forms of **ser** in the present are:

yo	**soy**	nosotros(as)	**somos**
tú	**eres**	vosotros(as)	**sois**
él, ella, Ud.	**es**	ellos(as), Uds.	**son**

B. **Estar** comes from the Latin *stare* meaning *to stand*. In English, words like *stance, stand, standard,* and *status* derive from *stare*. It is used as follows.

1. To show location (where someone "stands" at the moment):

Yo estoy aquí en la clase.	*I am here in the class.*
El agente está en la agencia.	*The agent is in the agency.*

2. To show temporary condition subject to change (how someone "stands" in health or emotions):

María está enferma.	*Mary is ill.*
El turista yanqui está contento.	*The Yankee tourist is happy.*

3. To show action in progress (again, where someone "stands" during an action):

Yo estoy estudiando y Carolina está comiendo.	*I am studying and Carolina is eating.*

4. To show the result of an action:

Action	$\longrightarrow$	**Result**
El agente abrió la puerta.		**La puerta está abierta.**
The agent opened the door.		*The door is open.*

5. The forms of **estar** in the present are:

yo	**estoy**	nosotros(as)	**estamos**
tú	**estás**	vosotros(as)	**estáis**
él, ella, Ud.	**está**	ellos(as), Uds.	**están**

C. With some adjectives, using **ser** or **estar** changes the intended and expressed meaning dramatically. For example:

Antonio es malo.	*Antonio is evil.*
Antonio está malo.	*Antonio is ill.*
Mi hermano es listo.	*My brother is clever.*
Mi hermano está listo.	*My brother is ready.*
La alumna es pálida.	*The pupil has a pale complexion.*
La alumna está pálida.	*The pupil looks pale.*
Ana es aburrida.	*Ana is boring.*
Ana está aburrida.	*Ana is bored.*

EJERCICIOS

A. Ud. ve este anuncio para un libro en un periódico. Para pedir el libro, es necesario completar cada frase con la forma apropiada de **ser** o **estar**.

1. ¿_____ Ud. aburrida ahora?
2. ¿_____ su esposo en su despacho, y _____ sus niños en la escuela?
3. ¿_____ su ciudad demasiado pequeña?
4. ¿_____ Ud. descontenta?
5. Yo _____ médico y le recomiendo este libro, *Tú* _____ *magnífico.*
6. El libro _____ de Managua, Nicaragua, _____ de papel reciclado, y _____ para Ud.
7. _____ las tres de la tarde. ¿Para qué esperar más? ¡Pida este libro hoy!
8. Nosotros _____ una compañía de buena reputación. _____ esperando su llamada.

B. ¡Conozcámonos!
Pregúntele a un(a) compañero(a) de clase.

1. if (s)he is young (rich, happy, in class, bored)
2. if (s)he is from Arizona (New York, the Dominican Republic, Venezuela)
3. if (s)he is tired (sick, intelligent, clever)
4. if (s)he is well (Spanish, worried, a student, in the laboratory)

C. El agente de aduana le hace a Ud. las siguientes preguntas. Contéstele en español. Tenga cuidado con el uso de **ser** y **estar**.

1. ¿Es Ud. estudiante o profesor?
2. ¿De dónde es Ud.?
3. ¿Dónde está Ud. ahora?
4. ¿Qué hora es?
5. ¿De qué color es su maleta?
6. ¿De qué material es?

The Secretary of State
of the United States of America
hereby requests all whom it may concern to permit the citizen/
national of the United States named herein to pass
without delay or hindrance and in case of need to
give all lawful aid and protection.

Le Secrétaire d'Etat
des Etats-Unis d'Amérique
prie par les présentes toutes autorités compétentes de laisser passer
le citoyen ou ressortissant des Etats-Unis titulaire du présent passeport,
sans délai ni difficulté et, en cas de besoin, de lui accorder
toute aide et protection légitimes.

Consuelo Juanita Webster

SIGNATURE OF BEARER/SIGNATURE DU TITULAIRE

PASSPORT PASSEPORT	Type/Caté-gorie P	Code of issuing / code du pays State USA émetteur	PASSPORT NO./NO. DU PASSEPORT 020287206

UNITED STATES OF AMERICA

Surname / Nom
WEBSTER
Given names / Prénoms
CONSUELO JUANITA
Nationality / Nationalité
UNITED STATES OF AMERICA
Date of birth / Date de naissance
23 APR/AVR 60
Sex / sexe   Place of birth / Lieu de naissance
F   NEW JERSEY, U.S.A.
Date of issue / Date de délivrance   Date of expiration / Date d'expiration
25 JUN/JUN 86   24 JUN/JUN 91
Authority / Autorité
PASSPORT AGENCY
Amendments/ Modifications SEE PAGE
CHICAGO   24

< WEBSTER CONSUELO JUANITA <<<<<<<<<<<<<<<<<<<<
1100706265USA3710254F9809066<<<<<<<<<<<<<<<<0

¿De quién es el pasaporte?
¿Es hombre o mujer?
¿Es joven o vieja?
¿De dónde es?
¿En qué lenguas está escrito?

Los pronombres personales

A. The subject pronouns are:

Singular		Plural	
yo	*I*	**nosotros(as)**	*we*
tú	*you* (familiar)	**vosotros(as)**	*you* (familiar)
él	*he*	**ellos**	*they* (masculine)
ella	*she*	**ellas**	*they* (feminine)
Ud.	*you* (polite)	**Uds.**	*you* (polite)

B. Subject pronouns are used for two purposes:

1. to clarify meaning.

Él escribe y ella lee.   *He writes and she reads.*

2. to emphasize meaning.

Yo soy Juan Carlos Gómez.   *I am Juan Carlos Gómez.*

C. When the meaning is clear, subject pronouns are usually omitted.

No quiero comerlo.   *I don't want to eat it.*

EJERCICIOS

A. Traiga dos fotos a la clase: una foto de sólo una persona [Ud. o un(a) amigo(a)] y una foto de un grupo de personas. La clase se divide en grupos de cuatro. Cada estudiante dice dos frases que describen lo que hacen las personas de sus fotos, usando pronombres personales.

> *Ejemplo*   *Yo* trabajo en mi oficina.
> *Nosotros* jugamos al béisbol.

Después, los estudiantes intercambian sus fotos, y cada persona describe la foto de su compañero(a).

> *Ejemplo*   *Tú* trabajas en tu oficina.
> *Uds.* juegan al béisbol.
> *Ella* va al parque.

B. Aquí hay la familia Giménez. Son personas muy activas. Lea de nuevo las frases de sus actividades, cambiando los nombres a pronombres.

1. **Alejandro** quiere hacer una cita en la agencia con **Marlene.**
2. **Juan y Berenice** van de compras al centro.
3. **Andrés** fue al cine con **Josefina y Marisa.**

C. ¿Qué piensa Ud.?

Con un(a) compañero(a) de clase, haga estas preguntas y conteste, usando siempre un pronombre personal.

1. ¿Quién es mejor escritor(a)—Charles Dickens o Charlotte Brontë?
2. ¿Quién es más interesante—la Princesa Diana o el Príncipe Carlos?
3. ¿Quién es mejor actor o actriz—Robert Redford o Elizabeth Taylor?
4. ¿Quién es mayor—tú o el Presidente?
5. ¿Quién es mejor atleta—Fernando Valenzuela o Gabriela Sabatini?
6. ¿Quiénes viajan más—tú y tus hermanos o los Rolling Stones?

¿Cuántos pesos tengo yo?
¿Tiene Ud. pesos mexicanos?
Mire al hombre en el billete. ¿Quién es él?

El presente

A. There are three sets of endings for regular verbs corresponding to three conjugations.

I		**II**		**III**	
-ar (hablar)		**-er** (comer)		**-ir** (vivir)	
-o	-amos	-o	-emos	-o	-imos
-as	-áis	-es	-éis	-es	-ís
-a	-an	-e	-en	-e	-en

These endings are added to the stem of regular verbs. (The stem is the remainder of the verb after the infinitive ending has been removed.)

Stem	**Infinitive ending**
habl-	-ar

B. Some verbs change their stems before adding these endings. These are called stem-changing verbs, or frequently "shoe verbs" because, if one were to draw a line around the forms with stem changes, a shoe would appear.

e ⟶ ie		o ⟶ ue		e ⟶ i	
cerrar		**volver**		**pedir**	
cierro	cerramos	vuelvo	volvemos	pido	pedimos
cierras	cerráis	vuelves	volvéis	pides	pedís
cierra	cierran	vuelve	vuelven	pide	piden

Like **cerrar** (e → ie): comenzar, despertar, empezar, entender, mentir, negar, pensar, perder, preferir, querer, sentar, sentir

Like **volver** (o → ue): acordarse, acostar, almorzar, contar, costar, dormir, encontrar, jugar, morir, mover, poder, recordar

Like **pedir** (e → i): repetir, servir, vestir

Stem-changing verbs are indicated with the stem change in parentheses after the infinitive in vocabularies and dictionaries. For example: **comenzar (ie)**, **volver (ue)**, etc.

C. Many verbs are irregular in the first person singular of the present, while the remainder of the verb is regular. The following frequently used verbs are irregular in the first person.

Infinitive	**First Person Irregular Form**
caber	quepo
caer	caigo
dar	doy (no accent in second plural: **dais**)
hacer	hago
poner	pongo
saber	sé
salir	salgo
traer	traigo
valer	valgo
ver	veo

D. Other verbs have spelling irregularities in the first person.

Infinitive	First Person Irregular Form
coger	cojo
conducir	conduzco
conocer	conozco
conseguir	consigo
dirigir	dirijo
distinguir	distingo
obedecer	obedezco
ofrecer	ofrezco
parecer	parezco
producir	produzco
seguir	sigo
traducir	traduzco

E. The following verbs contain other irregularities.

construir	construyo, construyes, construye, construimos, construís, construyen
corregir	corrijo, corriges, corrige, corregimos, corregís, corrigen
decir	digo, dices, dice, decimos, decís, dicen
destruir	destruyo, destruyes, destruye, destruimos, destruís, destruyen
elegir	elijo, eliges, elige, elegimos, elegís, eligen
haber	he, has, ha, hemos, habéis, han
ir	voy, vas, va, vamos, vais, van
oír	oigo, oyes, oye, oímos, oís, oyen
oler	huelo, hueles, huele, olemos, oléis, huelen
tener	tengo, tienes, tiene, tenemos, tenéis, tienen
venir	vengo, vienes, viene, venimos, venís, vienen

F. The present tense is translated as follows: **hablo** *I speak, I do speak, I'm speaking.* It shows action going on in the present time.

G. When the future is rapidly approaching, Spanish uses the present instead of the true future tense.

Te veo mañana.   *I'll see you tomorrow.*

EJERCICIOS

A. Lila y Ricardo Gómez planean un viaje a México. Están en la agencia de viajes. Forme frases completas y correctas de los siguientes elementos para crear una conversación entre los Gómez y el agente de viajes.

1. **Agente** ¿de dónde / venir / Uds.?
   Lila yo / venir / de México / y / mi esposo / venir / de Texas
2. **Agente** ¿adónde / querer / ir / Uds.?
   Ricardo ¿cuánto / costar / boletos / a / Oaxaca?
3. **Agente** boleto / costar / quinientos / dólar —¿cuánto / tiempo / tener / Uds.?
4. **Lila** yo / no / saber —Ricardo, / ¿saber / tú?

B. ¡Viajemos a México!
Pregúntele a un(a) compañero(a) de clase.

1. when (s)he is going to the travel agency
2. if (s)he has her tourist card
3. if (s)he hears the music of Mexico on the plane
4. if (s)he plays tennis or golf on the trip
5. what gifts (s)he is bringing from (her) his trip

C. Ud. va a México con un grupo de personas de su ciudad. Esta noche hay una reunión para prepararse para el viaje. El líder del grupo le hace estas preguntas. Contéstelas.

1. ¿Conoces Cuernavaca?
2. ¿Ves la foto del volcán Popocatépetl?
3. ¿Conduces cuando vas a un país extranjero?
4. ¿Qué pones en tu maleta?
5. ¿Traduces del español al inglés cuando lees un periódico?
6. ¿Les das una propina a los meseros?

D. ¡En sus propias palabras!
Ud. es arquitecto(a). En las frases siguientes, Ud. describe su día. Complete cada frase de una manera original, usando la forma apropiada del verbo.

> *Ejemplo*   Me gusta ser arquitecto(a) porque (dirigir)...
> **Me gusta ser arquitecto(a) porque dirijo muchos proyectos.**

1. Trabajo mucho y cada mañana (salir)...
2. Soy un(a) buen(a) arquitecto(a) y (producir)...
3. Estoy contento(a) porque (hacer)...
4. Mis clientes quieren una casa grande y, por eso, yo (construir)...
5. Cuando hablo con ellos, yo (traer)...

LA AGENCIA LIBERTAD LE OFRECE EL MEJOR SERVICIO A TODAS PARTES DEL MUNDO, Y NOS ESPECIALIZAMOS EN EL CARIBE, CENTRO Y SUR AMÉRICA.

BUSQUE NUESTRO LETRERO PARA SU PRÓXIMO VIAJE

AGENCIA LIBERTAD

Si Ud. quiere una buena agencia de viajes, ¿qué letrero busca Ud.? ¿Qué ofrece la Agencia Libertad? ¿En qué se especializa la agencia? ¿Prefieren Ud. y su familia ir al Caribe o a Centro o Sudamérica?

La hora del día

¿Qué hora es?	*What time is it?*
Es la una.	*It's 1:00.*
Son las dos.	*It's 2:00.*
Son las cuatro y veinte.	*It's 4:20.*
Son las cinco menos veinte.	*It's 4:40.*
	(It's twenty minutes before 5:00.)
Son las siete y media.	*It's 7:30.*
¿A qué hora es la cena?	*At what time is dinner?*
Es a la una.	*It's at 1:00.*
Es a las dos.	*It's at 2:00.*
Es a las tres menos diez.	*It's at 2:50.*
	(It's at 10 minutes before 3:00.)

Estas personas en San José, Costa Rica, pueden ver las horas en muchas partes del mundo. ¿Qué hora es ahora en Costa Rica?

A. The verb **ser** is used in telling the time of day. Use **Es la** for one o'clock and **Son las** for two o'clock and after. Add minutes to the hour with **y** and subtract minutes from the next hour with **menos.** Use the phrase **y media** for the half hour. **¿Qué hora es?** asks *What time is it?* Use **a la** and **a las** for *at* and ask *At what time?* with **¿A qué hora?**

B. To express *in the morning, in the afternoon,* and *in the evening* when a specific time is mentioned, use **de la mañana, de la tarde,** and **de la noche.** When no specific time is mentioned, use **por la mañana, por la tarde,** and **por la noche.**

Como a las seis de la tarde.	*I eat at six o'clock in the afternoon.*
Me gusta estudiar por la noche.	*I like to study in the evening.*

C. In the past tense, **era** and **eran** are used.

Eran las cinco cuando fui al centro comercial.	*It was five o'clock when I went to the shopping center.*
¿A qué hora era la película? Era a la una y veinte.	*At what time was the film? It was at 1:20.*

D. In many Spanish-speaking countries, travel and entertainment schedules are given in 24 clock-hour time. After noon, to convert from conventional time to 24 clock-hour time, simply add 12 to the hour. To convert from 24 clock-hour time to conventional time, subtract 12 from the hour. In 24 clock-hour time, there is no need to indicate A.M. or P.M.

El avión sale a las dos.	
El avión sale a las catorce horas.	*The plane is leaving at two o'clock.*
El espectáculo es a las veinte horas.	*The show is at eight o'clock.*
El espectáculo es a las ocho.	

E. Other words for time are:

1. tiempo   time in the general sense.

No puedo pasar mucho tiempo en Buenos Aires.	*I can't spend much time in Buenos Aires.*

2. vez   an occasion or point in time, time in a series, or in idiomatic expressions.

La vez que te vi en Hawaii tenías el pelo corto.	*The time I saw you in Hawaii you had short hair.*

una vez *once*		**otra vez** *again*	
dos veces *twice*		**de vez en cuando** *from time to time*	
tres veces *three times*		**en vez de** *instead of*	
muchas veces *often*		**tal vez** *perhaps*	
a veces *at times*			

3. rato   a short while.

Voy a leer <u>Don Quijote</u> un rato antes de dormirme.	*I'm going to read <u>Don Quijote</u> a while before falling asleep.*

EJERCICIOS

A.   ¿A qué hora hago estas actividades? Diga o escriba la hora.

1. It's 7:15 in the morning. Me baño.

2. It's 12:45 in the afternoon. Almuerzo.

3. At 4:30, vuelvo a casa.

4. It's 6 o'clock. Ceno con mi familia.

5. It's 9:20 in the evening. Miro la televisión.

B. ¡Conozcámonos!

Pregúntele a un(a) compañero(a) de clase.

1. if (s)he studies in the morning, in the afternoon, or in the evening
2. what time it is
3. at what time (s)he eats lunch
4. how many times (s)he is going to see the film *Star Wars*
5. how much time (s)he studies Spanish

C. Usando **tiempo, hora, vez** y **rato,** escriba una excusa para las siguientes circunstancias. Escriba cuatro frases para cada circunstancia.

1. Ud. llega a la clase de español sin preparar la tarea.
2. Ud. llega tarde a la cita con el agente de viajes.

¿A qué hora sale el avión para Oaxaca?
¿A qué hora sale el avión para Monterrey?
¿Y de qué puerta sale?

Lectura   EL TURISTA YANQUI

por Julio Camba

NOTA SOBRE EL AUTOR

Julio Camba (1888–1962) era un periodista español y maestro del ensayo corto humorístico. De Galicia, viajó por todo el mundo escribiendo ensayos con sus observaciones humorísticas sobre muchos tópicos. «El turista yanqui» es de su libro *Playas, ciudades y montañas* (1916).

ANTES DE LEER

Antes de leer, considere las preguntas siguientes y busque las respuestas en los párrafos indicados.

1. ¿Cómo mira las cosas el turista yanqui? [párrafo 1]
2. ¿Qué pregunta siempre el turista yanqui? [párrafos 1–2]
3. ¿Para el turista yanqui es importante el valor histórico de una catedral? [párrafo 3]
4. ¿Qué cree el turista yanqui de las personas que se extasían ante las ruinas? [párrafo 3]
5. Según el autor, ¿qué piensan hacer en Chicago los turistas yanquis? [párrafo 4]

¡OJO! Es más fácil comprender la lectura si Ud. recuerda buscar los **cognados.**

Cuando Ud. encuentre una palabra desconocida, use el **contexto** del párrafo para adivinar su significado.

También le va a ayudar identificar la **idea más importante** de cada párrafo.

¡Ahora, leamos!

EL TURISTA YANQUI[4]

1   El turista yanqui mira todas las cosas con aire de comprador. **Ante** una catedral como ante una montaña, yo siempre **me figuro** que va a preguntar lo que cuestan.

In front of
imagine

2   Le presenta usted un duque a un turista yanqui y si el turista yanqui tiene hijas **casaderas, es capaz de** preguntarle a usted:

    —Y ese duque que usted me ha presentado, ¿cuánto cree usted que puede costar?

unmarried / he's
likely to

---

[4]Julio Camba, *Obras completas,* I, Madrid, 1948

3   Cuando los otros turistas **se extasían** ante las ruinas, el yanqui los   *get very excited*
desprecia como gente poco práctica, que pierde el tiempo en palabras   *scorns*
inútiles, y **dirigiéndose** al guía, le pregunta: *useless / turning to*

  —Estas ruinas, ¿cuánto valen?

  —¡Oh! Estas ruinas, sabe usted...

  —Nada, nada. ¿Cuánto valen?

  —Mire usted. Estas ruinas tienen un gran valor histórico, un gran
valor artístico...

  —Pero, en fin, ¿cuánto valen en dinero? ¿Cuántos miles de dólares?

4   Si los turistas yanquis no han comprado ya el **Mont Blanc** es   *mountain in the Swiss*
porque piensan hacer en Chicago uno mucho más grande, con mucha   *Italian Alps*
más nieve, con muchas más «crevases» y en el que muera mucha más
gente.

Los turistas miran las artesanías hermosas en el mercado San Ángel en México, D.F.

CONVERSACIÓN

1. ¿Cree Ud. que la imagen que presenta Camba del turista estadounidense
   es similar a la del «Ugly American»? ¿Cómo la presenta el autor?
2. ¿Está Ud. de acuerdo con el punto de vista del ensayo?
3. ¿Cómo usa el autor el humor para comunicar un mensaje serio?
4. ¿Qué cosas puede hacer el turista estadounidense para cambiar su
   imagen en el extranjero?
5. El turista del ensayo vivía en 1916. ¿Son diferentes los turistas de hoy?

DISCUSIÓN PARA LA CLASE

Antes de viajar por los países hispánicos, es necesario prepararse para las diferencias culturales que va a encontrar en su viaje.

PREGUNTAS PARA CONSIDERAR

1. ¿Cuáles son algunas de las diferencias entre la vida en los Estados Unidos y la vida en los países hispánicos? Piensen en los niveles de vida, las casas, el trabajo típico, la familia y las costumbres.
2. ¿Cómo debe portarse un(a) viajero(a) en los países hispánicos?
3. ¿Cómo debe prepararse para su viaje? ¿Qué debe llevar?

VOCABULARIO

el viaje	trip	**las costumbres**	customs
el turista	tourist	el comporta-	behavior
el viajero	traveler	miento	
		la cortesía	courtesy
la lengua	language	las leyes	laws
el entendimiento	understanding	portarse	to behave oneself
el hispánico /	Hispanic	las reglas	rules
hispano		respetar	to respect
hispanohablante	Spanish-speaking		
		las casas	houses
el nivel de vida	standard of living		
		el agua	water
alto / medio / bajo	high/medium/low	la comida	food
la pobreza	poverty		
la riqueza	wealth		

Destino

CONTENIDO

OBJETIVOS

☐ VOCABULARIO Y CONVERSACIÓN
You will be able to register in a hotel in a Spanish-speaking country and request room supplies.

☐ INFORMACIÓN Y CULTURA
You will become acquainted with Mexico City and its surrounding area. You will also learn the roles of various social classes in Latin American politics.

Datos

MÉXICO, D.F.

México, D.F. fue la antigua capital de los **aztecas.** Se llamaba Tenochtitlán. Hoy día es la ciudad más grande del mundo con una población aproximada de más de 20.000.000 de personas en 1987, más grande que la combinación de las poblaciones de la ciudad de Nueva York y la área metropolitana de Los Ángeles. Se cree que para el año 2000, México, D.F. tendrá más de 30.000.000 de habitantes. La ciudad está situada en la Zona Tropical, en una **meseta** a unos 2.207 m (7.347 pies) de **altura.** Es casi 2.000 pies más alto que Denver, Colorado. Por esto, tiene días **calurosos** y noches frescas.

Puntos de interés en México, D.F.

La Alameda un parque hermoso que tiene muchas **esculturas** francesas del **siglo** diecinueve. En el sur del parque hay una **estatua** de Benito Juárez, presidente de México desde 1858 hasta 1872.

El Palacio de Bellas Artes al este de la Alameda, es un lugar para conciertos y colecciones de arte. En el segundo piso hay murales de **Diego Rivera.** El **telón** del auditorio principal es de cristal de Tiffany.

La Torre Latinoamericana de su **terraza** en el piso 42, hay una **vista** espectacular de la ciudad.

El Zócalo una plaza construida sobre el centro de la antigua ciudad, Tenochtitlán. En la esquina este está situado el Palacio Nacional donde trabaja el presidente. En la esquina norte se encuentra la Catedral, de estilo **churrigueresco.**

El Mercado de la Merced el mercado más grande de la ciudad. Se puede comprar toda clase de cosas—desde frutas y carnes hasta ropa y artesanías.

El Bosque de Chapultepec uno de los más grandes del mundo. Tiene un **castillo,** un **zoológico,** un **parque de atracciones** y muchos museos.

El Museo Nacional de Antropología situado en el Parque de Chapultepec, el museo contiene muchos artefactos de las civilizaciones indias.

La Ciudad Universitaria **sede** de la Universidad Nacional

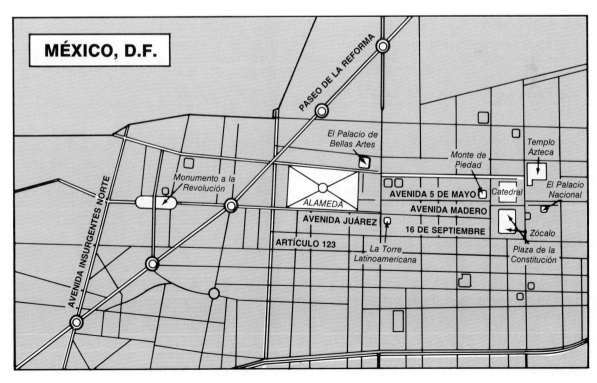

Autónoma de México. Muchos de los edificios están **adornados** con mosaicos de gran **belleza.** El mosaico más grande, que mide diez pisos, **cubre** los cuatro **lados** de la biblioteca. Muestra la historia de la cultura mexicana. Es la universidad más antigua del Hemisferio Occidental.

   La Basílica de Guadalupe una iglesia construida para honrar a la Virgen de Guadalupe, la **santa patrona** del país.

   Xochimilco muy cerca de México, D.F., Xochimilco es un lugar hermoso con jardines **flotantes.**

VOCABULARIO

adornados *decorated*
la belleza *beauty*
el bosque *forest*
calurosos *warm*
el castillo *castle*
cubre (cubrir) *covers*
las esculturas *sculptures*
la estatua *statue*
flotantes *floating*
los lados *sides*
la meseta *plateau*
el parque de atracciones
   amusement park
la santa patrona *patron saint*
la sede *seat*
el siglo *century*
el telón *curtain*
la terraza *observation deck*
la vista *view*
el zoológico *zoo*

NOTAS

   aztecas *Aztecs* founders of a great Indian empire which dominated Mexico's central valley from 1325 to 1519, before falling to the Spanish conqueror, Hernán Cortés

   el churrigueresco *Churrigueresque* elaborate style of Hispanic baroque architecture, important in the second half of the 18th Century

   Diego Rivera Mexican painter, 1887–1957, many of whose large murals depict the life and social problems of Mexico

Xochimilco, cerca de la capital mexicana, es muy hermoso con sus jardines flotantes.

PREGUNTAS SOBRE LOS DATOS

1. ¿Dónde está situado México, D.F.?
2. ¿Cómo se llamaba México, D.F. en los días de los aztecas?
3. ¿Dónde hay una estatua de Benito Juárez?
4. ¿Quién fue Benito Juárez?
5. ¿De qué edificio hay una vista espectacular de la ciudad? ¿Hay un edificio en su ciudad con una vista espectacular?
6. ¿Dónde está situado el Palacio Nacional?
7. ¿Quién trabaja en el Palacio Nacional? ¿Quién trabaja en la Casa Blanca en Washington?
8. ¿Cuál es el mercado más grande de la ciudad?
9. ¿Qué hay en el Museo Nacional de Antropología?
10. ¿Qué hay en la fachada de la biblioteca de la Universidad Nacional?
11. ¿Quién es la santa patrona de México? ¿Tiene su país una santa patrona?
12. ¿Qué es Xochimilco?

Diálogo

LLEGAR A MÉXICO, D.F.

El Zócalo es la plaza principal de México, D.F. Aquí se ve la Catedral, de estilo churrigueresco.

David y Consuelo acaban de llegar a México, D.F., capital de México. Llegan el 16 de septiembre, el Día de la Independencia mexicana. Toda la ciudad celebra este día. Es una ciudad hermosa y llena de mucha historia. David y su esposa desean visitar algunos de los lugares más famosos. Quieren ver el Zócalo, una plaza construida sobre el centro de la ciudad azteca, Tenochtitlán. Hoy día se puede ver **restos** de los templos y las pirámides de esa civilización antigua. El Palacio Nacional, situado en la esquina este de la plaza, ofrece un contraste dramático con las ruinas aztecas.

    También los Webster quieren ver las Pirámides de San Juan Teotihuacán, una ciudad azteca que queda a una hora de México, D.F. Les interesa ver la figura del dios azteca, Quetzalcóatl, representado como una serpiente **emplumada**.

remains

feathered

David y Consuelo **desean** tener la oportunidad de explorar todo, pero primero tienen que **registrarse** en su hotel. Ahora hablan de su reservación con el recepcionista en el **vestíbulo** del hotel. También piden información sobre una visita a las Pirámides de San Juan Teotihuacán. Planean visitarlas el día **siguiente**.

desire
to register
lobby

following

Recepcionista	Buenas tardes. Soy Santos Álvarez, **a sus órdenes.** ¿En qué puedo servirles?
Consuelo	Buenas tardes, Sr. Álvarez. Mi esposo y yo hicimos una reservación hace un mes para un **cuarto doble con baño** y **cama matrimonial.**
Recepcionista	Muy bien, señora. ¿A nombre de quién hicieron Uds. la reservación?
David	Somos David y Consuelo Webster. Reservamos el cuarto por una semana.
Recepcionista	Eso es, Sr. Webster. Aquí tengo la información. Tenemos el cuarto número siete para Uds. Creo que está listo ahora. La **camarera** lo limpió esta mañana. Dejó **toallas, toallitas** y **jabón** para Uds. Pero si necesitan algo más, pueden avisarme. Aquí tienen la **llave.**
Consuelo	Muy amable, Sr. Álvarez. ¿Dónde está el número siete?
Recepcionista	Está situado en el **primer piso.** Pueden subir por el **ascensor,** y si quieren, el **botones** les ayudará con el **equipaje.**
David	Gracias, señor. Pero antes de subir, **quisiéramos** información sobre las visitas a las Pirámides de San Juan Teotihuacán. Quisiéramos contratar a un **guía** para ir esta tarde.

at your service

double room with bath
double bed

maid
towels / washcloths / soap

key

first floor
elevator / bellhop
luggage
we would like [polite form]

guide

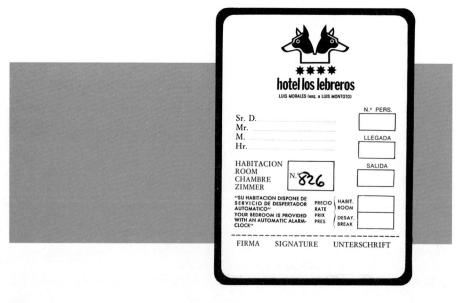

Recepcionista	**Lo siento,** señor. Pero creo que es difícil encontrar a un guía para ir a las Pirámides hoy. Es nuestro Día de la Independencia, y todos celebran con sus familias. Si no les parece inconveniente esperar hasta mañana, tengo un hermano que es **chofer** y guía. Puede llevarlos por un buen precio.
David	Le agradecemos a Ud., Sr. Álvarez. Vamos mañana con su hermano. Estamos muy entusiasmados por ver las ruinas. Tienen una historia muy interesante.
Consuelo	Y también estoy entusiasmada por ver el cuarto y descansar un poquito.
David	Claro que sí. Subimos ahora. Gracias por su ayuda, Sr. Álvarez. Nos vemos más tarde.

I'm sorry

driver

El Palacio de Bellas Artes, al este del Parque Alameda, es un lugar para conciertos. El telón del auditorio principal es de cristal de Tiffany.

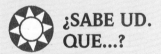 **¿SABE UD. QUE...?**

If you want to return to the street level from the upper floors of a Mexican hotel, push the elevator button marked **PB** for **planta baja,** or ground floor. **El primer piso,** or first floor, is located one floor above the **planta baja,** where North American visitors generally expect to find the *second* floor. So don't be surprised if you have to go up three floors to find room 205!

La biblioteca de la Universidad Nacional Autónoma de México (UNAM) tiene un mural famoso del artista Juan O'Gorman. El mural cubre los cuatro lados y representa la historia de la cultura mexicana.

PALABRAS EN ACCIÓN

Los Webster llegan a México. Escoja las palabras apropiadas para completar las frases. Use cada palabra sólo una vez.

restos	jabón	camarera
desean	toalla	guía
vestíbulo	ascensor	botones
siguiente	equipaje	

1. Los Webster hablan con el recepcionista en el _____ del hotel.
2. El _____ les ayuda con su _____.
3. Van a subir a su habitación en el _____.
4. La _____ limpia el cuarto y deja el _____ y una _____ en el baño.
5. Los Webster _____ ver los _____ de los templos aztecas.
6. Necesitan un _____ para llevarlos a las Pirámides.
7. Primero, van a descansar. Luego, van a las Pirámides el día _____.

PREGUNTAS SOBRE EL DIÁLOGO

1. ¿A qué ciudad acaban de llegar David y Consuelo?
2. ¿Qué día llegan?
3. ¿Qué significado tiene el 16 de septiembre para los mexicanos?
4. ¿Cuál es la fecha del Día de la Independencia de los Estados Unidos?
5. ¿Con quién hablan David y Consuelo?
6. ¿A qué parte de un hotel se va para registrarse?
7. ¿Cuándo hicieron la reservación los Webster?
8. ¿Qué tipo de cuarto prefiere Ud.? ¿Qué tipo de cama?
9. ¿Qué tipo de cuarto reservaron los Webster?
10. ¿Quién limpió el cuarto?
11. ¿Dónde está situado el cuarto?
12. ¿Cómo pueden subir a su cuarto?
13. Para subir a otro piso, ¿prefiere Ud. usar un ascensor o las escaleras?
14. ¿Quién ayuda a los Webster con el equipaje?
15. ¿Qué pirámides quieren ver los Webster?
16. ¿Por qué no pueden ir hoy?

Un hombre contempla el calendario azteca en el Museo Nacional de Antropología. Situado en el Parque de Chapultepec, el museo contiene muchos artefactos de las civilizaciones indias.

Simulación 1

EN UN HOTEL

Un(a) viajero(a) / Un(a) recepcionista de un hotel

Ud. y un(a) compañero(a) de clase van a hacer el papel de un(a) viajero(a) y un(a) recepcionista de un hotel. Van a hablar de una reservación. Uds. pueden usar el diálogo siguiente o pueden inventar una simulación original con el vocabulario.

Tengo una reservación

Viajero(a)	Say "Good morning." Say your name is Mr./Ms. . . . and that you have a reservation for a single room with a bath.
Recepcionista	Say "I'm sorry, Mr./Ms. . . . ." Explain that you do not have a reservation in that name.
Viajero(a)	Say that you made the reservation a month ago and that you reserved the room for a week.
Recepcionista	Say "One moment, please. Here is the information." Say that the traveler has room number 7.
Viajero(a)	Ask if the room is ready now.
Recepcionista	Say "Yes, the maid cleaned the room this morning." Add that she left soap and towels. Then say "Here's the key."
Viajero(a)	Say "Very good." Ask where the room is located.
Recepcionista	Say the room is on the first floor and the bellhop can help with the luggage.
Viajero(a)	Say "Thank you."

V O C A B U L A R I O

reservar / la reservación	to reserve/ reservation
el cuarto sencillo (doble)	single (double) room
con (sin) baño	with(out) bath
en ese nombre	in that name
hace un mes	a month ago
por una semana	for a week
los empleados	employees
la camarera	maid
limpiar	to clean
dejar...	to leave . . .
el jabón	soap
el papel higiénico	toilet paper
la toalla	towel
la toallita	washcloth

AYUDENOS A AHORRAR **LUZ** Y **AGUA**

GRACIAS

Para su mayor seguridad el hotel pone a su disposición sin costo alguno **CAJAS DE SEGURIDAD** Favor de solicitarlas en la recepción.

El hotel no se hace responsable por los objetos de valor no depositados en las cajas de seguridad

HOTELES FIESTA AMERICANA

el botones	bellhop
ayudar	to help
el equipaje	luggage

expresiones

Buenos días.	*Good morning.*
Lo siento.	*I'm sorry.*
Un momento, por favor.	*One moment, please.*
Aquí está...	*Here is . . .*
la información	*information*
la llave	*key*
¿Está listo?	*Is it ready?*
ahora	*now*
esta mañana	*this morning*
¿Dónde está...?	*Where is . . .?*
el número siete	*number seven*
el primer piso	*first floor*
Gracias.	*Thank you.*

La recepción en un hotel colonial en México, D.F. «Señor, ¿está listo mi cuarto sencillo con baño?»

Simulación 2

UNA EXCURSIÓN A LAS PIRÁMIDES

Un(a) viajero(a) / Un(a) guía

Ud. y un(a) compañero(a) de clase van a hacer el papel de un(a) viajero(a) y un(a) guía. El (La) viajero(a) quiere contratar a un(a) guía para ir a las Pirámides de San Juan Teotihuacán. Uds. pueden usar el diálogo siguiente o pueden inventar una simulación original con el vocabulario.

Quiero ir a las Pirámides

Viajero(a)	Say you want to go to the Pyramids and you need to hire a guide.
Guía	Say you are a driver and a guide and that you can arrange the tour.
Viajero(a)	Ask how much the guide charges.
Guía	Say "Sixty thousand pesos." (~ $25)
Viajero(a)	Say that it is too much. Ask how far away the Pyramids are.
Guía	Say that it is a good price and that the trip takes an hour.
Viajero(a)	Ask how long the tour lasts.
Guía	Answer "A half day."
Viajero(a)	Say "Well, OK. Let's go!"

La serpiente emplumada Quetzalcóatl adorna la fachada de un edificio azteca en Teotihuacán. Las Pirámides quedan a una hora de México, D.F.

V O C A B U L A R I O

contratar a un guía	*to hire a guide*
el chofer	*driver*
arreglar la excursión	*to arrange the tour*
¿Cuánto cobra Ud.?	*How much do you charge?*
sesenta mil	*sixty thousand*
demasiado	*too much*
buen(o)	*good*

¿A qué distancia quedan las Pirámides?	*How far away are the Pyramids?*
¿Cuántas horas dura...?	*How long does the . . . take?*

expresiones

medio día	*half day*
pues	*well*
bien	*OK*
¡Vámonos!	*Let's go!*

Gramática

El pretérito

A. There are two sets of endings for the preterit tense of regular verbs.

	I			II, III	
-ar (hablar)			**-er (comer), -ir (vivir)**		
-é		-amos	-í		-imos
-aste		-asteis	-iste		-isteis
-ó		-aron	-ió		-ieron

These endings are added to the stem of regular verbs. The second and third conjugations use the same set.

B. Present tense stem-changing **-ar** and **-er** verbs do not change their stem in the preterit.

pensar	pensé, pensaste, pensó, pensamos, pensasteis, pensaron
volver	volví, volviste, volvió, volvimos, volvisteis, volvieron

C. Present tense stem-changing **-ir** verbs change their stem in the preterit in the third person singular and plural. Some examples are:

sentir (ie, i)	sentí, sentiste, sintió, sentimos, sentisteis, sintieron
dormir (ue, u)	dormí, dormiste, durmió, dormimos, dormisteis, durmieron
pedir (i, i)	pedí, pediste, pidió, pedimos, pedisteis, pidieron
servir (ie, i)	serví, serviste, sirvió, servimos, servisteis, sirvieron
morir (ue, u)	morí, moriste, murió, morimos, moristeis, murieron
mentir (ie, i)	mentí, mentiste, mintió, mentimos, mentisteis, mintieron
preferir (ie, i)	preferí, preferiste, prefirió, preferimos, preferisteis, prefirieron
sugerir (ie, i)	sugerí, sugeriste, sugirió, sugerimos, sugeristeis, sugirieron
divertir(se) (ie, i)	divertí, divertiste, divirtió, divertimos, divertisteis, divirtieron
reír (i, i)	reí, reiste, rió, reimos, reisteis, rieron
repetir (i, i)	repetí, repetiste, repitió, repetimos, repetisteis, repitieron
vestir (i, i)	vestí, vestiste, vistió, vestimos, vestisteis, vistieron

D. Some verbs have spelling changes in the preterit.

1. Verbs ending in **-zar** change the **-z** to **-c** before **-e**. For example:

comenzar	comencé, comenzaste, comenzó, etc.

2. Verbs ending in **-gar** change the **-g** to **-gu** before **-e**. For example:

    pagar   pagué, pagaste, pagó, etc.

3. Verbs ending in **-car** change the **-c** to **-qu** before **-e**. For example:

    sacar   saqué, sacaste, sacó, etc.

4. Between two vowels **i** becomes **y**. For example:

    leer   leí, leíste, leyó, leímos, leísteis, leyeron

E. Some irregular verbs change their stems in the preterit.

1. u stems:

tener	tuve, tuviste, tuvo, tuvimos, tuvisteis, tuvieron
estar	estuve, etc.
andar	anduve, etc.
saber	supe, etc.
caber	cupe, etc.
poder	pude, etc.
poner	puse, etc.
producir	produje, produjiste, produjo, produjimos, produjisteis, produjeron

2. i stems:

venir	vine, viniste, vino, vinimos, vinisteis, vinieron
querer	quise, quisiste, quiso, quisimos, quisisteis, quisieron
hacer	hice, hiciste, hizo, hicimos, hicisteis, hicieron
decir	dije, dijiste, dijo, dijimos, dijisteis, dijeron

3. a stems:

traer	traje, trajiste, trajo, trajimos, trajisteis, trajeron
contraer	contraje, etc.
distraer	distraje, etc.

F. Other verbs in the preterit are totally irregular, as follows:

ser	fui, fuiste, fue, fuimos, fuisteis, fueron
ir	fui, fuiste, fue, fuimos, fuisteis, fueron
dar	di, diste, dio, dimos, disteis, dieron

G. With regular verbs, the first and third person singular endings have written accents. For example:

pronuncié / pronunció

With irregular verbs, the first and third person singular endings do not have written accents. For example:

vi / vio

H. Certain verbs change meaning when used in the preterit. Some examples are:

	Present	**Preterit**
conocer	*to be acquainted with*	*to meet for the first time*
saber	*to know*	*to find out*
querer	*to want*	*to try*
no querer	*to not want*	*to refuse*
poder	*to be able*	*to succeed in*

I. The preterit is translated as follows: **hablé**   *I spoke, I did speak*

J. The preterit is the complete past tense in Spanish. It is the *narrative* past. It is used for actions to which one can attribute a beginning and an end. If diagrammed, the preterit would appear as a horizontal line between two vertical lines.

BEGINNING   **END**

PRETERIT ACTION

The preterit is used to narrate main actions, those which move the subject through successive events from the start of the paragraph to the finish. When using the preterit, one is in the present, viewing the past completed action. This may be compared to viewing one stopped frame of a film negative.

K. The preterit is used for past completed actions.

Fui en taxi ayer.	*I went by cab yesterday.*
Entré al hotel esta mañana.	*I entered the hotel this morning.*

Nº **1852**

Nombre
Name_____

Cuarto
Room

Toallas
Towels_____ Fecha
Date_____

Recibí del HOTEL PLAZA DEL SOL, S.A. las toallas mencionadas arriba, mismas que devolveré antes de las 19:00 horas.
De lo contrario, autorizo me sean cargados $ 2,000.00 pesos por cada una.

I received from HOTEL PLAZA DEL SOL, S.A. the above mentioned towels which. I will return before 7:00 p.m.
If not returned, I will be charged $ 2,000.00 pesos for each one.

Firma
Signature_____

El imperfecto

A. There are two sets of endings for regular verbs.

I		II, III	
-ar (hablar)		**-er (comer), -ir (vivir)**	
-aba	-ábamos	-ía	-íamos
-abas	-abais	-ías	-íais
-aba	-aban	-ía	-ían

These endings are added to the stem of regular verbs and are referred to as the **-aba** and **-ía** endings. Note the written accent in the first person plural of the **-aba** endings, and the accented **í** in all six persons of the **-ía** endings. Again, the second and third conjugations share a single set of endings.

B. The imperfect tense indicates a past action that is incomplete (from the Latin **imperfectus,** *not completed*). Just three verbs are irregular in the imperfect. All other verbs are regular. The three irregular verbs are:

ser	era, eras, era, éramos, erais, eran
ir	iba, ibas, iba, íbamos, ibais, iban
ver	veía, veías, veía, veíamos, veíais, veían

C. Because first and third persons singular have identical forms, it is helpful to use the subject pronouns to clarify meaning.

<u>yo</u> hablaba   <u>él</u> hablaba

D. The imperfect is translated as follows: **yo hablaba**   *I spoke, I was speaking, I used to (would) speak.*

E. The imperfect is used as the past *descriptive* tense to describe actions which were continuing over an indefinite period of time. There is no reference to the beginning or end of the action. One transfers himself mentally to the past in a nostalgic fashion and views the action as taking place before him. This may be compared to stepping into a film and watching the action roll before ones eyes. If one were to diagram the imperfect, it would appear as an undulating line with no beginning or end. The preterit would cut this wavy line at a fixed point.

The imperfect is often used to enhance the main actions (preterit). It is used as descriptive background. One might remove all the imperfect tense actions and still not destroy the sequential movement of the paragraph from start to finish. The paragraph would lose color, style, and descriptive elements, but the primary main actions of the narrative would remain intact.

F. There are five main uses of the imperfect tense.

1. To describe in the past:

Había muchas toallas en la habitación.	There were many towels in the room.
Los candidatos eran liberales.	The candidates were liberals.

2. To indicate a repeated or habitual past action, one that occurred more than once in the past:

Cuando ella era niña, vivía en México.	When she was a little girl, she lived in Mexico.
El fascista siempre mentía para mantener el estatus quo.	The Fascist always used to lie in order to maintain the status quo.

3. To tell time in the past:

¿Qué hora era cuando trajeron el jabón? Era la una.	What time was it when they brought the soap? It was one o'clock.
Eran las cuatro cuando terminaron las elecciones.	It was four o'clock when the elections ended.

4. To indicate action in progress; the action which *stops* the action in progress is a preterit action:

El chofer cobraba la propina cuando llegó otro pasajero.	The driver was collecting the tip when another passenger arrived.
Yo comía cuando sonó el teléfono.	I was eating when the telephone rang.

5. To describe mental activity in the past. Verbs like "to believe," "to know," "to wish," "to be able" are normally used in the imperfect because they change meaning in the preterit. (See page 45, **El pretérito.**)

Imperfect	**Los Webster querían un cuarto doble con cama matrimonial.**	The Websters wanted a double room with a double bed.
Preterit	**Yo quise cambiar las condiciones desagradables.**	I tried to change the unpleasant conditions.
Imperfect	**Consuelo sabía que el gobierno era conservador.**	Consuelo knew that the government was conservative.
Preterit	**David supo que había «Kentucky Fried Chicken» en México.**	David found out that there was "Kentucky Fried Chicken" in Mexico.

EJERCICIOS

A. Su amigo describe su clase de español. Ayúdele con su descripción, completando las frases con la forma apropiada del verbo en el pretérito.

1. Esta noche quiero estudiar mucho, pero ayer no _____ estudiar.
2. Hoy la profesora nos dice, «¡Estudien mucho!» Ayer también nos _____, «¡Estudien mucho!»
3. Juanito no duerme hoy en clase, pero ayer sí _____.
4. Las muchachas creen que la tarea es difícil hoy, pero ayer _____ que era fácil.
5. Hoy pones tu composición en la mesa de la profesora, pero ayer la _____ en tu cuaderno.
6. Hoy todos venimos temprano, pero ayer todos _____ tarde.

Ahora su amigo describe su clase de español del año pasado. Ayúdele otra vez con su descripción, completando las frases con la forma apropiada del verbo en el imperfecto.

7. Este año siempre vamos al laboratorio los lunes, pero el año pasado siempre _____ al laboratorio los miércoles.
8. Este año los estudiantes ven una película de vez en cuando, pero el año pasado los estudiantes _____ una película cada semana.
9. Este año pones tu nombre en la parte derecha del papel, pero el año pasado frecuentemente lo _____ en la parte izquierda.
10. Este año la profesora llega a tiempo, pero el año pasado muchas veces _____ temprano.
11. Este año venimos a clase a las ocho, pero el año pasado _____ todos los jueves a las ocho y media.

B. Un viaje con mi familia...

Añada la forma apropiada del pretérito o del imperfecto de los verbos a la derecha para completar la descripción de mis vacaciones.

Cuando mi hermana y yo (1) _____ jóvenes, (2) _____ en Nueva York. (3) _____ en el parque todos los días en el verano. Nos (4) _____ muchísimo. Un verano, en septiembre, nuestra familia (5) _____ a México. Nosotros (6) _____ una semana allí. (7) _____ muy buen tiempo aunque (8) _____ un poco todos los días. Yo (9) _____ al Hotel Reforma el 16 de septiembre muy emocionada. El hotel (10) _____ estupendo. (11) _____ las dos de la tarde. La habitación (12) _____ un cuarto doble con baño. En la habitación (13) _____ toallas, jabón, sábanas y cobijas rosas. Yo (14) _____ bañarme inmediatamente. El día siguiente (15) _____ en una excursión a las Pirámides de Teotihuacán en taxi privado. Yo ya (16) _____ la Pirámide del Sol cuando mi hermana y mis padres (17) _____ con el chofer. La vista (18) _____ fabulosa. Mi familia y yo (19) _____ muchos más sitios de interés en la capital. (20) _____ a casa el 22 de septiembre cansados pero muy contentos.

1. ser
2. vivir
3. jugar
4. gustar
5. ir
6. pasar
7. hacer
8. llover
9. llegar
10. ser
11. ser
12. ser
13. haber
14. querer
15. ir
16. subir
17. llegar
18. ser
19. visitar
20. volver

C. ¡Conozcámonos!

Pregúntele a un(a) compañero(a) de clase.

1. what time it was when (s)he arrived at the university
2. what (s)he was doing when the teacher entered the class
3. if (s)he wanted to study another language
4. if (s)he met the other students in the class
5. where (s)he studied when (s)he was little
6. if (s)he used to study more or less than now when (s)he was young

D. ¿Qué tal su semana?

Usando el pretérito, describa por lo menos seis cosas que Ud. hizo la semana pasada.

E. Recuerdos nostálgicos...

Usando el imperfecto, describa su vida cuando era muy joven. (¿Dónde vivía? ¿Quiénes eran sus mejores amigos? ¿Cuántas personas había en su familia? ¿Qué películas le gustaban? etc.)

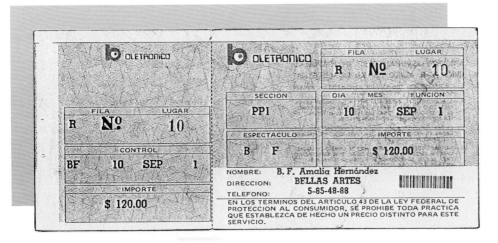

¿Cuándo asistieron al Ballet Folklórico?
¿Cuánto pagaron por la entrada?
¿Cuál fue el número del asiento?

Las contracciones *al* y *del*

A. The preposition **a** (or the personal **a**) joins with the masculine singular definite article **el** to form the contraction **al**. No other definite article forms a contraction with **a**.

Fui **al** hotel.	I went to the hotel.
Vi **al** taxista.	I saw the taxi driver.
Ella iba <u>a la</u> habitación.	She was going to the room.
Eligieron <u>a los</u> políticos del partido oficial.	They elected the politicians of the official party.
Mi familia fue <u>a las</u> Pirámides.	My family went to the Pyramids.

B. The preposition **de** joins with the masculine singular definite article **el** to form the contraction **del** meaning *of the* or *from the*. No other definite article forms a contraction with **de.**

Fueron promesas **del** gobierno.	*They were promises of the government.*
Salimos **de la** biblioteca.	*We left (from) the library.*
Usaron las toallas **de los** baños.	*They used the towels from the bathrooms.*
Subieron la cantidad **de las** propinas.	*They raised the amount of the tips.*

EJERCICIOS

A. Ud. es reportero(a) para un periódico mexicano y escribe este artículo sobre las elecciones. Para completar su artículo tiene que decidir si necesita usar una contracción.

1. (de la / del) Era la elección ＿＿＿ conservador.
2. (a los / al) El señor Presidente habló ＿＿＿ ciudadanos.
3. (al / a la) Toda la gente fue ＿＿＿ teatro para oírlo.
4. (de los / del) No tuvo el voto ＿＿＿ liberales.
5. (de las / del) «Es un buen candidato», dijo una ＿＿＿ mujeres.

B. Aquí hay una descripción del viaje que hizo la familia Álvarez. Complete las oraciones con la forma apropiada de la contracción o con la preposición y el artículo.

1. (de) La reservación es ＿＿＿ familia Álvarez.
2. (a) El recepcionista habla ＿＿＿ Sra. Álvarez.
3. (de) «Aquí tiene Ud. la llave ＿＿＿ cuarto».
4. (a) Le dieron la propina ＿＿＿ botones.
5. (a) La mamá les dio la toalla y el jabón ＿＿＿ niños.

C. ¡Conozcámonos!
Pregúntele a un(a) compañero(a) de clase.

1. if (s)he is going to the library tomorrow
2. if (s)he went to the laboratory today
3. if the other students are coming from the laboratory
4. if (s)he wrote the exercises of the lesson

D. El baile de la universidad
Ud. está en el Centro Estudiantil de la universidad. Hay un baile para los nuevos estudiantes. El grupo forma dos círculos, uno dentro del otro. Los estudiantes quedan frente a frente. La música toca y cada círculo se mueve en diferente dirección. Cuando se acaba la música, el (la) estudiante del círculo interno le hace una pregunta al (a la) estudiante del círculo externo, usando la contracción **al** o **del.** El (La) compañero(a) de clase contesta. Sugerencias:

1. ¿Adónde vas los sábados? ¿Adónde ibas cuando eras pequeño(a)?
2. ¿A quién diste tu número de teléfono, al (a la) muchacho(a) moreno(a) o al (a la) rubio(a)?
3. ¿De quién es el Porsche afuera, del presidente de la universidad?
4. ¿De dónde viniste antes del baile? ¿del laboratorio? ¿del coche...?
   Ahora le toca a Ud.

POSADA D LA MISION

A NUESTRA DISTINGUIDA CLIENTELA

Les suplicamos tomen nota de lo siguiente:

NO NOS HACEMOS RESPONSABLES POR DINERO U OTROS VALORES QUE NO SEAN ENTREGADOS PARA SU RESGUARDO EN LA CAJA GENERAL.

NO ADMITIMOS CHEQUES PERSONALES.

HORAS DE CAJA: DE 9:00 A. M. A 9:00 P. M.

HORA DE DESOCUPACION DE LOS CUARTOS: 13:00 P. M.

SUPLICAMOS MUY ATENTAMENTE NO BAJAR AL SALON-COMEDOR EN TRAJE DE BAÑO.

SUPLICAMOS GUARDAR SILENCIO DESPUES DE LAS 11:00 P. M.

FAVOR DE NO SACAR TOALLAS DEL CUARTO, EN LA ALBERCA LAS HAY DISPONIBLES PARA SU SERVICIO.

MUCHAS GRACIAS
LA GERENCIA.

Horario de Comidas:	Desayuno	7:00 a 9:30
	Comida	1:00 a 1:30
	Cena	7:00 a 9:30

ESTABLEZCA SU CREDITO CON ANTICIPACION

¿En este hotel se puede pagar con cheque personal?
¿A qué hora tienen que salir los huéspedes del cuarto?
Pienso hacer una fiesta en mi cuarto a medianoche. ¿Está bien?
Ya me puse el traje de baño. ¿Puedo entrar al comedor?
Necesito una toalla porque voy a la piscina. ¿Puedo sacar ésta del cuarto?

Lectura EXTRAÑOS EN EL CAFÉ

por Abel Quezada

NOTA SOBRE EL AUTOR

Abel Quezada (1920–   ) nació en Monterrey, Nuevo León, México.
Estudió ingeniería civil. Empezó su carrera de dibujante en *Novedades*,
un periódico de México, D.F., después pasó al diario, *Excelsior,* también
como **cartonista,** y en la actualidad se encuentra nuevamente trabajando *cartoonist*
como **caricaturista** de *Novedades.* Ha escrito cinco libros y colabora *caricaturist*
para *The New Yorker.* Su libro más reciente se titula *Hombres de verde.*

ANTES DE LEER

Considere las preguntas siguientes y busque las respuestas en los párrafos
indicados.

1. ¿Dónde se reúne el grupo de hombres? [párrafo 1]
2. ¿Cómo son? [párrafo 1]
3. ¿De qué clase social son? [párrafo 1]
4. ¿Qué hacen ellos por el país? [párrafo 2]
5. ¿Para qué se reúne el grupo? [párrafo 4]
6. ¿A qué aspira este grupo? [párrafo 6]
7. ¿Por qué no se organizaron nunca antes? [párrafo 7]
8. ¿Por qué tiene que organizarse el grupo ahora? [párrafos 10–12]

¡Ahora, leamos!

EXTRAÑOS EN EL CAFÉ[1]

1   En algún café de la ciudad de México se están reuniendo un grupo
de hombres extrañamente **parecidos entre sí:** un poco **calvos, de** *similar / bald, with*
anteojos, un tanto **panzoncitos,** vestidos correctamente pero **sin** *glasses*
estridencias y con aspecto general de buenas gentes. Nadie **da quinto** *pot-bellied / not gaudy*
por ellos, pero forman, sin embargo, la columna vertebral de la economía *notices*
del país: son la «clase media».

2   El progreso de cualquier nación **se mide** por el número en que *is measured*
aumentan. Son ellos los únicos que trabajan en el país. Los únicos que
producen y los únicos que compran. De ellos viven los ricos y los pobres.
Son ellos los que votan y son ellos los que pagan **impuestos.** *taxes*

---

[1]Del periódico mexicano *Excelsior.*

3   Los intelectuales «**cursis** y snobs» los **desprecian,** pero si los de la   *pretentious / loathe*
clase media no existieran los intelectuales se morirían de hambre, pues
son los únicos que leen libros. Los de extrema derecha no los leen en
absoluto y los de extrema izquierda los leen, pero no los pagan.

4   El objeto para que ahora se estén reuniendo en el café es éste:
quieren formar un partido político, el partido «liberal».

5   Y tienen derecho a formarlo, pues son lo que pudiéramos llamar la
«**mayoría pensante**» del país, la mayoría **consciente.** Las otras dos   *thinking majority / consciente*
minorías están formadas por ignorantes: los ignorantes con dinero son   *conscious*
derechistas **furibundos**; los ignorantes sin dinero son izquierdistas   *zealous*
desesperados.

Se reúnen grupos de hombres a charlar en el Hotel del Prado en México, D.F. frente al mural de
la Revolución Mexicana por Diego Rivera. Un temblor destruyó este hotel en 1985.

6   Son ellos, además, los únicos **partidarios** sinceros de la libertad. Los derechistas ciegos aspiran a una dictadura: **Franco.** Y los izquierdistas desearían otra dictadura: **Fidel.** Aunque ni unos ni otros podrían aspirar a nada si vivieran bajo sus respectivas dictaduras favoritas.

partisans
Francisco Franco, Spanish dictator, 1939–1975
Fidel Castro, Cuban premier, 1959–

7   Ellos no han estado nunca organizados en forma de partido político. **Carecen** de interés por estas cosas y **dejan que la política la hagan los ignorantes** de izquierda y derecha. Ése es su **pecado,** la indiferencia y el desorden. Sin embargo, pensándolo bien, el desorden es la primera forma de la libertad. El orden son sus límites.

They lack / they allow the ignorant to make the policies
sin

8   Ahora están ahí, reunidos en un café, ligeramente aburridos de tener que formar un partido político donde **quepan** las ideas de todos, a condición de lograr, sin el requisito de la esclavitud ideológica a que **someten** las dictaduras, las dos justicias: la justicia cultural y la justicia económica.

may fit
submit

9   Están ahí en un terreno extraño para ellos, el terreno del idealismo. Han tenido que abandonar la dulce apatía de sus **pantuflas** para meterse en él. Han tenido que abandonar su condición de pasivos espectadores para entrar en el campo de batalla.

slippers

10   Se ve que no están **a gusto.** Ellos no acostumbran venir por el café. Sin embargo, ahora se ven obligados a hacerlo. Tienen que actuar, pues los grupos de fanáticos inconscientes de izquierda y de derecha los están **agrediendo.**

at ease
assaulting

11   Tienen que formar su partido político.

12   Es en **defensa propia.**

self-defense

CONVERSACIÓN

1. En su opinión, ¿son centristas o moderados los de la clase media?
2. ¿Está Ud. de acuerdo con Quezada que la clase media hace progresar a un país?
3. Al principio del artículo el autor compara la clase media con la columna vertebral. ¿Por qué?
4. Piense Ud. en las partes de su cuerpo. ¿Usualmente les pone Ud. atención? ¿Cuándo las nota? ¿Cuándo se da cuenta el país de la importancia de un grupo político?
5. ¿A qué clase social pertenece Ud.? ¿Está Ud. de acuerdo con la descripción que pinta Quezada de esa clase en su artículo?
6. Según Quezada, la indiferencia y el desorden son el «pecado» de la clase media en México. Comente.
7. ¿Es fácil o difícil lograr la justicia cultural y económica? ¿Por qué?
8. ¿Qué nuevas ideas sugeriría o propondría el Partido «liberal» formado por la clase media?

Para
AVANZAR

INFORMACIÓN

México tiene dos partidos políticos principales: el Partido de Acción Nacional (PAN)—conservador—y el Partido Revolucionario Institucional (PRI)—liberal. Hace muchos años que el PRI está en el poder. Muchos culpan al PRI por los problemas del país y creen que es necesario un cambio.

¿Cuál es el Futuro del PRI?

Presidente de México, Carlos Salinas de Gortari

CAMPAÑA ELECTORAL

En su clase va a haber una campaña con muchos candidatos. La clase va a dividirse en grupos de dos personas. En cada grupito, una persona va a ser el (la) candidato(a), la otra, el (la) periodista. Todos son mexicanos. El (La) periodista va a entrevistar al (a la) candidato(a). Pueden hablar de los siguientes asuntos.

1. ¿Cómo va a mejorar el nivel de vida de su país? ¿la educación? ¿la calidad de la comida? ¿la situación del desempleo? ¿la salud pública?
2. ¿Cree que los Estados Unidos tienen influencia en los asuntos de su país? ¿Qué clase de influencia?
3. ¿Qué papel va a hacer el ejército en su administración?
4. ¿Qué va a hacer para bajar los impuestos?
5. ¿Cuál es su opinión sobre los derechos humanos?
6. ¿Qué va a cambiar primero?

El presidente de México, Carlos Salinas de Gortari, fue candidato del PRI. Aquí vemos una reunión del partido político en una campaña en el Estado de Veracruz, México.

VOCABULARIO

las elecciones — *elections*

el adversario — *adversary*
la campaña — *campaign*
el candidato — *candidate*
las mentiras — *lies*
las promesas — *promises*
prometer — *to promise*

el estatus quo — *status quo*

empeorar — *to worsen*
mejorar — *to improve*
mantener — *to maintain*

los impuestos — *taxes*

bajar — *to lower*
subir — *to raise*

los partidos políticos — *political parties*

derecha / derechistas — *right/rightists*
izquierda / izquierdistas — *left/leftists*

moderados — *moderates*
el comunista — *communist*
el conservador — *conservative*
el demócrata — *democrat*
el fascista — *fascist*
el liberal — *liberal*
el republicano — *republican*

la votación — *voting*

complicado — *complicated*
ganar — *to win*
perder (ie) — *to lose*
los resultados — *results*
votar — *to vote*
el voto — *ballot*

el gobierno — *government*

la corrupción — *corruption*
democrático — *democratic*
(in)tolerante — *(in)tolerant*
la legislatura — *legislature*
la mayoría — *majority*
la minoría — *minority*
el soborno — *bribe*

Destino

C O N T E N I D O

O B J E T I V O S

☐ VOCABULARIO Y CONVERSACIÓN
You will be able to order a meal in a restaurant and bargain with vendors in a Spanish-speaking country. You will also be able to discuss your favorite leisure-time activities.

☐ INFORMACIÓN Y CULTURA
You will become familiar with Acapulco and its sporting and cultural events. You will also learn about the ancient Mayan legend of the creation of man.

Datos

ACAPULCO

Acapulco está situado a unos 400 km (250 millas) de México, D.F. En el siglo XVI, Acapulco era un **puerto** importante para los **barcos** españoles que viajaban de Manila **rumbo a** España. Hoy día es famoso por sus playas hermosas, muy populares entre los turistas.

Puntos de interés en Acapulco

La Quebrada   un **arrecife** a una **altura** de 41 metros. Todas las noches un **clavadista** **se tira** del arrecife al mar. Penetra en el mar a una velocidad de 95 km por hora (60 mph).

Los Voladores de Papantla indios que presentan un **espectáculo peligroso. Atados** de los pies, **se desprenden paulatinamente** desde la **cumbre** de un **palo** alto.

Fuerte de San Diego   un fuerte construido en 1776 para defender el puerto contra los piratas. Hoy día es un museo.

Actividades

- el **buceo**
- la **caza**
- el **deporte de vela**
- el parasailing
- la pesca

VOCABULARIO

la altura	*altitude*
el arrecife	*reef*
atados	*tied*
los barcos	*boats*
el buceo	*diving*
la caza	*hunting*
el clavadista	*diver*
la cumbre	*top*
el deporte de vela	*sailing*
el espectáculo	*spectacle*
el fuerte	*fort (stronghold)*
el palo	*pole*
paulatinamente	*slowly*
peligroso	*dangerous*
el puerto	*port*
rumbo a	*en route to*
se desprenden	*they detach themselves*
tirarse	*to dive*

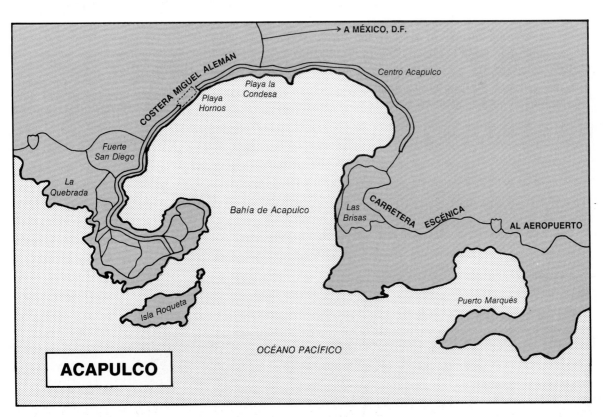

El clavadista va a tirarse al mar de La Quebrada en Acapulco. ¿Le gustaría ser clavadista?

PREGUNTAS SOBRE LOS DATOS

1. ¿A qué distancia queda Acapulco de México, D.F.?
2. ¿Por qué era importante Acapulco para los españoles en el siglo XVI?
3. ¿Qué es la Quebrada?
4. ¿Qué ocurre todas las noches en la Quebrada?
5. ¿Quiénes son los voladores de Papantla? ¿Quiere Ud. verlos algún día?
6. ¿Por qué fue construido el Fuerte de San Diego?
7. De la lista de actividades, escoja la que le gusta más y explique por qué le gusta.

Acapulco tiene playas bonitas y hoteles muy populares con los turistas. La Bahía de Acapulco es una de las más hermosas del mundo.

COMER EN «ANTOJITOS MAYAB»

De México, D.F., los Webster viajan en autobús a la ciudad de
Acapulco. Pasan unos tres o cuatro días **gozando del** sol en las playas   *enjoying the*
hermosas de este lugar tan popular. Caminan por las calles, buscando
tiendas de artesanías mexicanas.

A David le gustan muchísimo la cerámica y las **canastas hechas a**   *handmade baskets*
mano. También le encantan las piñatas. Quiere comprar una para sus
sobrinos. Pueden llenarla con dulces y romperla como se hace en las
fiestas mexicanas.

Consuelo prefiere pasar su tiempo en la playa. A ella le gusta
bucear en las aguas **cálidas** del Océano Pacífico. Le encanta ver el   *scuba dive / warm*
mundo **submarino.**   *under the sea*

Por la noche, los dos van a la Quebrada, una montaña muy alta de
la que cada noche se tiran los valientes y famosos clavadistas mexicanos.
Estos, después de **rezar** frente a un altar pequeño, **se echan** de un   *praying / throw them-*
arrecife que queda a una altura de 41 metros sobre el mar.   *selves*

Después los Webster cenan en un restaurante, «Antojitos Mayab»,
que ofrece especialidades **yucatecas.** En dos días van a viajar a Cancún,   *from Yucatan*
y quieren familiarizarse con la comida **maya.** Mientras cenan, deciden   *Mayan*
cómo van a pasar sus últimos días en Acapulco.

David	Buenas noches, señor. El menú, por favor.
Mesero	Muy bien, señor. ¿Desean algo de tomar antes de cenar?
Consuelo	Sí. Quisiera una **copa** de **vino blanco,** por favor.
David	Y para mí, una **cerveza.** (Se va el mesero y regresa con las **bebidas.**) Mi esposa y yo vamos a ir a Yucatán y no conocemos la comida de esa región. ¿Qué nos **recomienda?**
Mesero	**Depende de lo que les apetezca.** ¿Les gusta a Uds. el **cerdo?** ¿O prefieren el **pollo?**
Consuelo	No tenemos preferencia. ¿Cómo se preparan?
Mesero	Pues, esta noche tenemos un **poc chuc** delicioso. Es la **pierna** del cerdo, **cocido** con **cebolla, cilantro y naranjas.** Lo servimos con **frijoles** negros.
David	Me parece muy rico. ¿Y el pollo?
Mesero	Otra especialidad nuestra es el **pollo pibil.** El pollo **se cuece** en una **salsa de tomate** con cebolla, **chile rojo,** cilantro y **vinagre.** Lo servimos **envuelto en hojas de plátano.**
Consuelo	Lo voy a probar. Pero también quisiera **legumbres.** Y tráigame una **ensalada mixta,** por favor.
Mesero	Muy bien, señora. ¿Y para el señor?
David	Voy a probar el poc chuc, y también quisiera la ensalada mixta.

glass / white wine
beer
drinks
recommend
It depends on what appeals to you.
pork / chicken

Mayan pork dish
leg / cooked / onion, coriander, and oranges
beans
Mayan chicken is cooked / tomato sauce / red pepper
vinegar / wrapped in banana leaves
vegetables
mixed green salad

En los TOROS, la rubia que todos quieren es cerveza *Superior*

Servicio a Domicilio
5·82·31·00

Mesero	Perfectamente, señores.	
Consuelo	Pues, David, **nos quedan dos días** en Acapulco. ¿Qué quieres hacer mañana?	*we have two days left*
David	El recepcionista del hotel me habló de una tienda de artesanías muy buena que se especializa en artículos de **cuero.** Quiero comprar una **bolsa** para mi mamá. ¿Quieres ir mañana?	*leather / purse*
Consuelo	Sí, ¿cómo no? También debemos buscar un **sarape** para tu papá. **Nos pidió que le trajéramos** uno. ¿Te acuerdas? Y tu hermano quería unos **huaraches.**	*type of shawl* *He asked us to bring him* *type of sandals*
David	Claro que sí. Vi unos sarapes muy bonitos en un **puesto** cerca del hotel. Pero creo que son muy **caros.**	*stand* *expensive*
Consuelo	Pues, podemos **regatear.** Estoy segura de que van a bajar los precios por lo menos un poco. (El mesero llega con la comida.)	*bargain*
Mesero	**Buen provecho.**	*Enjoy your meal.*
Consuelo	Mmmm...está delicioso.	
David	Sí, mi poc chuc está muy sabroso también. (Más tarde, David llama al mesero.) ¿Qué hay de **postre**?	*dessert*
Mesero	Tenemos **flan, helado** de vainilla o chocolate, **pastel de fresa** y frutas frescas como melón y papaya.	*custard / ice cream / strawberry pie*
Consuelo	Para mí, el flan con **café solo.**	*black coffee*
David	Prefiero la papaya con **té caliente.**	*hot tea*

Mesero	Muy bien.
	(Después de comer, David y Consuelo se preparan para salir.)
David	¿Has terminado?
	(David llama al mesero.)
	La **cuenta,** por favor. *bill*
Mesero	A sus órdenes. (Le **entrega** la cuenta.) Muchas gracias. *hands over*

¿SABE UD. QUE...?

In a Mexican restaurant, the bill is usually not brought to the table until requested, and you may find that a service charge and tax have been added. If the service charge does not appear on the bill, a tip of 10-15% is customary.

PALABRAS EN ACCIÓN

Ud. está en Taxco. Es la hora de almorzar. Ud. entra en un restaurante y habla con el mesero. Usando el vocabulario indicado, invente una frase original para cada palabra.

copa	helado	cocido
cerveza	postre	puesto
cerdo	cuenta	bolsa

PREGUNTAS SOBRE EL DIÁLOGO

1. ¿Cómo viajaron los Webster a Acapulco?
2. A Consuelo, ¿cómo le gusta pasar el tiempo?
3. ¿Sabe Ud. bucear? ¿Quiere aprender?
4. A David, ¿qué le gusta hacer?
5. ¿Por qué es famosa la Quebrada?
6. ¿Dónde cenan los Webster esta noche?
7. ¿Qué quiere tomar Consuelo?
8. ¿Qué prefiere Ud., vino blanco o vino tinto?
9. ¿Cuáles son las especialidades mayas que sirve el restaurante?
10. ¿Cómo preparan el pollo pibil?
11. ¿A Ud. le gustan las legumbres? ¿Cuáles son sus favoritas?
12. ¿Adónde van mañana los Webster?
13. ¿Qué quiere el papá de David?
14. ¿Son baratos los sarapes?
15. ¿A Ud. le gusta regatear?
16. ¿Qué postre pide Consuelo? ¿Y David?
17. Después de terminar sus postres, ¿qué quieren hacer los Webster?

En Acapulco se puede hacer el «parasailing», nadar en el mar o tomar el sol en la playa. ¿Cuál le gusta más a Ud.?

EN UN RESTAURANTE

Un(a) cliente / Un(a) mesero(a)

Ud. y un(a) compañero(a) de clase van a hacer el papel de un(a) mesero(a) y un(a) cliente en un restaurante. Uds. pueden usar el diálogo siguiente o pueden inventar una simulación original con el vocabulario.

¿Y los cubiertos?

Cliente	Say "Good evening," and ask politely for the menu.
Mesero(a)	Say "Very good." Ask if the customer would like something to drink before dinner.
Cliente	Say that yes, you would like a beer.

Then ask what the waiter recommends for dinner.

Mesero(a)	Say "Tonight we have a delicious steak. We serve it with mushrooms and rice."
Cliente	Say that you are going to try it. Say that you want it medium rare.
Mesero(a)	Say "Very good." Ask if the customer also wants a mixed salad.
Cliente	Say no, that you prefer the fruit salad. Then ask if the restaurant accepts traveler's checks.
Mesero(a)	Say "Of course." Ask if the customer would like wine with the steak.
Cliente	Say no, but that you would like silverware and a napkin.

VOCABULARIO

el menú	menu
la cena	dinner
la cerveza	beer
el vino	wine
el bisté	steak
sabroso	delicious
medio crudo	medium rare
a término medio	medium
bien cocido	well-done
el hongo	mushroom
el arroz	rice
la ensalada mixta / de frutas	mixed/fruit salad

los cubiertos	silverware
la cuchara	spoon
el cuchillo	knife
el tenedor	fork
la servilleta	napkin

expresiones	
Buenas noches.	Good evening.
¿Desea Ud. algo de tomar?	Would you like something to drink?
antes (de)	before
quisiera	would like
¿Qué me recomienda?	What do you recommend?
esta noche	tonight
Lo servimos.	We serve it.
Lo voy a probar.	I'm going to try it.
también	also
Prefiero...	I prefer . . .
¿Aceptan Uds. cheques de viajero?	Do you accept traveler's checks?
Por supuesto.	Of course.
pero	but

Los mariachis dan una serenata a unos clientes en un restaurante en Cuernavaca, México.

EL MENÚ

DESAYUNO

jugo de naranja—orange juice 1500

café (con crema)—coffee (w/cream) 1500

pan tostado—toast 1800

mermelada—jam 1500

leche—milk 1500

té—tea 1500

hojuelas de maíz—cornflakes 1900

huevos—eggs (2) 4500
   cocidos—hard-boiled
   poches—poached
   fritos—fried
   revueltos—scrambled
   pasados al agua—soft-boiled

tocino—bacon 2600

jamón—ham 2600

ALMUERZO Y CENA

ensalada mixta—mixed salad 3000

ensalada de frutas—fruit salad 3000

guacamole—avocado salad 2800

sopa—soup 3000

carnes:

biftec—steak 15.500

chuletas de puerco—pork chops 10.000

chuletas de cordero—lamb chops 12.000

pavo—turkey 8000

hígado—liver 6300

pollo—chicken 12.000

postres:

coctel de frutas—fruit cocktail 2100

nieve—sherbet 2100

pastel—cake or pie 3000

helado—ice cream 2800

torta—cake 3000

galletas—cookies 1900

queso—cheese 3400

yogur—yogurt 2800

legumbres:

hongos—mushrooms 3300

papas—potatoes 2800

chícharos—peas 1200

coliflor—cauliflower 1200

arroz—rice 1000

BEBIDAS

agua—water 1800

refresco—soft drink 2100

vino—wine 3300
(blanco, tinto)—(white, red)

sidra—cider 1900

cerveza—beer 3000

manzanita—apple juice ... 2100

jerez—sherry 3300

coñac—brandy 4500

NOTE: ¿Cuánto vale el peso? Currency values change rapidly. In 1989, approximately 2,300 pesos were equal to one U.S. dollar. When traveling in some Spanish-speaking countries, it is not unusual to discover that you have to convert into amounts using very large numbers. For example, if a hamburger costs $1.50 in the U.S., how much would one cost in Acapulco in pesos?

Simulación 2

EN UNA TIENDA DE ARTESANÍAS

Un(a) cliente / Un(a) empleado(a) en una tienda de artesanías

Ud. y un(a) compañero(a) de clase van a hacer el papel de un(a) cliente y un(a) empleado(a) en una tienda de artesanías. Van a regatear. Uds. pueden usar el diálogo siguiente o pueden inventar una simulación original con el vocabulario.

Quiero comprar un sarape

Empleado(a)	Say "Good morning." Then ask "How may I help you?"
Cliente	Ask how much the shawl costs.
Empleado(a)	Say that it's a bargain—only sixty thousand pesos.
Cliente	Say that it's expensive and that you can pay thirty thousand.
Empleado(a)	Say you cannot lower the price because the shawl is made of wool.
Cliente	Say "Too bad!" Ask how much the leather purses cost.
Empleado(a)	Say "They're cheap. If you buy a purse and a shawl, I can offer you a discount—the two, only eighty thousand pesos."
Cliente	Say "OK." Then tell the employee that you also want a piñata.
Empleado(a)	Say "Very good," and ask if the customer is interested in the ceramics.
Cliente	Say "No, thank you." Ask how much the baskets cost.

«Por la Avenida de la Reforma en México, D.F. vi unos sarapes muy bonitos en esta tienda de artesanías. ¡Fueron una ganga!»

VOCABULARIO

los precios

barato	*cheap*
caro	*expensive*
el descuento	*discount*
la ganga	*bargain*

expresiones

¿En qué puedo servirle?	*How may I help you?*
¿Cuánto cuesta(n)?	*How much does it (do they) cost?*
sólo	*only*
sesenta mil	*sixty thousand*
treinta mil	*thirty thousand*
ochenta mil	*eighty thousand*

(No) Puedo...	*I can(not) . . .*
bajar	*lower*
ofrecerle	*offer you*
pagar	*pay*
los dos	*the two*
Es de...	*It's made of . . .*
lana	*wool*
cuero	*leather*
¡Qué lástima!	*Too bad!*
¿Le interesa(n) a Ud....?	*Are you interested in . . . ?*
la bolsa	*purse*
la canasta	*basket*
las cerámicas	*ceramics*
el sarape	*shawl*

Gramática

Los pronombres como complementos directos / indirectos y los pronombres reflexivos

A. To identify the *direct* object, ask the question "what?" or "whom?".

        What?   **What?**
I would like <u>the menu</u>. ⟶ I would like <u>it</u>.

        Whom?   **Whom?**
He sees <u>Consuelo</u>. ⟶ He sees <u>her</u>.

B. To identify the *indirect* object, ask the question "to or for (from) whom?".

        To Whom?   **To Whom?**
I gave the tip <u>to the waiter</u>. ⟶ I gave the tip <u>to him</u>.

C. The reflexive always has a form of the words "self" or "selves" and functions as either a direct or an indirect object.

        Whom?   **To Whom?**
I cut <u>myself</u>.   We talk <u>to ourselves</u>.

D. These are the direct object, indirect object, and reflexive pronouns. (Remember, *pronoun* means "for the noun" and is a word that takes the place of a noun.)

Direct Object

Singular		Plural	
me	me	**nos**	us
te	you (familiar)	**os**	you (familiar)
lo	him	**los**[1]	them
	you (masculine/polite)		you (masculine)
	it (masculine)		
la	her	**las**	them
	you (feminine/polite)		you (feminine)
	it (feminine)		

Indirect Object

Singular		Plural	
me	(to) me	**nos**	(to) us
te	(to) you	**os**	(to) you
le	(to) him	**les**	(to) them (masculine/ feminine)
	her		you (masculine/ feminine)
	it, you		

---

[1] **Le** and **les** are used for **lo** and **los** in Spain.

Reflexive

Singular		Plural	
me	(to) myself	**nos**	(to) ourselves
te	(to) yourself	**os**	(to) yourselves
se	(to) himself	**se**	(to) themselves
	herself		yourselves
	yourself		
	itself		
	oneself		

E. The first and second persons singular and plural of the direct object, indirect object, and reflexive pronoun lists are identical; only the third persons singular and plural of the lists differ. Notice the third person direct object pronouns have a different pronoun for each gender (**lo / la / los / las),** while the indirect object pronouns do not (**le / les).**

F. There are five positions for the direct object, indirect object, and reflexive pronouns.

1. They precede the conjugated verb.

L<u>o</u> quisiera.	I would like <u>it</u>.
Él <u>le</u> habló.	He spoke <u>to her</u>.
<u>Nos</u> afeitamos.	We are shaving (<u>ourselves</u>).

2. They precede the negative command.

¡No <u>la</u> tome Ud.! (¡No <u>la</u> tomes!)	Don't drink <u>it</u> (la cerveza)!

3. They follow and are attached to the affirmative command.

¡Cóma<u>lo</u> Ud.! (¡Cóme<u>lo</u> tú!)	Eat <u>it</u> (el biftec)!

4. They follow and are attached to the infinitive.

Al oír<u>lo</u>, empezaron a correr.	Upon hearing <u>it</u> (el grito), they began to run.

If a conjugated verb accompanies the infinitive, the pronoun(s) may be placed before the conjugated verb (as in placement rule #1).

<u>La</u> trataron de comprar.	
Trataron de comprar<u>la</u>.	They tried to buy <u>it</u> (la canasta).

5. They are attached to the present participle; or they may precede **estar** or the verb of motion in the progressive tenses.

Está escuchándo<u>los</u>.
<u>Los</u> está escuchando.

He is listening to <u>them</u> (los mariachis).

G. When one syllable (pronoun) is added to the affirmative command or the present participle, or when two syllables (pronouns) are added to the infinitive, a written accent is placed over the originally stressed syllable to preserve the rhythmic regularity of the words.

c<u>o</u>ma ⟶ cómalo
escuch<u>a</u>ndo ⟶ escuchándolo
compr<u>a</u>r ⟶ comprármelas

H. When two object pronouns are objects of the same verb, the indirect object pronoun precedes the direct object pronoun.

Indirect Object	**Direct Object**			**Direct Object**			**Indirect Object**
<u>Me</u>	<u>las</u>	**pidieron.**	*They ordered*	*<u>them</u>*	*(las bebidas)*		*<u>from me</u>.*

I. When both of these pronouns are in the third person (and therefore both begin with l), the **le** or **les** indirect object pronoun changes to **se** before the **lo, la, los, las** direct object pronouns.

le / les before **lo, la, los, las** = **se lo, se la, se los, se las**

<u>Se lo</u> compramos.

We bought <u>it</u> (el sarape) *<u>from her</u>.*

J. The third person object pronouns may be clarified by using the prepositional object pronouns (see Destino 8) after the verb.

	a él.	
	a ella.	
Eva <u>le(s)</u> sirve	a Ud.	*Eva serves (him, her, you, them, you).*
	a ellos.	
	a ellas.	
	a Uds.	

Juan <u>se la</u> escribe <u>a ella</u>.   *John writes it (la carta) to her.*

EJERCICIOS

A. Carlos y su hermana están en el restaurante VIPS en Acapulco. Ella siempre habla con nombres, pero él prefiere usar pronombres. En cada una de sus frases, cambie las palabras indicadas al pronombre apropiado.

1. Bebí **el vino blanco.**
2. VIPS tiene **los mejores postres.**
3. Quería probar **las fresas.**

4. Estoy comiendo **fruta fresca.**
5. ¡No tomes **el café!**
6. ¡Pide **la cuenta!**

B. En un grupo de tres estudiantes...

Ud. y dos compañeros están en un restaurante en Taxco. Un(a) amigo(a) le
hace estas preguntas. Otro(a) amigo(a) repite las preguntas, usando un
pronombre en vez del nombre, y Ud. contesta, usando también un pronombre.

> *Ejemplo*   ¿Pediste las cervezas?
> **¿*Las* pediste?**
> **Sí, (No, no) *las* pedí.**

1. ¿Quieres comer el bisté?
2. ¿Va el mesero a servir los postres?
3. ¿Estás comiendo el flan?

4. ¿Tienes la cuenta?
5. ¿Le diste el dinero al mesero?

C.   Ud. es un(a) guía en Cuernavaca. Usando las palabras siguientes, dé
órdenes afirmativas y negativas a los turistas. Cambie cada nombre al
pronombre apropiado.

> *Ejemplos*   pida / sopa
> **¡Pídala!**
> **¡No la pida!**
>
> devuelva / cuenta / mesero
> **¡Devuélvasela!**
> **¡No se la devuelva!**

1. compre / canasta
2. lleve / sarape

3. dé / boletos / mí
4. traiga / recibo / guía

D. ¿Qué pasó en el restaurante?

Pregúntele a un(a) compañero(a) de clase.

1. if (s)he was reading it (the menu) when the waiter returned
2. if (s)he ate them (the fruits) in the restaurant of the hotel
3. if (s)he wanted to order them (the desserts) for her (her little girl)
4. if (s)he drank it (the coffee)
5. if (s)he paid it (the money) to him (the waiter)

E. Reacciones

¿Qué orden da o qué petición hace Ud. cuando se encuentra en las siguientes
situaciones? Use Ud. pronombres con cada orden.

1. Su profesor(a) de español acaba de darles un examen y piensa darles otro
   mañana. (No dé)
2. Su abuela va a comprarle un Jaguar. (Compra)
3. Ud. quiere estudiar, pero su compañero(a) de cuarto toca muy fuerte la
   radio. (Apaga)
4. Su novio(a) quiere comer piernas de rana. (No comas)
5. Su hermano va a leer su poesía a su mejor amigo(a). (No leas)
6. Su esposo(a) quiere tomar su cerveza. (No tomes)

Gustar

A. Because **gustar** literally means "to be pleasing *to*," it is used with the indirect object pronouns to mean "to like."

me	gusta(n)	I	like(s)	nos	gusta(n)	we	like
te	gustó(aron) =	*you*	liked	os	gustó(aron) =	*you*	liked
le	gustaba(n)	*he, she, you, it*	used to like	les	gustaba(n)	*they*	used to like

Gustar is not conjugated like other verbs, and the English sentence must be reworded before the Spanish sentence can be put together. The subject almost always appears after the form of **gustar**. If the subject is singular, the verb will be in the third person singular; if the subject is plural, the form of the verb **gustar** will be in the third person plural.

Spanish			**Reworded English**		
Me	gustó	la película. =	To me	*was pleasing*	the film.
Indirect Object	**Singular Verb**	**Singular Subject**	**Indirect Object**	**Verb**	**Subject**

or

Free English Translation

I	liked	the	film.
Subject	**Verb**		**Direct Object**

No le	gustan	los	deportes =	To him	*are not pleasing*	sports.
Indirect Object	**Plural Verb**		**Plural Subject**	**Indirect Object**	**Verb**	**Direct Object**

or

Free English Translation

He	doesn't like	sports.
Subject	**Verb**	**Direct Object**

¿Conoce Ud. la ropa de Aca Joe?
¿Sabía que la hacían en Acapulco?

B. When the subject of **gustar** is an infinitive, the verb is in the third person singular.

¿Te gusta regatear en el mercado?	*Do you like to bargain in the market?*

C. It is sometimes necessary to clarify or emphasize the meanings of the indirect object pronouns used with **gustar**.

Emphasis	<u>A mí</u> me gustan los postres.	*I like desserts.*
Clarity	¿Les gustaron <u>a Uds.</u> las hamburguesas?	*Did <u>you</u> (pl.) like the hamburgers?*

D. Several other verbs are used just like **gustar.** They are **parecer** *(to seem),* **faltar** *(to need),* **quedar** *(to have left),* **doler** *(to ache),* **molestar** *(to bother),* **interesar** *(to be interested in),* **encantar** *(to love).*

¡Le parece fantástico a él!	*It seems fantastic to him! (To him it seems fantastic!)*
Me faltaban veinte dólares.	*I needed twenty dollars. (To me were lacking twenty dollars.)*
No nos quedó ni un centavo.	*We didn't even have one cent left. (To us did not remain even one cent.)*
¿Te duele la cabeza?	*Does your head ache? (To you aches the [your] head?)*
Les molesta mucho el ruido.	*The noise bothers them a lot. (To them bothers a lot the noise.)*
Os interesaban los deportes, ¿verdad?	*You were interested in sports, weren't you? (To you were interesting sports, weren't they?)*
Me encanta viajar a Acapulco.	*I love to travel to Acapulco. (To me [it] is enchanting to travel to Acapulco.)*

¿Le gusta el flan?

EJERCICIOS

A. Ud. acaba de regresar de un viaje a México, y hace una presentación frente a una clase de español. Después de la presentación, los estudiantes le hacen estas preguntas. Contéstelas.

1. ¿Qué le parece México?
2. ¿Le gusta ir al cine mexicano?
3. ¿Le interesaron las artesanías mexicanas?
4. ¿Les gusta a los mexicanos regatear?
5. ¿Les gusta a Ud. y a su familia viajar a Acapulco?
6. ¿Le gustaron a Ud. los deportes?
7. ¿Le duelen a Ud. los oídos después de nadar en el mar?
8. ¿Cuántos pesos mexicanos le quedan a Ud.?

¿Le gustan los sándwiches con mayonesa?
¿O le gusta más la mostaza?

B. Marta y Luis hacen planes para el fin de semana. Complete la conversación con el pronombre y la forma apropiada del verbo indicado.

1. (interesar) **Marta** A mí _____ _____ mucho la ópera «Aída».
2. (quedar) **Luis** A nosotros sólo _____ _____ sesenta dólares. No podemos ir.
3. (parecer) **Marta** ¿Qué _____ _____ a ti ir a comer?
4. (gustar) **Luis** Sí. Los Jordan van con nosotros y a ellos _____ _____ el bisté de «La Vaca Blanca».
5. (molestar) **Marta** A mí _____ _____ el ruido de ese restaurante.
6. (faltar) **Luis** A nosotros _____ _____ tiempo. Tenemos que decidir pronto qué hacer.

C. ¿Qué le gusta?
Con otro(a) estudiante de la clase, haga la pregunta y conteste si le gustan o no le gustan las cosas indicadas. Use la forma familiar en la pregunta.

1. el fútbol de estilo «soccer»
2. las hamburguesas de McDonald's
3. la cerveza mexicana
4. las piñatas para la Navidad
5. los postres de chocolate
6. nadar en el océano
7. la ópera «Tosca»
8. las películas extranjeras
9. la playa de Mazatlán
10. las canastas en artesanías

D. ¡Comamos en un restaurante mexicano!
Pregúntele a un(a) companero(a) de clase.

1. if (s)he likes the Mexican restaurant
2. if the Spanish on the menu seems difficult to (her) him
3. if (s)he needs more time to study the menu
4. if the flan interests (her) him
5. if (s)he loves to eat in Mexico
6. if the meal seems good to (her) him
7. if (s)he has money left to pay the bill

¿Qué le parece este restaurante? Hablen de la comida que sirven aquí.
—¿Le gusta el jugo de fruta natural?
—Sí, me encanta.

DESAYUNOS

No. 1 CONTINENTAL
Jugo de Fruta natural
Pan tostado, mantequilla y mermelada
Café o Té

No. 2 AMERICANO
Jugo de Fruta fresca
HUEVOS al gusto o HOT CAKES o WAFFLES con
Jamón, Tocino, Salchicha, Mantequilla y Mermelada
Pan tostado
Café o Té

No. 3 MEXICANO
Jugo de Fruta fresca
PUNTAS DE FILETE con salsa albañil
o STEAK MAÑANERO con Chilaquiles, Frijoles
refritos y Queso, Tortillas de Harina o maíz,
Café o Té

No. 4 NORTEÑO
Jugo de Fruta fresca
MACHACA o BURRITAS
Frijoles refritos con Totopos y Queso
Tortilla de harina o maíz
Café ó Té

JUGOS NATURALES

Naranja	Lima
Tomate	Zanahoria
Toronja	Apio
Papaya	Betabel

FRUTA FRESCA DE TEMPORADA
Plato de Fruta fresca
Media Toronja
Medio Melón con Queso Cottage

DEL HORNO
HOT CAKES, WAFFLES o TOSTADO FRANCES
con Jamón, Tocino o Salchicha
PAN DULCE
Bisquet's con mantequilla y mermelada
Pan tostado con mantequilla y mermelada

CHILAQUILES con Pollo gratinados
acompañados con Frijoles refritos

BEBIDAS
Café o Té
Leche
Chocolate
Malteadas
Licuados de Fruta: MELON, PIÑA o de la estación

BEBIDAS CURATIVAS
BLOODY MARY
Vodka, Jugo de tomate, lima, magui,
salsa inglesa, sal y pimienta
BULL SHOT
Vodka, consome de res, limón, tabasco
CLAMATO
Vodka, Clamato, limón, tabasco, salsa
ingles, sal y pimienta.

COMIDA CENA

"ENTREMESES"
AGUACATE CON SALSA DE ATUN
CEVICHE ACAPULQUEÑO
QUESO FUNDIDO OAXACA (DOS PERSONAS)
CON CHORIZO
ENTREMES DE CARNES FRIAS

"SOPAS Y CREMAS"
LA SOPA DE TORTILLA "AZTECA"
CONSOME DE POLLO, CON ARROZ
Y MENUDENCIAS
CREMA DE CHAMPIÑONES

"ENSALADAS"
COMBINACION DE VEGETALES FRESCOS
ENSALADA DEL CHEF

"SANDWICHES"
CLUB CORDIAL DE TRES TAPAS
Con Jamón, Pollo, Queso y Tocino, Ensalada de Col
RICO PEPITO
Filete a la Parrilla en bolillo guacamole
y papas a la Francesa
SANDWICH DE ENSALADA DE ATUN
Pan tostado, Mayonesa de casa, Tomate rebanado
HAMBURGUESA PLAZA DEL SOL
Con Queso Kraft y papas a la Francesa

"PASTAS Y HUEVOS"
SPAGHETTI BOLOGNESA
TORTILLA ESPAÑOLA

"PLATILLO ESPECIAL"
STEAK DE PAVO EN SU JUGO
Salsa de Arándanos, puré de papa
JAMON HAWIIANO
Salsa de Frutas y Plátano asado
CHULETA DE CERDO
Con puré de manzana y papas a la Francesa
FILETE MIÑON, CON SALSA DE
CHAMPIÑONES
Papa al horno y Verduras Finas
PUNTAS DE FILETE STROGANOFF
Arroz Pilaf

"A LA MEXICANA"
TACOS DE POLLO DORADOS
QUESADILLAS CHIHUAHUA
CARNE ASADA "TAMPIQUEÑA"
La famosa desde 1943

"BEBIDAS"

CAFE	REFRESCOS
TE	SANGRIA O LIMONADA
LECHE	COCTELES
CERVEZA	COPA DE VINO DE MESA

"POSTRES"
PASTEL DE LA CASA
PIE A LA MODA
GELATINA DE SABORES

Los verbos reflexivos

A. With reflexive verbs, the action of the verb reflects back on the subject, not onto an object. Therefore, the subject of the verb and the person of the pronoun will be identical.

	First Person	**First Person**			
Reflexive	Me	llamo			Graciela.
	My	name	is		Graciela.
	I	call		myself	Graciela.
Not Reflexive	Llamo a Graciela mañana.				I'll call Graciela tomorrow.

B. Reflexive verbs are conjugated using the reflexive pronouns.

yo	**me**	**lavo**	**lavé** / **lavaba**	I wash	washed / used to wash	(myself)
tú	**te**	**lavas**	**lavaste** / **lavabas**	you wash	washed / used to wash	(yourself)
él ella Ud.	**se**	**lava**	**lavó** / **lavaba**	he she wash(es) you	washed / used to wash	(himself) (herself) (yourself)
nosotros	**nos**	**lavamos**	**lavamos** / **lavábamos**	we wash	washed / used to wash	(ourselves)
vosotros	**os**	**laváis**	**lavasteis** / **lavabais**	you wash	washed / used to wash	(yourselves)
ellos ellas Uds.	**se**	**lavan**	**lavaron** / **lavaban**	they wash you	washed / used to wash	(themselves) (yourselves)

Notice that there is complete balance among the subject, the reflexive pronoun, and the verb ending.

Subject (First Person)	**Reflexive Pronoun** (First Person)	**Verb Ending** (First Person)		
Yo	me	baño.	I bathe.	(I bathe myself).

C. Reflexive verbs are indicated in vocabularies and dictionaries by a **se** at the end of the infinitive.

vestirse *to get dressed* (to dress oneself)

D. Some verbs change meaning depending on whether they are used reflexively or not. Some examples are:

Not Reflexive	Reflexive
acostar (ue) *to put someone to bed*	**acostarse** *to go to bed*
bañar *to bathe someone*	**bañarse** *to take a bath*
despertar (ie,i) *to awaken someone*	**despertarse** *to wake up*
dormir (ue,u) *to sleep*	**dormirse** *to fall asleep*
ir *to go*	**irse** *to go away*
lavar *to wash someone or something*	**lavarse** *to wash oneself*
levantar *to raise, lift*	**levantarse** *to get up*
llamar *to call*	**llamarse** *to be called, named*
parecer *to appear, seem*	**parecerse (a)** *to resemble*
poner *to put, place*	**ponerse** *to put on clothes*
probar (ue) *to try, taste*	**probarse** *to try on clothes*
quedar *to be left*	**quedarse** *to stay, remain*
quitar *to take away, remove*	**quitarse** *to take off clothes*
sentar (ie) *to seat someone*	**sentarse** *to sit down*
vestir (i,i) *to dress someone*	**vestirse** *to get dressed*

E. The plural reflexive pronouns (**nos, os, se**) can be used to indicate reciprocal actions with the English meaning "each other":

Nos amamos.	*We love each other.*
Se vieron.	*They saw each other.*

F. The reflexive pronoun **se** and the entire list of indirect object pronouns may be used with the third person singular or plural of the verb to describe accidental or unplanned occurrences. In English, responsibility is that of the subject (*I dropped the menu.*), whereas in Spanish the indirect object is the unsuspecting *receiver* or victim of the action of the verb.

Se me cayó el menú.	*(The menu fell <u>itself</u> away from me.)*

The format for these constructions is:

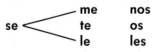

Se nos olvidó «El Concierto de Aranjuez».	*We forgot "The Concert of Aranjuez." ("The Concert of Aranjuez" forgot itself to us.)*

Examples of verbs used in this way are:

se me olvidó *I forgot*	**Se me olvidó el libro.** *I forgot the book.*	
se me quedó *I left (behind)*	**Se me quedó la bolsa en el coche.** *I left the purse (behind) in the car.*	

| | | se me ocurre | It occurs to me | **Se me ocurre una idea magnífica.** *A great idea occurs to me.* |

se me murió	*My . . . died*	**Se me murió mi tortuga.**	*My turtle died.*
se me cayó	*I dropped*	**Se me cayó el vaso.**	*I dropped the glass.*
se me rompió	*I broke*	**Se me rompió el espejo.**	*I broke the mirror.*
se me perdió	*I lost*	**Se me perdió la cuenta.**	*I lost the check.*
se me acabó	*I ran out of*	**Se me acabó la leche.**	*I ran out of milk.*

Remember, the verb may appear in any tense, and any of the indirect object pronouns may be used. Also note the parallel to the **gustar** construction.

Clarifier		Indirect Object	Plural Verb	Plural Subject	
A ella	se	le	rompieron	varias cosas.	*She broke several things.* (To her were broken several things.)

Clarifier	Indirect Object	Singular Verb	Singular Subject	
A ti	te	gusta	el vino.	*You like wine.* (To you is pleasing wine.)

EJERCICIOS

A. Ud. tiene que hacer una presentación sobre las actividades de su compañero(a) de clase. Primero, es necesario hacerle estas preguntas. Su compañero(a) las contesta.

1. ¿A qué hora te levantaste esta mañana?
2. ¿Te bañas todos los días?
3. ¿A qué hora te vestiste?
4. ¿A qué hora te sentaste en la clase de español?
5. ¿Se te olvidó tu libro de español?
6. ¿Te diviertes en esta clase?
7. ¿Te acuestas temprano frecuentemente?
8. ¿Nos hablamos ahora en español?

B. Ana María y su novio se casaron ayer y pasan su luna de miel en Acapulco. Lea la narración de Ana María y complete cada frase con la forma apropiada del verbo.

1. (llamarse) Hola, yo _____ Ana María. Mi esposo _____ Francisco.
2. (quererse) Nosotros _____ muchísimo.
3. (levantarse) Mañana tenemos que _____ temprano para hacer el «parasailing».
4. (afeitarse) Primero, Francisco _____ temprano.
5. (ponerse) Yo _____ el traje de baño nuevo para ir a la playa.

C. ¡Conozcámonos!
Pregúntele a un(a) compañero(a) de clase.

1. what (her) his name is
2. if (s)he resembles (her) his father or mother
3. if (s)he fell asleep before 12 o'clock last night
4. if (s)he got up early or late today
5. when (s)he sat down in Spanish class
6. if you and (s)he are talking to each other

D. Mi rutina diaria
Usando seis diferentes verbos reflexivos, describa lo que Ud. hace cada día.

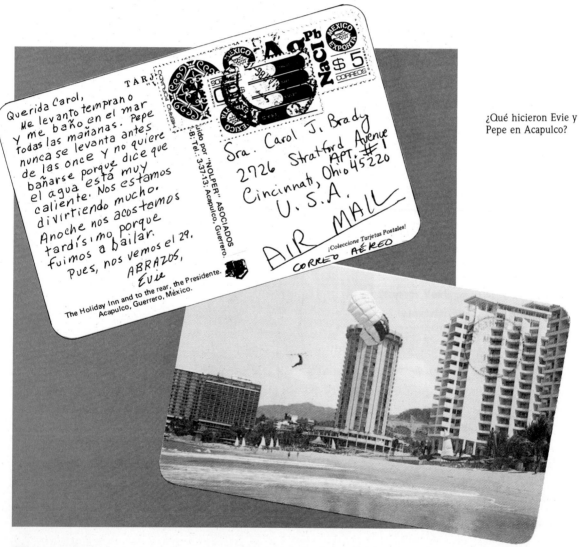

¿Qué hicieron Evie y Pepe en Acapulco?

Querida Carol,
Me levanto temprano y me baño en el mar todas las mañanas. Pepe nunca se levanta antes de las once y no quiere bañarse porque dice que el agua está muy caliente. Nos estamos divirtiendo mucho. Anoche nos acostamos tardísimo porque fuimos a bailar. Pues, nos vemos el 29.
ABRAZOS,
Evie

Sra. Carol J. Brady
2726 Stratford Avenue
APT. #1
Cincinnati, Ohio 45220
U.S.A.

AIR MAIL
CORREO AÉREO

La a personal

A. The personal **a,** which has no equivalent in English, is used to signal that the next word which follows it is the direct object of the verb, and is a person or something referring to a person or persons.

Whom? → **Person**

¿Viste a Julio Iglesias en la televisión?

Did you see Julio Iglesias on television?

The personal **a** is not used in the following situations.

1. Do not use it when the direct object is a thing.

What? → **Thing**

Veo la caja.

I see the box.

2. Do not use it with **tener.**

Tengo dos hermanos mayores.

I have two older brothers.

3. Do not use it with object pronouns.

Los veo.

I see them.

4. Do not use it when the object is not a specific person.

Busco un mesero para el restaurante.

I am looking for a waiter for the restaurant. (any waiter)

B. The personal **a** is used in questions with **¿quién?** to mean *whom?*.

¿A quién buscas? — Busco a Clara.

¿A quién ves? — Veo a Prince.

For whom are you looking? — I'm looking for Clara.

Whom do you see? — I see Prince.

C. The personal **a** is used with **alguien** and **nadie** when they function as direct objects, but not as subjects.

Direct Object ⟶ **Personal a**
¿Va a invitar a alguien al cine?
Are you going to invite someone to the movies?
No conozco a nadie en México.
I don't know anyone in Mexico.

Subject ⟶ **No Personal a**
BUT **Alguien va.**
Someone goes.
BUT **Nadie sabe.**
No one knows.

EJERCICIOS

A. Durante su visita a Puerto Vallarta, Ud. da un paseo por la plaza principal con su abuela. Ella es muy vieja y no ve muy bien. Descríbale a su abuela lo que Ud. ve. Forme oraciones con **veo,** usando la **a** personal cuando sea necesario.

> *Ejemplo* la catedral
> **Veo la catedral.**
>
> Papá
> **Veo a Papá.**

1. la bandera mexicana
2. el policía
3. Mario
4. las tiendas
5. alguien

B. ¡Conozcámonos!
Pregúntele a un(a) compañero(a) de clase.

1. if (s)he knows the French teacher
2. if (s)he has a friend in the German class
3. if (s)he saw the piñata in the laboratory
4. if (s)he sees the Spanish teacher now
5. for whom (s)he was looking yesterday in the library

C. José y su amigo hablan por teléfono cuando la madre de José entra en el cuarto. Ella quiere saber qué hacen. Lea su explicación y añada la **a** personal si es necesario.

1. Estábamos llamando _____ Diana por teléfono.
2. Queremos decirle que ayer conocimos _____ muchas estudiantes dominicanas.
3. Ellas no conocen muy bien _____ la ciudad de Miami.
4. Les preguntamos, «¿Tenéis vosotras _____ amigos aquí?»
5. Ellas no conocen _____ nadie en los Estados Unidos.

D. Su amiga, Gayle, escribe una carta a su tía en Ixtapa. Ella no sabe muy bien el español. Ayúdele a escribir esta sección de su carta.

1. I'm looking for a teacher.
2. Whom do you know in Ixtapa?
3. I know Fernando in Spain.
4. He already has a friend from the United States.

Lectura

ACOLMAN
por Juan O. Valencia

NOTA SOBRE EL AUTOR

Juan O. Valencia es profesor emérito de la Universidad de Cincinnati. Nació en México y ha publicado libros de crítica sobre la literatura española e hispanoamericana así como libros de cuentos y poemas. «Acolman» es de su libro *Fábulas de azúcar*, 1982.

ANTES DE LEER

Considere las siguientes preguntas y busque las respuestas en los párrafos indicados.

1. ¿Dónde queda la casa del hermano del narrador? [párrafo 1]
2. ¿Qué significa «Acolman»? [párrafo 1]
3. ¿Quién era «Hijito»? ¿Cómo era? [párrafo 3]
4. Según la gente, ¿qué es «Hijito»? [párrafo 4]
5. ¿Por qué no se presentó a trabajar la cuadrilla? [párrafo 5]
6. ¿Qué libro leyó el narrador un enero? [párrafo 6]
7. Según el libro, ¿de qué se hizo el hombre mexicano? [párrafo 6]
8. ¿Qué pasa a los mexicanos si no plantan y comen el maíz? [párrafo 6]

¡Ahora, leamos!

ACOLMAN

1   La casa de mi hermano queda en dirección de Acolman en el Estado de México, no muy lejos de las Pirámides. Cansado del smog, el ruido y el **gentío** de la capital, compró un terreno y empezó a construir su casa bajo un cielo **límpido** y un campo estampado de **amapolas, magueyes, maizales y pirules.** Cuando le pregunté por qué había escogido un lugar tan distante de su trabajo para vivir, me contestó que además de lo hermoso y **saludable** de la región, le había atraído la inscripción de una placa en uno de los edificios del mencionado pueblo, según la cual Acolman significaba, «Lugar o **molde** donde se hizo o copió el primer hombre».

2   Siendo del interior del país, mi hermano quiso traerse un **jirón** del **terruño** y plantó árboles frutales, flores y hierbas medicinales y aromáticas como las de nuestra tierra. En el centro del terreno hay un enorme pirul cuyas ramas forman una **sombrilla** que da fresca sombra.

crowd

clear / poppies
maguey cactuses, cornfields, and pirules (type of tree with red fruit)
healthiness

mold

bit
native soil

parasol

ACAPULCO **83**

Alejandro, mi hermano, lo dejó intacto porque le parecía un gigante amable y protector de la casa.

3   La primera vez que lo visité en su nueva residencia, la casa todavía no estaba terminada. Cuando no iba con mi hermano a la capital me entretenía viendo trabajar a los **albañiles** y **platicando** con ellos. Particularmente me gustaba conversar con «Hijito», el que la hacía de **capataz.** «Hijito» era bajo de estatura, **enjuto,** de pelo y **bigote canos.** Nadie sabía su edad, pero Chuchita la cocinera decía, «el viejo ese, el ‹Hijito›, es un **comelón** de años». En **cuclillas,** y entre **chupada** y chupada de su misterioso cigarro de hoja, «Hijito» me contaba historias de aquel **rumbo.** A veces cuando veía pasar a «La **Pestañuda**» se subía a la **barda** y con su voz **atiplada** le cantaba, «Palomita que vuelas de noche, no te vayas a **enredar**...»

bricklayers / chatting

foreman / skinny / mustache / gray or white
"eater up" / squatting / suck
direction / long eyelashes
wall / high-pitched
get tangled up

4   Alejandro se reía mucho cuando le refería las historias de «Hijito». Un día me dijo, «El tal ‹Hijito› es un viejo muy **taimado.** Fíjate cómo manda a los albañiles con los ojos. La gente de estos lugares lo cree **brujo.** Aunque me roba las **palomas**—me imagino que las quiere para sus **hechicerías**—yo no le reclamo porque me conviene que vigile la obra. Los albañiles le tienen miedo y no **se emborrachan** en el trabajo. ‹Hijito› me está agradecido porque le libré una **milpa** que le querían quitar».

sly

sorcerer / doves
sorcery
get drunk
cornfield

5   Una mañana la **cuadrilla** no se presentó a trabajar. Mi hermano me explicó que así pasaba al **avecinarse** el tiempo de la **siembra** del maíz. Los hombres abandonan sus trabajos—algunos muy bien pagados— y regresan con toda la familia a preparar la tierra para la siembra. «Por esa razón» me dijo, «a esta gente sólo se le contrata de temporada». A mí me extrañó tal conducta porque no me parecía razonable que dejaran un buen empleo por algo tan temporal y no siempre seguro.

crew
approaching / sowing

6   Al terminar mis vacaciones regresé al extranjero donde tenía muchos años de residir. Un enero nevó muy fuerte y tuve que quedarme en casa por varios días. Recordé que tenía algunas cajas con libros en español que nunca había abierto. Después de **sacudirles** el polvo me puse a examinar su contenido. Me sorprendió encontrar allí el *Popol Vuh,* libro sagrado de los mayas. En realidad no lo conocía bien; sólo lo había hojeado en mi juventud. A medida que lo leía me interesaba más en sus extraordinarias historias. Me llamó la atención especialmente la leyenda de la creación del hombre. Según el narrador, cuatro animales: el gato de monte, el coyote, la **cotorra** y el **cuervo,** fueron los **encargados de** dar la noticia a los Creadores y Formadores, y les trajeron las **mazorcas** amarillas y blancas para hacer la carne del hombre creado. **De acuerdo** con el *Popol Vuh,* «De maíz amarillo y de maíz blanco se hizo su carne; de **masa** de maíz se hicieron los brazos y las piernas del hombre. Únicamente masa de maíz entró en la carne de nuestros primeros padres...» Al llegar aquí me acordé de «Hijito». Una tarde mientras que juntaba **quelites** y **yerbabuena,** me dijo, «Señor Juan, aconséjele a su señor hermano que siembre un maicito todos los años en esta esquina de la huerta». Al hablarme me pareció que sus ojos

shaking off

parrot / raven / in charge of

ears of corn

According to

dough

pigweed (herb, plant) / *mint*

fosforecían extrañamente. En la sombra que daba el pirul **a la caída de la tarde,** su cuerpo pareció **alargarse.** Yo sentí un **escalofrío** al recordar—**como si vinieran** en un **remolino** de muy lejos—sus últimas palabras, «Sin el maicito, señor Juan, **nos secamos;** se nos pudre la carne».

glowed / in the late afternoon
lengthen / chill
as if they had come / whirlwind
we dry up

CONVERSACIÓN

1. ¿Qué significado simbólico tiene el nombre «Hijito»? ¿Cómo se relaciona con el significado del nombre del pueblo?
2. Discuta la relación entre la historia bíblica de la creación en *Génesis* y la leyenda de la creación del hombre en el *Popol Vuh.*
3. Discuta las metáforas de la cosecha, las semillas, el plantar y especialmente el maíz en «Acolman».
4. La tortilla de maíz es parte de la comida básica del mexicano. Comente.

¿Qué le gusta hacer con su tiempo libre? Ud. va a traer tres fotos de sus actividades favoritas. La clase va a dividirse en grupos de tres personas. Cada persona va a describir una actividad sin mostrarles la foto a los otros. El resto del grupo va a intentar adivinar la actividad descrita. Cuando una persona adivine la actividad, ésta puede describir su actividad.

VOCABULARIO

los deportes	*sports*
la natación	*swimming*
nadar	*to swim*
el traje de baño	*bathing suit*
el lago	*lake*
el mar	*sea*
el océano	*ocean*
la piscina	*swimming pool*
la playa	*beach*
esquiar	*to ski*
los esquís	*skis*
el esquí acuático	*water skiing*
el deporte de vela	*sailing*
el barco de vela	*sailboat*
hacerse a la vela / velar	*to sail*
el parasailing	*parasailing*
el buceo	*diving*
bucear	*to (scuba) dive*
la máscara	*mask*
el regulador	*regulator*
el tanque	*tank*
patinar	*to skate*
los patines de hielo	*ice skates*
los patines de rueda	*roller skates*
las competiciones	*competitions*
el baloncesto / básquetbol	*basketball*
el béisbol	*baseball*
correr	*to run*
el fútbol (americano)	*soccer (football)*
la pelota	*ball*

Ir al cine es un pasatiempo favorito en muchos países. ¿Qué películas ven estos jóvenes en los «Cínemas Gemelos» en la Zona Rosa de México, D.F.?

las artes	*arts*
el cine	*movies*
el actor / la actriz	*actor/actress*
la película	*film*
el teatro	*theater*
el drama	*drama*
hacer el papel de...	*to play the part of . . .*
la representación	*play*

Estos jóvenes juegan al fútbol soccer en el Parque de Chapultepec en la capital de México. ¿Qué deporte le gusta más a Ud.—el fútbol soccer o el fútbol americano?

la ópera	opera
el/la cantante	singer
cantar	to sing
la música	music
las obras	works
tocar	to play (an instrument)

el concierto	concert
el clarín	clarinet
el piano	piano
practicar	to practice
sonar (ue)	to sound
el tambor	drum
la trompeta	trumpet

el baile	dance
el bailador	dancer
bailar	to dance

el libro	book
el autor	author
la escritura	writing
la lectura	reading

pintar	to paint
el pintor	painter
la pintura	painting

dibujar	to draw
el dibujo	drawing

esculpir	to sculpt
el escultor	sculptor
la escultura	sculpture

los juegos	games
adivinar	to guess
el ajedrez	chess
las damas chinas	checkers

Destino

3

CONTENIDO

OBJETIVOS

☐ VOCABULARIO Y CONVERSACIÓN
You will be able to change money and cash checks in a bank in a Spanish-speaking country. You will also be able to discuss the Mayan city of Chichén Itzá with a tour guide.

☐ INFORMACIÓN Y CULTURA
You will learn about the lives, beliefs, and customs of the ancient Mayas. You will also learn about the dilemma, "progress" vs. preservation of the past.

Datos

CANCÚN Y CHICHÉN ITZÁ

Cancún está situado en la costa este de la Península de Yucatán, en el estado de Quintana Roo. La capital de Quintana Roo es Mérida. Es una ciudad al **borde** de la **selva** de Yucatán y tiene muchas playas hermosas. En los últimos diez años, su fama como lugar de vacaciones **ha crecido.** Con sus aguas azules y claras y su clima templado, Cancún es un lugar excelente para los deportes acuáticos, especialmente el buceo y la pesca.

Chichén Itzá   Para los interesados en la antropología, Cancún queda a unos 120 km (75 millas) de los templos mayas de Chichén Itzá. Se puede viajar de Cancún a Chichén Itzá en autobús. Las horas de visita a las ruinas son de las 8 de la mañana a las 5 de la tarde. Chichén Itzá fue una ciudad maya conquistada por los **toltecas.** Por esta razón se ven dos **estilos** de arquitectura— el Puuc de los **mayas** antiguos y el tolteca. En la ciudad hay algunos lugares que **merecen** atención especial.

El Castillo   una pirámide de 75 pies, construida con una precisión matemática extraordinaria. Tiene 364 escaleras y una plataforma que representan los 365 días del año. En la parte más alta de la pirámide hay un templo que contiene el famoso jaguar de **piedra caliza** con ojos

de jade. También hay un Chac Mool, estatua **monolítica** de Chac, el dios de la lluvia.

Los mayas tenían otro dios, parecido al dios azteca **Quetzalcóatl.** Se llamaba Kukulcán y era también una serpiente emplumada. Una vez al año, durante el **equinoccio** de la primavera (el 21 de marzo), al **atardecer,** los últimos rayos del sol tocan las escaleras y parecen formar una serpiente que **se desliza de arriba abajo** del templo. Según los mayas, la serpiente representaba la fertilidad. Cuando se deslizaba por los **peldaños** del templo, la serpiente les indicaba que era la **estación** para plantar el maíz.

El Templo de los Guerreros   un templo dedicado a los **guerreros** toltecas. En la parte más alta, hay el altar de los sacrificios al dios Chac.

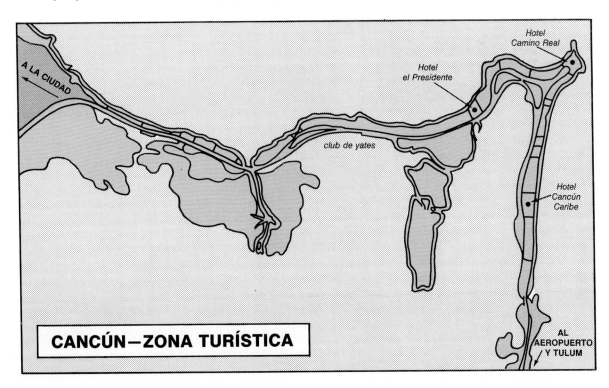

A LA CIUDAD

Hotel Camino Real

Hotel el Presidente

club de yates

Hotel Cancún Caribe

CANCÚN—ZONA TURÍSTICA

AL AEROPUERTO Y TULUM

El Cenote pozo sagrado para sacrificios; los **arqueólogos han recobrado** esqueletos y joyas del Cenote.

El Juego de Pelota cancha donde se hacían las competencias que parecían ser una combinación del fútbol y del básquetbol. Los mayas jugaban para **honrar** a sus dioses. El capitán del **equipo** que perdía era **decapitado**.

El Tzompantli pared con esqueletos **labrados**. Algunos creen que representan a los capitanes decapitados.

El Caracol observatorio donde estudiaban los **sacerdotes** el movimiento de los planetas y de las **estrellas**.

Otros lugares de interés en Yucatán son la zona arqueológica de Tulum y la Laguna Xel-Ha.

VOCABULARIO

al atardecer	*at sunset*
el arqueólogo	*archeologist*
el borde	*border*
la cancha	*court*
de arriba abajo	*from top to bottom*
decapitado	*decapitated*
deslizarse	*to slide*
el equinoccio	*equinox*
el equipo	*team*
la estación	*season*
el estilo	*style*
la estrella	*star*
el guerrero	*warrior*
ha crecido	*has grown*
han recobrado	*have recovered*
honrar	*to honor*
labrado	*carved*
los mayas	*advanced Indian civilization which flowered throughout parts of Central America and southern Mexico from 300 B.C.– 1441 A.D.*

merecer *to deserve*
monolítica *monolithic*
los peldaños *steps*
la piedra caliza *limestone*
el pozo *well*
Quetzalcóatl *Aztec god said to have prophecied the coming of the Spaniards; symbolized in Aztec art as a feathered serpent*
el sacerdote *priest*
sagrado *sacred*
la selva *jungle*
los toltecas *precursors of the Aztecs, a fierce tribe which appeared in Mexico's Central Valley ~ 900 A.D.; around 950 A.D. one group migrated south to occupy Chichén Itzá and blend with the Mayan culture*

Ésta es la pirámide principal de Chichén Itzá, llamada «El Castillo». Sus 364 escalones y una plataforma representan un calendario. A la izquierda hay la cabeza de Kukulcán, la serpiente emplumada de los mayas.

PREGUNTAS SOBRE LOS DATOS

1. ¿En qué península se encuentra la ciudad de Cancún?
2. ¿Por qué es popular Cancún?
3. ¿Por qué les gusta Cancún a los arqueólogos?
4. ¿Cuándo se puede visitar las ruinas de Chichén Itzá?
5. ¿Quiénes construyeron la ciudad de Chichén Itzá?
6. ¿Qué es El Castillo?
7. ¿Qué ocurre el 21 de marzo?
8. ¿Qué simbolizaba la serpiente para los mayas?
9. ¿Qué es el Chac Mool?
10. ¿Para qué servía El Cenote?
11. ¿Por qué jugaban a la pelota los mayas? ¿Juega Ud. a la pelota?
12. ¿Qué le pasaba al capitán del equipo que perdía el juego?
13. ¿Qué era El Caracol? ¿Le interesa a Ud. la astronomía?
14. ¿Qué estudiaban los sacerdotes?

Este observatorio, donde los sacerdotes mayas estudiaban el movimiento de los planetas y de las estrellas, se llama «El Caracol» porque, cuando los españoles lo vieron, les hizo pensar en el molusco del mismo nombre.

 CAMBIAR CHEQUES
DE VIAJERO

Ahora David y Consuelo están en Cancún, una ciudad de playas
bonitas y vegetación **frondosa,** situada en la Península de Yucatán. Su
proximidad a la selva le da un **ambiente** tropical. Por las mañanas, la
brisa del mar trae los **cantos** de los pájaros; y de noche el aire **se
puebla** con el cantar de los **grillos.**

*leafy, luxurious
atmosphere
breeze / songs
teems / crickets*

A los Webster les **fascina** la cultura maya. **Tienen muchas ganas
de** ver los templos de Chichén Itzá. Saben que algunos turistas van en
autobús de Cancún a las ruinas. Pasan un día explorando allí y, **de
regreso, se alojan** en Valladolid, una ciudad situada a unos 40 km (25
millas) de Chichén Itzá. David y Consuelo prefieren regresar a Cancún
para pasar la noche. Por esta razón, emplearán un guía para llevarlos
más rápidamente a los templos. Antes de empezar la excursión, irán al
banco para **cambiar** algunos cheques de viajero.

*fascinates / They are
very anxious
on returning
they lodge, spend the
night*

to change

Consuelo	Vámonos, David. Ya es tarde, y tenemos que **detenernos** aquí en el banco antes de buscar un guía para llevarnos a Chichén Itzá.
David	Cálmate, mujer. Tenemos tiempo, y parece que **nos tardaremos** en cambiar el dinero. ¡Mira a la gente! Tendremos que **hacer cola.**
Consuelo	Ay, tienes razón. Pues, no... la cola es para las personas que quieren **préstamos.** No necesitamos **pedir prestado** dinero. Sólo queremos cambiarlo. Tal vez esa **cajera** nos ayudará.
David	Buenos días. ¿Se puede cambiar dinero aquí?
Cajera	Sí, señor. ¿Cuánto quiere cambiar?
David	Tengo dos cheques de viajero de cincuenta dólares **cada uno. ¿A cuánto está el dólar?**
Cajera	A 500 pesos el dólar. Son 50.000 pesos. (La cajera le da los pesos a David.)

stop

*it will take us a long
time*

stand in line

*loans / to borrow
teller*

*each
What's the dollar
exchange rate?*

Chac Mool, dios de la lluvia, en el Templo de los Guerreros. Los mayas construyeron Chichén Itzá en la Península de Yucatán, pero este templo también es de estilo tolteca.

David Gracias, señorita. Ahora vamos a buscar un guía, Consuelo...
¿Consuelo? ¿Dónde...?
(Consuelo, quien desapareció durante la conversación con la cajera, reaparece en la puerta del banco.)

Consuelo **Apúrate,** David. Nuestro guía nos espera.

Hurry up

David ¿Nuestro guía? ¿Cómo lo encontraste tan pronto? ¿Por cuánto nos llevará?

Consuelo Tuve que regatear un poquito. Al principio dijo que nos llevaría por 20.000 pesos. Pero hablamos un rato, y ahora nos **cobrará** sólo 12.500 al día.

he'll charge

David ¿Al día? Pero nos quedamos sólo un día.

Consuelo Ay, **querido.** Nuestro guía me habló también de todas las cosas fascinantes de Chichén Itzá. Me convenció que no podríamos verlo todo en un día. Y si nos quedamos dos días nos hará un precio especial.

darling, dear

David Pero, ¿dónde nos alojaremos esta noche?

Consuelo (Toma el brazo de David y lo **dirige** hacia un coche.)
No hay ningún problema. La tía de nuestro guía tiene un hotel muy cómodo y también nos dará un buen precio...

directs, guides

Esta muchacha maya se viste de huipil, el vestido maya tradicional.

BANCO MEXICANO SOMEX
SOCIEDAD NACIONAL DE CREDITO
CENTRO REGIONAL PENINSULAR

PALABRAS EN ACCIÓN

Dos amigos van al banco. Complete la narración con las palabras apropiadas. Use cada palabra o expresión sólo una vez.

préstamo	nos tardaremos
hacer cola	detenerse
¿a cuánto está?	pedir prestado
cajera	apúrate

1. _____, amigo. Parece que _____ en cambiar el dinero.
2. No te preocupes. Mi hermana trabaja en el banco. Es _____.
3. Pero, hay mucha gente en el banco. ¿Tendremos que _____?
4. No, esa gente quiere comprar casas. Necesitarán un _____.
5. Bueno, quiero cambiar dinero inmediatamente. ¿_____ el dólar?
6. Vámonos. Cristina nos espera y quiere _____ en el mercado.
7. A propósito, ella necesita _____ algunos pesos.

PREGUNTAS SOBRE EL DIÁLOGO

1. Antes de buscar un guía, ¿qué tienen que hacer los Webster?
2. ¿Qué ven los Webster al entrar en el banco?
3. ¿Tienen que hacer cola? ¿Por qué?
4. Según la cajera, ¿a cuánto está el dólar? ¿Sabe Ud. a cuánto está el peso mexicano hoy?

5. ¿Cuántos pesos le dará la cajera a David?
6. Mientras que David cambia dinero, ¿qué hace Consuelo?
7. ¿Cuánto les cobrará el guía a los Webster?
8. ¿Cuántos días pasarán en Chichén Itzá?
9. ¿Dónde se alojarán?

Simulación 1

EN EL BANCO

Un(a) cajero(a) / Un(a) cliente

Ud. y un(a) compañero(a) de clase van a hacer el papel de un(a) cajero(a) de banco y un(a) cliente. Uds. pueden usar el diálogo siguiente o pueden inventar una simulación original con el vocabulario.

Quiero cambiar dinero

Cliente	Say "Good morning." Say that you want to change money, and ask if you have to stand in line.
Cajero(a)	Say that no, the customer does not have to stand in line. Ask how much (s)he wants to change.
Cliente	Say you have $100. Ask what the exchange rate is.
Cajero(a)	Say that today's exchange rate is 3,000 pesos per dollar. Then say the customer will receive 300,000 pesos.
Cliente	Say "OK," and add that you will change $200 this afternoon. Then ask "Will I see you this afternoon?"
Cajero(a)	Say no, and explain that normally you would work this afternoon but today is your birthday.
Cliente	Say "Happy Birthday! In that case, I'll return tomorrow."
Cajero(a)	Say that the exchange rate will not be the same.
Cliente	Say that it doesn't matter. Add that you would wait a week in order to see him/her again.

«¿Puedo cambiar mis cheques de viajero, por favor?» Este banco en México, D.F. ofrece varios tipos de servicios en las cajas.

VOCABULARIO

cambiar dinero	*to change money*	**No importa**	*It doesn't matter*
		Yo esperaría	*I'd wait*
¿Tengo que...?	*Do I have to . . . ?*	**para**	*in order to*
hacer cola	*stand in line*	**otra vez**	*again*
esperar	*wait*		
¿Cuánto?	*How much?*	**para su información**	
¿A cuánto está el	*What's the exchange*		
dólar?	*rate on the*	**el austral**	*austral*
	dollar?	(La Argentina)	
A...pesos el dólar.	*. . . pesos per dollar.*	**el bolívar**	*bolívar*
Ud. recibirá	*you'll receive*	(Venezuela)	
cambiaré	*I'll change*	**el colón** (Costa	*colon*
		Rica)	
el tipo de	*exchange rate*	**el dólar** (Puerto	*dollar*
cambio		Rico/EE. UU.)	
		el franco (Francia)	*franc*
(no) será	*will (not) be*	**el inti** (El Perú)	*inti*
el mismo	*the same*	**la libra** (Inglaterra)	*pound*
		la lira (Italia)	*lira*
expresiones		**el marco**	*mark*
		(Alemania)	
esta tarde	*this afternoon*	**la peseta** (España)	*peseta*
¿Lo (La) veré a	*Will I see you?*	**el peso** (México)	*peso*
Ud.?		**el quetzal**	*quetzal*
normalmente	*normally*	(Guatemala)	
el cumpleaños	*birthday*	**el rublo** (Rusia)	*ruble*
¡Feliz cumpleaños!	*Happy Birthday!*	**el yen** (El Japón)	*yen*
en ese caso	*in that case*		
volveré	*I'll return*		

Éste es un relieve en las paredes de la cancha de pelota. Los mayas jugaban para honrar a los dioses. El capitán del equipo que perdía era decapitado.

Simulación 2

UNA VISITA A CHICHÉN ITZÁ

Un(a) turista / Un(a) guía

Ud. y un(a) compañero(a) de clase van a hacer el papel de un(a) turista que visita la ciudad de Chichén Itzá con un(a) guía. Uds. pueden usar el diálogo siguiente o pueden inventar una simulación original con el vocabulario.

¡Me fascinan las ruinas!

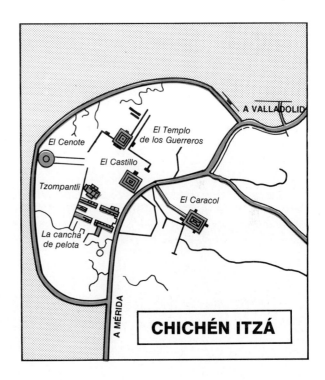

Guía	Say "Here we are in front of the famous pyramid, el Castillo."
Turista	Ask "Will we see the serpent?" Then add "Serpents fascinate me!"
Guía	Answer "No, sir/madam." Explain that the serpent slides from (the) top to (the) bottom of the temple during the equinox.
Turista	Ask "At sunset?" Then add "The sunset fascinates me!"
Guía	(sigh) Say "This is the Caracol."
Turista	Ask "The observatory?" Then add "Observatories fascinate me!"
Guía	Say "Yes, sir/ma'am, and here is the Cenote." Explain that it is an ancient well.
Turista	Say "Yes, for the sacrifices." Then add "Sacrifices fascinate me!"
Guía	Say "Hmmmm. Really?"

V O C A B U L A R I O

las ruinas	*ruins*	**la serpiente**	*serpent*
		se desliza	*slides*
la pirámide	*pyramid*	**de arriba abajo**	*from top to bottom*
famoso	*famous*	**el templo**	*temple*
el Castillo	*castle*	**durante**	*during*

el equinoccio	equinox
(al) atardecer	(at) sunset
el Caracol	snail-shaped observatory
el observatorio	observatory
el Cenote	sacred well
el pozo	well
antiguo	ancient
el sacrificio	sacrifice

expresiones

Aquí estamos	Here we are
enfrente de	in front of
¿Veremos...?	Will we see . . . ?
me fascina(n)	fascinate(s) me
señor	sir
señora	madam
Esto es	This is
¿De veras?	Really?

Ésta es una casa típica en un pueblo maya de la Península de Yucatán.

Gramática

El futuro y el condicional

A. The future tense in Spanish has just one set of endings. If you remove the **h** (**hab** in 2nd person plural) from the present tense of the helping verb **haber** and add accents where appropriate, you will notice that these are the future endings.

haber		Future	
h **e**	h **emos**	-é	-emos
h **as**	hab **éis**	-ás	-éis
h **a**	h **an**	-á	-án

The future endings are added to the entire infinitive, and all three conjugations use the same endings. All persons carry a written accent except the first person plural.

hablar		comer		vivir	
hablaré	hablaremos	comeré	comeremos	viviré	viviremos
hablarás	hablaréis	comerás	comeréis	vivirás	viviréis
hablará	hablarán	comerá	comerán	vivirá	vivirán

B. The conditional tense in Spanish also has just one set of endings. These endings are identical to the imperfect tense of **-er** and **-ir** verbs.

Imperfect		Conditional	
-ía	-íamos	-ía	-íamos
-ías	-íais	-ías	-íais
-ía	-ían	-ía	-ían

Remember to add the conditional endings to the entire infinitive and that all three conjugations use the same endings.

hablar		comer		vivir	
hablaría	hablaríamos	comería	comeríamos	viviría	viviríamos
hablarías	hablaríais	comerías	comeríais	vivirías	viviríais
hablaría	hablarían	comería	comerían	viviría	vivirían

C. Several verbs are irregular in both the future and the conditional.

1. -e of the infinitive endings is dropped

caber	cabré / cabría
haber	habré / habría
poder	podré / podría
querer	querré / querría
saber	sabré / sabría

2. **-d** replaces **-e** or **-i** of the infinitive ending

poner	pondré / pondría
salir	saldré / saldría
tener	tendré / tendría
valer	valdré / valdría
venir	vendré / vendría

3. entire stem is irregular

decir	diré / diría
hacer	haré / haría

Remember that if these verbs have prefixes, the irregularities are maintained.

sostener	sostendré / sostendría
deshacer	desharé / desharía
imponer	impondré / impondría

D. The future is used to describe what *will* happen. Because Spanish also uses
the *simple present* tense and **vamos a** + *infinitive* to express future, the
true *future* tense is used less frequently in Spanish.

the *simple present* tense (1) and **vamos a** + *infinitive* (2) to express future, the true *future* (3) tense is used less frequently in Spanish.

(1)	**Te veo mañana.**	*I'll see you tomorrow.*
(2)	**Vamos a ir al banco esta tarde.**	*We are going to go to the bank this afternoon.*
(3)	**Le escribiré a ella el mes que viene.**	*I will write her next month.*

E. The conditional expresses *should* or *would* in English and tells what would happen or was going to happen. It implies a condition that would occur if circumstances were more favorable.

Te daría la dirección, pero no la tengo conmigo.	*I would give you the address, but I don't have it with me.*

F. The future and conditional tenses may also be used to express probability in Spanish. The *future* expresses *present probability* and the *conditional* expresses *past probability*. In questions, translate using *I wonder* in English. In responses, translate with *probably is (was)* or *must be (have been)*.

Present Probability

¿Qué hora será?	*I wonder what time it <u>is</u>.*
<u>Será</u> la una.	*It <u>probably is (must be)</u> one o'clock.*
¿Dónde <u>estará</u> Rubén?	*I wonder where Ruben <u>is</u>.*
<u>Estará</u> en casa.	*He <u>probably is (must be)</u> at home.*

Past Probability

¿Qué hora sería? — *I wonder what time it was.*

Sería la una. — *It probably was (must have been) one o'clock.*

¿Dónde estaría Rubén? — *I wonder where Ruben was.*

Estaría en casa. — *He probably was (must have been) at home.*

G. When the word "will" expresses willingness and not the future, the verb **querer** in the present is used.

¿Quieres ir al observatorio conmigo? — *Will you (Are you willing to) go to the observatory with me?*

EJERCICIOS

A. Ud. y sus amigos están en Yucatán y van a pasar tres días en Mérida. Aquí tiene una lista de sus planes. Complete la lista con la forma apropiada del verbo en el futuro.

1. Hoy vamos a las ruinas. Mañana _____ de compras.
2. Esta mañana estoy en la excursión. El miércoles _____ en el avión.
3. A las tres, mis amigos quieren ver el cenote sagrado. El martes _____ ver las tiendas.
4. Sales temprano esta noche. El miércoles _____ a las siete.
5. Hay almuerzo esta tarde. Esta noche no _____ cena.

Ahora Uds. están en la excursión a Chichén Itzá, y éstas son sus reacciones a las experiencias del viaje. Complete las frases con la forma apropiada del verbo en el condicional.

6. Me gusta mucho ir con un guía. Me dijo que me _____ el templo maya.
7. Soy estudiante, pero nunca _____ guía.
8. Hoy el guía nos dice que también vamos a visitar Valladolid. Es una sorpresa. Por eso no nos _____ mucho ayer.
9. Hacemos muchas cosas interesantes en esta excursión que no las _____ en otras.
10. Mis amigos vienen frecuentemente a Yucatán y dicen que _____ otra vez a Chichén Itzá.

B. ¿Qué piensa Ud.?
Conteste con el futuro.

1. ¿Lloverá mañana?
2. ¿Se casará Ud. algún día?
3. ¿Tendrá Ud. mucho dinero en el año 2001?
4. ¿Podrá Ud. hacer un viaje a México algún día?
5. ¿Pondrá Ud. todo su dinero en el banco en el futuro?

C. Ud. y un grupo de turistas tienen muchas preguntas sobre su futura excursión. Complételas, usando el futuro para expresar probabilidad.

1. (ser) ¿_____ ese señor el guía para Chichén Itzá?
2. (estar) ¿Dónde _____ el Templo del Jaguar?
3. (tener) ¿_____ ellos comida para nosotros durante la tarde?
4. (caber) ¿_____ todos los turistas en el autobús?
5. (valer) ¿_____ la pena ir al Templo de los Guerreros a ver el Chac Mool?

D. ¡Viajemos a Cancún!
Pregúntele a un(a) compañero(a) de clase.

1. if (s)he will leave for Cancún during the vacation
2. if (s)he will visit the sacred cenote at Chichén Itzá
3. if (s)he will read about the points of interest near Cancún
4. if (s)he will eat a Mayan dish
5. if (s)he will have time to study about the Toltecs

E. Ud. va a Chichén Itzá durante las vacaciones de Navidad. Para impresionar a su profesor(a) de español, escríbale una tarjeta de Navidad completamente en español diciéndole cinco cosas que Ud. hará durante su viaje. Use el tiempo futuro.

F. ¿Qué piensa Ud.?
Conteste en el condicional.

1. ¿Le gustaría visitar Pekín, China?
2. ¿Se casaría Ud. con una persona menos educada que Ud.?
3. ¿Diría Ud. siempre la verdad?
4. ¿Haría Ud. el «parasailing»?

G. Dos matrimonios se reúnen por casualidad en Tulum. Complete sus reacciones de sorpresa con el condicional de los verbos indicados.

1. (haber) —¡Qué sorpresa! Octavio dijo que _____ una excursión el lunes.
2. (ir) —Sí, pero Edgardo dijo que no _____ al templo ese día.
3. (estar) —¡Ah! Creíamos que Uds. _____ en Cozumel hoy.
4. (saber) —No, vamos otro día. ¿_____ Uds. si hay barcos para Cozumel mañana?

H. Durante el viaje...
Pregúntele a un(a) compañero(a) de clase.

1. if (s)he would like to buy the travelers checks on Friday
2. if (s)he would go to the beach in Cancún
3. if (s)he would like to see Tulum also
4. if (s)he would be able to visit the pyramid
5. if (s)he would speak Spanish a lot there

I. Ud. escribe un artículo sobre la ceremonia de los «Oscars» en Hollywood para un periódico mexicano. Para completar su artículo, escriba estas frases en español.

1. I wonder where Madonna was.
2. She must have been in Paris.
3. It was probably 7:30 when Dustin Hoffman arrived.

J. ¿Qué haría Ud.?

1. Su mejor amigo(a) perdió el texto de matemáticas que Ud. le prestó. ¿Qué haría Ud.?
2. Su compañero(a) de viaje no quiere ir a la playa y Ud. quiere ir. ¿Qué haría Ud.?
3. Sus padres no pueden darle el dinero para asistir a la universidad. ¿Qué haría Ud.?
4. Un(a) compañero(a) de clase quiere copiar sus ejercicios de español. ¿Qué le diría o qué haría Ud.?

Los números cardinales

A. The cardinal numbers are as follows.

0	cero	30	treinta
1	uno(a)	31	treinta y uno
2	dos	40	cuarenta
3	tres	50	cincuenta
4	cuatro	60	sesenta
5	cinco	70	setenta
6	seis	80	ochenta
7	siete	90	noventa
8	ocho	100	cien (ciento)
9	nueve	101	ciento uno
10	diez	110	ciento diez
11	once	200	doscientos
12	doce	300	trescientos
13	trece	400	cuatrocientos
14	catorce	500	quinientos
15	quince	600	seiscientos
16	diez y seis (dieciséis)	700	setecientos
17	diez y siete (diecisiete)	800	ochocientos
18	diez y ocho (dieciocho)	900	novecientos
19	diez y nueve (diecinueve)	1.000	mil
20	veinte	1.100	mil ciento
21	veinte y uno (veintiún; veintiuno)	2.000	dos mil
22	veinte y dos (veintidós)	1.000.000	un millón (de)
23	veinte y tres (veintitrés) etc.	2.000.000	dos millones (de)

B. There are three forms for the cardinal number *one*. Use **uno** when counting or when a masculine noun is understood, but not expressed.

Cero, uno, dos...	*Zero, one, two . . .*
Ella tiene tres cheques; yo tengo uno.	*She has three checks; I have one.*

Use **un** before a masculine noun.

Hay un banco en el pueblo.	*There is one bank in the town.*

Use **una** before a feminine noun or when a feminine noun is understood, but not expressed.

Haré una excursión más.	*I will take one more tour.*
El grupo visitará muchas islas; nosotros sólo visitaremos una.	*The group will visit many islands; we will only visit one.*

Multiples using *one* follow the same rules.

Hay veinte y un hombres y treinta y una mujeres.	*There are twenty-one men and thirty-one women.*

C. Do not use **un** before **cien, ciento,** or **mil.**

cien niños	*one hundred children*
ciento dos restaurantes	*one hundred two restaurants*
mil habitantes	*one thousand inhabitants*

BUT

Use **un** before **millón.**

un millón de abejas	*one million bees*

D. Only the numbers between 16 and 19 and 21 and 29 may be written as either three words or one.

diez y ocho *or* **dieciocho**	*BUT*
veinte y cinco *or* **veinticinco**	**treinta y siete**

E. The number *one hundred* has two forms. Use **cien** when counting, before any noun of any gender, and before **mil** and **millones.**

noventa y ocho, noventa y nueve, cien	*ninety-eight, ninety-nine, one hundred*

Masculine

Daría cien dólares por ver la serpiente en la pirámide.	*I would give one hundred dollars to see the serpent on the pyramid.*

Feminine

cien rosas	*one hundred roses*
cien mil personas	*one hundred thousand people*
cien millones de hormigas	*one hundred million ants*

Use **ciento** when combining the number *one hundred* with any number smaller than itself.

ciento once pesos	*one hundred eleven pesos*
ciento noventa y nueve días	*one hundred ninety-nine days*

F. The numbers between two hundred and nine hundred have two endings, one to modify masculine nouns and one to modify feminine nouns.

cuatrocientos edificios	*four hundred buildings*
setecientas millas	*seven hundred miles*

G. The number **millón** or **millones** is followed by **de** when a noun follows it directly. If another number follows **millón** or **millones, de** is not used.

un millón de libras esterlinas	*one million pounds sterling*
dos millones quinientos	*two million five hundred*
argentinos	*Argentinians*

H. No other number forms ever change.

cuatro niños	**sesenta chicos**
cuatro niñas	**sesenta chicas**

I. In Spanish-speaking countries, a decimal point is used where we use a comma, and the comma is used where we use a decimal point.

English		Spanish
2,000	=	2.000
6.4	=	6,4

Los números ordinales

A. The ordinal numbers are:

primero(a)	*first*
segundo(a)	*second*
tercero(a)	*third*
cuarto(a)	*fourth*
quinto(a)	*fifth*
sexto(a)	*sixth*
séptimo(a)	*seventh*
octavo(a)	*eighth*
noveno(a)	*ninth*
décimo(a)	*tenth*

B. Ordinal numbers are adjectives which agree in gender and number with the noun they modify.

el cuarto libro	*the fourth book*
la cuarta lección	*the fourth lesson*

C. The numbers **primero** and **tercero** drop the final **-o** before a masculine singular noun.

el primer año	*the first year*
el tercer capítulo	*the third chapter*

D. Ordinal numbers are normally used through **décimo** and cardinal numbers are used thereafter.

Alfonso Décimo[1]	*Alfonse the Tenth*
la lección quince	*the fifteenth lesson*

EJERCICIOS

A. ¿Puedc Ud. contar rápidamente?
Cuente de diez en diez hasta cien.

B. ¡Muy bien!
Ahora, cuente de cien en cien hasta mil.

C. ¡Espionaje mundial!
Lea en voz alta esta selección de una novela de espías.

1. Don Alfonso Markham XII era un espía famoso.
2. Trabajaba con un grupo de 21 hombres.
3. En una operación clandestina, encontraron 100 rublos y 1.000.000 australes.
4. Viajaron más de 946 millas.
5. Agentes de 101 naciones querían capturarlos.
6. Sus fotos aparecieron en 551 revistas.
7. Para proteger sus identidades, tenían 1.000 disfraces.

D. Ud. es cajero(a) en un banco mexicano. Usando números ordinales, dígale al (a la) turista que está frente a su caja lo que tiene que hacer para cambiar dinero.

1. Primero, llene Ud. este formulario.
2. _____, lleve el formulario a la caja número tres.
3. _____, traiga....
4. _____, firme....
5. _____, regrese....

---

[1]King of Spain (1252–1284), patron of medieval letters and sciences. Note that the definite article is omitted with ordinal numbers used in titles.

E. ¿Sabe Ud.?
Pregúntele a un(a) compañero(a) de clase.

1. how many cents there are in one dollar
2. how many states there are in the United States
3. how many inhabitants there are in Mexico City
4. how many years there are in a century
5. how many students there are in the Spanish class
6. where (s)he will be in the year 2001

—¿A cuánto está el peso mexicano?
—Está a 2342 pesos el dólar.

Mercado de Cambios

COTIZACIONES AL CIERRE DEL DIA
ORO NACIONAL

	Compra	Venta
Centenario con 37.5 Grs. oro, emisión antigua ..	$211,500.00	$213,500.00
Centenario emisión 1944-47	211,500.00	213,500.00
Tejos con 37.5 Grs. oro ..	211,500.00	213,500.00
Aztecas	84,600.00	85,400.00
Hidalgos	42,300.00	42,700.00
Medios Hidalgos	21,150.00	21,350.00

MONEDA EXTRANJERA

	Compra	Venta
Dólar Cont ventanilla ... $	469.60 $	471.00
Dólar Cont. equilibrio ...	470.40	470.40
Dólar especial	468.60	468.60
Dólar australiano	349.15	353.20
Dólar canadiense	343.10	346.90
Corona danesa	56.15	56.90
Corona noruega	66.35	67.15
Corona sueca	65.70	66.50
Escudo portugués	3.15	3.35
Florín holandés	183.70	185.95
Franco belga	10.15	10.35
Franco francés	67.70	68.55
Franco suizo	247.55	250.45
Libra esterlina	707.10	715.25
Lira italiana	0.30	0.3150
Marco alemán (Zona Occ.)	207.55	209.90
Peseta española	3.30	3.35
Shilling austriaco	29.55	29.95
Yen japonés	2.6850	2.7250

México, D. F., 25 de marzo de 1986
Fuente: Banco Nacional de México

Dólar Casa de cambio .. $ 484.00 $ 489.00

Fuente: Casa de Cambio Euromex, S. A. de C. V.

DIVISAS

Nueva York --(AP)-- Cambios de divisas, precios de NY:

■ Dólares en divisas

austral argentino	24.81
cruzeiro brasileño	.99
peso colombiano	354.35
peso chileno	245.62
sucre ecuatoriano	523.50
peseta española	114.60
peso mexicano	2342.00
sol peruano	1210.00
escudo portugués	150.00
peso uruguayo	477.50
bolívar venezolano	38.80

—¿A cuánto se compra el oro mexicano en dólares?
—Se compra el oro mexicano a $469.60 en dólares.

Los días de la semana

A. The days of the week are:

lunes	*Monday*
martes	*Tuesday*
miércoles	*Wednesday*
jueves	*Thursday*
viernes	*Friday*
sábado	*Saturday*
domingo	*Sunday*

B. The days of the week are all masculine.

C. **El** with the days of the week means *on*, but it is not used after **ser**.

Iremos al teatro el viernes.	*We will go to the theater on Friday.*
BUT	
Hoy es miércoles.	*Today is Wednesday.*

D. All the days of the week are already also plural except **sábado** and **domingo**. To make them plural, add **s**. Use **los** with the days of the week in the plural to convey *on*.

El lunes voy de compras.	*On Monday I'm going shopping.*
Asisto a mi clase de español los lunes, miércoles y viernes.	*I attend my Spanish class on Mondays, Wednesdays, and Fridays.*
Los sábados duermo tarde.	*On Saturdays I sleep late.*

E. The days of the week are *not* capitalized in Spanish.

Las estaciones del año

A. The four seasons of the year are:

el invierno	*winter*
la primavera	*spring*
el verano	*summer*
el otoño	*fall (autumn)*

B. The names of the seasons are *not* capitalized in Spanish.

Los meses del año

A. The twelve months of the year are:

enero	*January*
febrero	*February*

marzo	*March*
abril	*April*
mayo	*May*
junio	*June*
julio	*July*
agosto	*August*
septiembre	*September*
octubre	*October*
noviembre	*November*
diciembre	*December*

B. The months are not capitalized in Spanish except at the beginning of a sentence. They are all masculine.

Las fechas

A. When giving dates in Spanish, the day precedes the month.

el dos de junio   *June 2nd*

B. The first day of the month uses **primero,** the ordinal number. All subsequent days use the appropriate cardinal number.

Hoy es el primero de enero.   *Today is January 1st.*
Mañana es el dos de enero.   *Tomorrow is January 2nd.*

C. Years are recited in columns beginning with the 1000's from the left, next to the 100's and to the 10's and 1's. **Y** is used only between the 10's and 1's columns when the number ordinarily contains **y**.

1000's	100's	10's		1's
1	9	8		6
mil	**novecientos**	**ochenta**	**y**	**seis**

2001
dos mil uno
1815
mil ochocientos quince
1816
mil ochocientos diez y̲ seis

D. Use the following phrases to ask "What is the date?"

¿Cuál es la fecha?   **¿Qué fecha es (hoy)?**
¿Cuál es la fecha de hoy?   **¿A cuánto estamos?**

E. To express a complete date, **de** is used before both the month and the year.

Nací el veinte y tres de̲ abril de̲   *I was born on April 23, 1942.*
mil novecientos cuarenta y̲ dos.

EJERCICIOS

A. ¡Información general, por favor!

1. ¿Cuántas estaciones hay en un año? ¿Cuáles son?
2. ¿Cuántos días hay en una semana? ¿Cuáles son?
3. ¿Cuántas horas hay en un día?
4. ¿Cuáles son los meses del año?
5. ¿Cuántos días tiene febrero? ¿enero? ¿mayo?
6. ¿En qué mes se celebra la Navidad?
7. ¿En qué año fue el descubrimiento de América?
8. ¿Qué día fue ayer?
9. Si hoy es domingo, ¿qué día fue ayer?
10. ¿En qué mes termina el año escolar en su universidad?
11. ¿En qué mes es el cumpleaños de su padre? ¿su madre? ¿su esposo(a) / su novio(a)?
12. ¿Cuál es su estación favorita del año?

B. Hay un(a) estudiante de Chile en su clase de español. Explíquele la cultura de los Estados Unidos diciéndole lo siguiente.

1. National elections are the second Tuesday of November.
2. Martin Luther King Day is in January.
3. "Dynasty" is on TV on Wednesdays.
4. America's Independence was July 4, 1776.
5. The spring months are April, May, and June. (What months are spring months in Chile?)
6. The school year begins in September.

C. ¡Conozcámonos!
Pregúntele a un(a) compañero(a) de clase.

1. what day today is
2. what day tomorrow is
3. what day(s) of the week (there) is Spanish class
4. how many weeks there are in a year
5. how many months there are in a year
6. what his/her favorite month of the year is
7. in what month his/her birthday is
8. in what months of the year there are 31 days
9. what the date is today
10. what (s)he does on Saturdays

Expresiones idiomáticas con *hacer* y *tener*

A. Hacer is used impersonally to describe certain weather conditions. Since nouns are used with **hacer**, they must be modified by the adjective **mucho** and not the adverb **muy**. In English *it is* is used, and these adjective expressions are modified by the adverb *very*.

	English			Literal Spanish	
	Adverb	Adjective		Adjective	Noun
	It is (very)	cold.	It makes	(much)	cold.
			Hace	**(mucho)**	**frío.**
	It is (very)	warm.	It makes	(much)	warmth.
			Hace	**(mucho)**	**calor.**

The **hacer** weather expressions are:

Hace (Hacía, etc.**) (mucho) frío.**	*It is (was) (very) cold.*
Hace (mucho) calor.	*It is (very) warm.*
Hace (mucho) fresco.	*It is (very) cool.*
Hace (mucho) sol.	*It is (very) sunny.*
Hace (mucho) viento.	*It is (very) windy.*
Hace (muy²) buen tiempo.	*It is (very) good weather.*
Hace (muy) mal tiempo.	*It is (very) bad weather.*
¿Qué tiempo hace (hoy)?	*What is the weather (today)?*

B. There are other weather expressions which do not use **hacer.** Some of these are:

Llueve (Llovió, Llovía).	*It is raining (rained, was raining).*
Nieva (nevó, nevaba).	*It is snowing (snowed, was snowing).*
Está (muy) nublado.	*It is (very) cloudy.*
Está (muy) despejado.	*It is (very) clear.*
Graniza.	*It is hailing.*
Llovizna.	*It is drizzling.*
Hay (mucha) niebla (neblina).	*It is (very) foggy.*
Hay (mucho) polvo.	*It is (very) dusty.*
Hay (mucho) lodo.	*It is (very) muddy.*

C. Tener is used to describe certain physical and mental conditions. As with the **hacer** idioms, **tener** is used with nouns that are modified by the adjective **mucho** or **mucha** and not the adverb **muy**.

	English			Literal Spanish	
	Adverb	Adjective		Adjective	Noun
	I am (very)	warm.	I have	(much)	warmth.
			Tengo	**(mucho)**	**calor.**

²**Muy** (adverb) modifies **buen, mal, nublado, despejado** (adjectives).

The **tener** physical and mental expressions are:

tener (mucho) **frío**	*to be (very) cold*
tener (mucho) **calor**	*to be (very) warm*
tener (mucho) **sueño**	*to be (very) sleepy*
tener (mucho) **miedo**	*to be (very) afraid*
tener (mucha) **hambre**	*to be (very) hungry*
tener (mucha) **sed**	*to be (very) thirsty*
tener (mucha) **razón**	*to be (very) right*
tener...**años**	*to be . . . years old*

EJERCICIOS

A. En la lectura Ud. va a leer una fábula. Aquí tiene otra fábula, pero le faltan palabras. Complete cada frase con la forma apropiada de **hacer, estar, haber** o **tener** en el presente.

Por qué salieron los tigres de Alaska

1. En Alaska, durante el invierno, no _____ sol y _____ mucho frío.
2. El cielo _____ nublado y _____ mucha nieve.
3. Todos los animales _____ frío.
4. El tigre, Leopoldo, que _____ 47 años, _____ hambre y está triste.
5. _____ miedo de salir, porque _____ mucha neblina.
6. Pero, un día cuando nieva menos y _____ mejor tiempo, él y su esposa se van a África.
7. En África, _____ mucho calor, y cuando Leopoldo _____ sed va al lago. Está muy contento.
8. Moraleja: A veces vale la pena viajar cuando _____ mal tiempo.

B. ¿Qué me dice Ud.?

1. ¿Qué tiempo hace generalmente en la primavera en su ciudad?
2. ¿Nieva mucho en su ciudad?
3. ¿En qué meses hace viento en su ciudad?
4. Si Ud. tiene hambre, ¿qué hace?
5. ¿Tiene Ud. miedo del dentista?
6. ¿Tiene Ud. sueño en clase a veces?
7. ¿Tiene razón siempre su profesor(a)?

C. ¡Conozcámonos!
Pregúntele a un(a) compañero(a) de clase.

1. how old (s)he is
2. if (s)he is hungry (thirsty, cold, sleepy) now
3. what (s)he likes to eat if (s)he is *very* hungry
4. if (s)he likes it when it is very cold (hot, windy, sunny)
5. what the weather is today
6. what the weather is like here in April
7. in what season it snows here

D. Ud. está de vacaciones en Cancún y escucha el estado del tiempo en la radio. Hay interrupciones, y Ud. tiene que hacer frases completas, usando las palabras siguientes, para saber qué tiempo hace.

1. en / playas / Cancún / hacer / sol / y / hacer / calor / pero / a veces / hacer / viento
2. hacer / fresco / y / estar / despejado / en / ciudad
3. no / llover / y / no / haber / neblina
4. en / capital / lloviznar
5. en / montañas / granizar

Para viajeros

España	M.	m.	S.	España	M.	m.	S.	España	M.	m.	S.	Extran.	M.	m.	S.
Albacete	13	3	P	Huelva	14	10	P	Palma	15	11	C	Amsterdam	3	1	Ll
Algeciras	16	13	P	Huesca	9	4	C	Pamplona	8	5	Ll	Atenas	14	12	C
Alicante	20	11	P	Ibiza	16	9	P	Pontevedra	14	10	B	Berlín	2	1	Ll
Almería	20	10	P	Jaén	17	7	P	Salamanca	12	5	C	Bruselas	1	0	N
Avila	8	3	P	Jerez	15	7	P	S. Sebastián	8	5	Ll	B. Aires	32	25	D
Badajoz	16	7	P	La Coruña	13	12	C	Santander	9	8	Ll	Copenhague	-2	-3	n
Barcelona	12	7	P	Lanzarote	20	15	D	Santiago	11	8	P	Dublín	6	-2	D
Bilbao	10	7	Ll	Las Palmas	19	17	P	Segovia	9	4	P	Estocolmo	-4	-5	C
Burgos	8	3	C	León	10	3	P	Sevilla	18	7	P	Francfort	3	2	Ll
Cáceres	15	7	P	Lérida	8	4	P	Soria	7	4	P	Ginebra	5	4	C
Cádiz	13	12	D	Logroño	14	7	C	Tarragona	13	9	C	Lisboa	15	10	P
Castellón	15	10	P	Lugo	10	8	P	Tenerife	22	18	P	Londres	5	0	P
Ceuta	15	10	D	Mahón	12	8	C	Teruel	11	3	P	Manila	31	18	C
C. Real	13	5	P	Málaga	18	12	P	Toledo	16	5	P	México	20	10	D
Córdoba	18	7	P	Melilla	17	13	D	Valencia	18	12	P	Milán	8	3	Ll
Cuenca	12	2	P	Murcia	20	8	D	Valladolid	13	5	P	Moscú	-2	-3	C
Gerona	10	2	P	Orense	15	9	P	Vitoria	10	5	Ll	N. York	0	-1	C
Granada	13	6	P	Oviedo	10	8	Ll	Zamora	13	5	P	París	5	3	C
Guadalajara	14	3	P	Palencia	10	3	P	Zaragoza	14	7	P	Roma	14	11	Ll

ABREVIATURAS.—M.: Temperatura máxima.—**m.:** Temperatura mínima.—**S.:** Situación ambiental.—**D.:** Despejado.—**C.:** Cubierto.—**Ll.:** Lluvias.—**P.:** Parcialmente cubierto.—**T.:** Tormentas.—**N.:** Nieve.—**n.:** Niebla.—**Ch.:** Chubascos.—(Datos del INM.)

¿Qué tiempo hace en México en centígrados? ¿en «grados Fahrenheit»? ($\sim F = C \times 2 + 30°$)
¿Y en Sevilla, España?

¿Cuál es la fecha de su nacimiento?
¿Cuál es su signo?

HORÓSCOPO

LEO (Julio 23-Agosto 22).— Los asuntos enfrentados en el hogar no pueden mirarse meramente como blanco o negro. Aprenda a encontrar un gris intermedio.

VIRGO (Agosto 23-Sept. 22).— Hoy tiene la oportunidad de demostrar su destreza atlética. Cuide de no lesionarse.

LIBRA (Sept. 23-Oct. 22).— No deje fuera de su ámbito aquellos contactos que podrían ayudarlo a mejorar su posición financiera. ¡Acérqueseles ahora!

ESCORPION (Oct. 23-Nov. 21).— Busque los mejores precios, podrías encontrar todo lo que ha estado buscando y aprovechar mejor su dinero.

SAGITARIO (Nov. 22-Dic. 21).— Evite hoy las controversias. Haga públicas todas sus decisiones. No intente ningún arreglo clandestino.

Lectura   EL LEÓN Y EL GRILLO

NOTA SOBRE LA LECTURA

La civilización maya floreció en las Américas por más de mil ochocientos
años empezando cerca de 300 a. de J.C. Las leyendas de esta gente
todavía **sobreviven** recontadas por sus descendientes en México y   *survive*
Centroamérica. Los mayas usaban animales para ilustrar los temas
sociales, como se ve en la leyenda que sigue.

ANTES DE LEER

Considere las siguientes preguntas y busque las respuestas en los párrafos
indicados.

1. ¿Quién era el rey de los insectos, los animales y los pájaros? [párrafo 1]
2. ¿Por qué no tenía amigos? [párrafo 1]
3. ¿Qué hicieron los otros animales al oír el león? [párrafo 3]
4. ¿Por qué no se escondió el grillo? [párrafo 4]
5. ¿Qué pierde el grillo si no gana la carrera? [párrafo 6]
6. ¿Cómo ganó el grillo la carrera? [párrafos 8–9]
7. De aquel día en adelante, ¿cómo se consideró al grillo? [párrafo 11]

¡Ahora, leamos!

EL LEÓN Y EL GRILLO

1   Una vez, hace miles de años, solamente los insectos, los animales y
los pájaros vivían en este mundo. Su rey era el león. Era un animal
orgulloso y egoísta. Por eso, no tenía amigos.   *proud*

2   Un día de primavera el león se levantó temprano. Salió de su cueva
y corrió por la **hierba** y las flores de los campos. Buscaba aventuras y   *grass*
quería ser el héroe de ellas.

3   Cuando el león vino cerca de un bosque pequeño, un **águila** lo vio.   *eagle*
Sin esperar un momento, ella gritó a los insectos, animales y pájaros:
—¡Cuidado! ¡Allí viene el león! ¡Todos deben esconderse!
Inmediatamente los animales se escondieron en las cuevas o detrás
de las rocas grandes. Los pájaros se escondieron en sus **nidos**. Los   *nests*
insectos, todos menos uno, se escondieron en las plantas.

4   Pero, ¡qué lástima! El insecto que no oyó las palabras era un grillo
tan pequeño y humilde. Él cantaba mientras trabajaba en su jardín
cerca del bosque y no oyó las palabras del águila.

El león estaba sorprendido cuando no vio ningún animal, ni pájaro ni insecto en el bosque. Pero oyó una canción al otro lado del bosque.

—Vamos a ver quién canta esa canción **fea**—, dijo el león.   *ugly*

5 El rey corrió por el bosque y vio al grillo en su jardín y le gritó:

—¡Qué estúpido eres, grillo! En vez de cantar esa canción tan fea, ¿por qué no fuiste al bosque para decirme «Bienvenido»? ¡Qué falta de cortesía tienes!

—Lo siento mucho, señor León. Por favor, perdóneme.

—Voy a perdonarte si eres obediente—, respondió el león.

6 El pobre grillo tenía mucho miedo y dijo:

—Sí, señor, voy a ser obediente.

—Muy bien. Entonces tú y yo vamos a tener una **carrera** de tu   *race*
jardín hasta la roca grande al lado del bosque. Si ganas, voy a perdonar tu falta de cortesía. Pero si no ganas, voy a tomar posesión de tu jardín y de tu casa.

7 El grillo no sabía qué decir. No sabía qué hacer. Al fin tuvo una buena idea y respondió: —Muy bien, vamos a correr.

—Bueno—, dijo el león. —Cuando diga «tres», vamos a correr. Ahora, listo, uno, dos, TRES.

8 Al oír «tres», el grillo **brincó** a la **cola** del león y se sentó. Pero,   *leaped / tail*
poco a poco fue brincando de la cola hasta la cabeza del rey. El león corrió rápidamente. Muchas veces miraba **hacia atrás** pero nunca vio al   *towards the back*
grillo.

—¡Qué estúpido es el grillo! ¡Qué despacio corre! En una hora va a llegar a la roca.

9 El león estaba cerca de la roca al lado del bosque. Una vez más miró hacia atrás. En ese momento, el grillo brincó de la cabeza del león a la roca donde se sentó y comenzó a cantar. Cuando el león miró hacia la roca, el grillo dijo:

—Bienvenido, señor León. Hoy usted corre muy despacio.

10 El león estaba confuso y enojado. Pero perdonó al grillo por su falta de cortesía. Entonces corrió a su cueva.

11 Y de aquel día **en adelante,** el grillo es uno de los héroes de los   *onward*
animales, de los pájaros y de los insectos de México.

CONVERSACIÓN

1. ¿Qué aspectos de personificación hay en la leyenda?
2. ¿A qué fábula de Esopo se puede comparar esta leyenda? ¿Por qué?
3. ¿Conoce Ud. a un(a) amigo(a) como el león? ¿Cómo es?
4. ¿Conoce Ud. a un(a) amigo(a) como el grillo? ¿Cómo es?
5. ¿Qué quiere decir esta leyenda? Discuta la ironía de un león débil y un grillo fuerte. Relacione esta discusión a su vida personal.
6. ¿Por qué cree Ud. que muchas culturas diferentes tendrían leyendas similares?

Para
AVANZAR

Hoy día hay mucha discusión sobre el valor de conservar las reliquias de civilizaciones pasadas. Algunos creen que los restos antiguos proveen claves importantes que nos ayudan a descubrir nuestra historia. Para otros, las ruinas no valen nada. Su presencia ocupa tierra que puede ser usada con más provecho por la civilización moderna. ¿Con qué grupo están Uds. de acuerdo?

La foto muestra la excavación del Templo Mayor en México, D.F. Se descubrieron estos restos antiguos del templo azteca cerca de la Catedral en el Zócalo.

En su clase formen grupos de tres o cuatro estudiantes y hablen del conflicto ideológico. Traten de contestar las siguientes preguntas.

1. ¿Cuál es el valor de las ruinas de civilizaciones antiguas?
2. ¿Sería mejor usar la tierra para edificios modernos?
3. ¿Es una equivocación pasar tiempo explorando el pasado? ¿Debemos aplicarnos más a resolver los problemas del presente?
4. Si ignoramos el pasado, ¿perderemos algo?
5. ¿Tienen Uds. experiencias personales con la cuestión de destruir algo histórico en su ciudad para proveer espacio para algo utilitario o moderno?

V O C A B U L A R I O

la civilización	*civilization*	**destruir**	*to destroy*
		utilitario	*useful*
la modernización	*modernization*	**la tierra**	*land*
la urbanización	*urbanization*		
el edificio	*building*	**los antepasados**	*ancestors*
el estacionamiento	*parking lot*	**la erosión**	*erosion*
la niveladora	*bulldozer*	**la selva**	*jungle*
el rascacielos	*skyscraper*		

Destino

4

CONTENIDO

OBJETIVOS

☐ VOCABULARIO Y CONVERSACIÓN
You will be able to discuss clothing, size, color, and fit, as well as to express your clothing preferences in Spanish.

☐ INFORMACIÓN Y CULTURA
You will become acquainted with Guatemala, the land, the political system, the economy, and places of interest. You will also learn about the lives and ambitions of different Latin American social classes.

Datos

GUATEMALA

Capital Ciudad de Guatemala

Lengua oficial español; también se hablan 22 lenguas mayas. Una de las más comunes se llama «quiché».

Geografía
   área aproximadamente 67.500 km^2 (42.000 millas^2); un poco más grande que el estado de Ohio
   elevación el lugar más alto: el volcán Tajumulco 4.220 m (13.846 pies); casi igual al volcán Mauna Kea en Hawaii. En el sur de Guatemala hay 33 volcanes, algunos todavía activos.

Población (en 1987) 8.400.000. Más de la mitad de los **guatemaltecos** son indios, descendientes de los mayas. Los demás usualmente son una mezcla de indio y español. Los de sangre mixta se llaman «ladinos».

Clima Guatemala tiene un clima tropical que varía según la elevación de la tierra. Hay una estación de lluvia entre mayo y noviembre. En la Ciudad de Guatemala, la temperatura de verano no se diferencia mucho de la de invierno. Durante el día se queda usualmente en los 80°F y baja a los 50°F durante la noche. Hay mucha lluvia en el verano. Guatemala se llama «La tierra de la eterna primavera».

Gobierno república; Guatemala está dividido en 22 departamentos. El presidente es el jefe de estado. Es elegido por 4 años. En 1982 hubo un **golpe de estado** que puso al **ejército** en control del poder de la nación. En 1986 hubo elecciones dando el poder otra vez a un civil.

Moneda el quetzal ($1 = 1 quetzal)

Religión predominante Catolicismo

Productos
   agricultura algodón, arroz, café, caña de azúcar, frijoles, **ganado,** maíz, plátanos, trigo
   fabricación **alimentos preparados, pieles,** productos químicos, ropa, tabaco, textiles
   minería azufre, cobre, cromo, plata, plomo, zinc
   silvicultura caoba, **cedro, ceiba, ciprés,** chicle, **chinchona, gomero,** palo de rosa

Puntos de interés fuera de la Ciudad de Guatemala
   Antigua una ciudad de estilo colonial

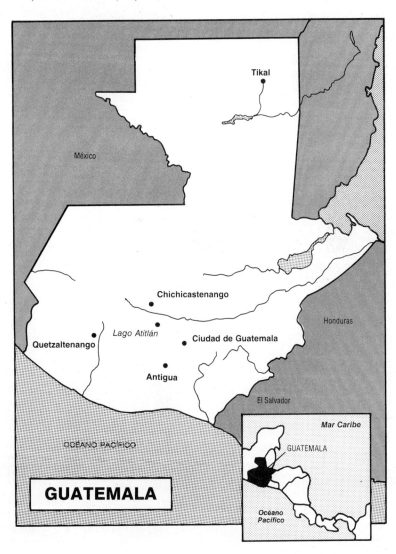

Quetzaltenango la segunda ciudad de Guatemala. Está a una altura de 2.333 m (7.854 pies), más alto que México, D.F. Su nombre significa «Lugar de **quetzales**», y es una ciudad tradicional. Todavía se ve gente con trajes de multicolores de los mayas—los **ponchos** y **huipiles.**

Chichicastenango una ciudad que queda a unos 145 km (90 millas) de la capital. Cada jueves y domingo hay un gran mercado adonde van los indios a vender sus artesanías.

El Lago Atitlán un lugar de vacaciones muy popular creado por la erupción de cuatro volcanes. Es famoso por su vegetación y pájaros exóticos como el **tucán.**

Las ruinas de Tikal un centro cultural de los mayas con grandes templos y monumentos

En una calle moderna de la capital de Guatemala se ve el contraste entre una india maya y unos motociclistas.

VOCABULARIO

los alimentos preparados *prepared foods*
el cedro *cedar*
la ceiba *silk-cotton tree*
el ciprés *cypress*
la chinchona *tree that yields quinine*
el ejército *army*
fuera *outside*
el ganado *cattle*
el golpe de estado *coup d'état*
el gomero *rubber tree*
los guatemaltecos *Guatemalans*
el huipil *traditional Mayan blouse or dress embroidered in bright colors*
las pieles *skins, furs*
el poncho *shawl*
el quetzal *mythical bird worshipped by the Indians*
el tucán *toucan*

Los mayas van al mercado de Chichicastenango cada jueves y domingo para vender sus artesanías.

PREGUNTAS SOBRE LOS DATOS

1. Además del español, ¿qué se habla en Guatemala?
2. ¿Cuál es el lugar más alto de Guatemala?
3. ¿De qué indios descienden los guatemaltecos? ¿De qué grupo étnico desciende Ud.?
4. ¿Qué es un «ladino»?
5. ¿Qué ocurrió en 1982?
6. ¿Cómo se llama la moneda de Guatemala?
7. ¿Cuáles son los productos agrícolas importantes? ¿Cuáles son los productos agrícolas importantes de su país?
8. ¿Cuál es la segunda ciudad de Guatemala?
9. ¿Qué hay los jueves y los domingos en Chichicastenango? ¿Qué venden los indios?
10. ¿Cómo se formó el Lago Atitlán?
11. ¿Qué es Tikal?

El lago Atitlán con el volcán San Pedro es un lugar turístico en Guatemala.

Diálogo   COMPRAR ROPA EN «LA TINAJA»

De México, los Webster viajan a Guatemala. En la mayor parte de Guatemala no se ve el **desarrollo** técnico. Los campos son verdes y frondosos. El **ruido** de la industrialización **no ha apagado** las voces de los antiguos mayas.

development
noise / hasn't silenced

Pero al entrar a la Ciudad de Guatemala, David y Consuelo pierden la ilusión del pasado. Es una ciudad completamente moderna. Fue casi destruida por un **terremoto** en 1917. Su reconstrucción dejó poco de **lo histórico.** Hoy es un lugar de rascacielos y mucho tráfico.

earthquake
the past

Los Webster pasarán algunos días explorando. Consuelo tiene interés en la historia del país. Quiere visitar el Palacio Nacional. Situado en el Parque Central, el Palacio es conocido por sus magníficos interiores con madera **labrada, fuentes** y jardines.

carved / fountains

Consuelo también visitará el Museo Popol Vuh, un museo de artefactos mayas. El nombre «Popol Vuh» viene del libro **sagrado** de los mayas. Si hay tiempo, quiere ver las ruinas de Kaminal Juyu, una de las primeras ciudades mayas. Las ruinas no están muy distantes de la Ciudad de Guatemala. Se dice que allí los mayas originaron su famoso sistema de matemáticas.

A David le gusta algo más moderno. Quiere **ir de compras.** Guatemala es famoso por sus mercados, donde se puede comprar toda clase de joyas, ropa y artesanías. Después de explorar el Mercado Nacional, David y Consuelo visitan «La Tinaja», una tienda de ropa. Los Webster van a ir a una fiesta esta noche en su hotel, y Consuelo quiere ponerse algo nuevo.

sacred

to go shopping

La moda en París
Los vestidos de gran fiesta

Consuelo	¡Ay, David! Hay tanto que ver. ¡Me alegro de que estemos aquí!
David	**De acuerdo.** Sólo espero que no tardemos mucho en comprar la ropa. Ya hemos caminado tanto y estoy muy cansado.
Consuelo	Probrecito. **¿Te aprietan los zapatos?**
David	Un poco. Creo que estos **calcetines** son muy **gruesos.** Tal vez encuentre unos más **finos** aquí.
Consuelo	Si no los hay en esta tienda, dudo que los encuentres en otra. ¡Ésta **tiene de todo**! ¿Qué te parece este **vestido**? ¿Crees que **me sienten** los colores?
David	Sí, pero...
	(Llega una **dependienta**.)
Dependienta	Buenas tardes, señores. ¿En qué puedo servirles? Ah... veo que la señora ya ha escogido uno de nuestros vestidos más **de moda.** Tal vez le interesen estas **medias** que irían muy bien con el vestido...
Consuelo	Hmm... tal vez. ¿Dónde está el **probador**? Quiero ver si **me queda bien.**
Dependienta	¿Cuál es su **talla**?
Consuelo	Talla doce.
Dependienta	Estoy segura que le queda bien a Ud., señora. Pase, por favor. El probador está allí a la derecha.
	(Consuelo va al probador, y David se sienta dando un gran **suspiro**.)

I agree.

Are your shoes tight?
socks / thick
thin

has everything / dress
become me

saleswoman

stylish
stockings
fitting room
it fits me well
size

sigh

David	Ay, vamos a estar aquí el resto del día. Cuando las mujeres empiezan a **probarse** ropa, **hay que despedirse** de su dinero.	*to try on / one has to say good-bye to*
Dependienta	Pero, no, señor. Hoy tenemos nuestra **venta de liquidación.** Todo se vende a precio reducido. Se pueden encontrar muchas **gangas.** Por ejemplo, creo que esta **camisa listada** con este **chaleco** y estos pantalones le sentarán muy bien a Ud., señor. ¿Quiere probárselos?	*clearance sale* *bargains* *striped shirt / vest*
David	Supongo que yo también necesito algo para la fiesta. Sí, me los pruebo... y...	
Dependienta	¿Sí, señor?	
David	Quisiera probarme ese **suéter** también.	*sweater*
Dependienta	Muy bien, señor. ¿Algo más?	
David	Hmmm, sí, el **cinturón** allí...	*belt*
	y esa **corbata.**	*tie*
Dependienta	¿Y este **sombrero?**	*hat*
David	¡Cómo no!	
	(David va al probador.)	
	(Quince minutos después, Consuelo sale del probador.)	
Consuelo	David, me encanta este vestido. Y también quiero esta **blusa** y la **falda de colores.** Espero que no te aburras esperándome. ¿David? ¿David? ¿Dónde estás?	*blouse / colored skirt*
	(La voz de su esposo sale del probador.)	
David	¿Consuelo? ¿Crees que me puedas encontrar un **saco** azul? No creo que este gris me siente bien.	*sportcoat*
Consuelo	¿Saco? ¡Pero yo creía que sólo querías comprar calcetines!	
David	Pues, encontré algunas otras cosas. Casi estoy listo para salir. Sólo tengo que probarme estos tres pantalones, unas cinco camisas y dos pares de zapatos. No te preocupes. La dependienta me prometió un **descuento.**	*discount*

Cinco generaciones de mujeres mayas en Patzún, Guatemala.

Una maya de la tribu Ixil teje. Este estilo de tejer es muy común en Guatemala.

PALABRAS EN ACCIÓN

Para la tienda de ropa...

Escoja la palabra que corresponde a cada definición.

1. adjetivo para describir ropa que es muy popular y moderna
2. una prenda de vestir que se lleva para que no se caigan los pantalones
3. el acto de ir a una tienda para comprar cosas
4. unas prendas de vestir que se llevan en las piernas
5. otra palabra para «tamaño» que se refiere a la ropa
6. un verbo que se usa para describir ropa que da a las personas la apariencia de estar bien vestidas
7. todas las cosas que tiene una tienda
8. lo que ocurre cuando una tienda baja sus precios.

a. la venta de liquidación
b. la talla
c. la camisa
d. el probador
e. sentarle bien
f. de moda
g. las medias
h. ir de compras
i. el cinturón
j. el inventario

PREGUNTAS SOBRE EL DIÁLOGO

1. ¿Cómo es la Ciudad de Guatemala? ¿Por qué queda tan poco de lo histórico allí?
2. ¿Por qué es famoso el Palacio Nacional?
3. ¿De dónde viene el nombre «Popol Vuh»?
4. ¿Qué exploran ahora David y Consuelo?
5. ¿Qué buscan los Webster? ¿Por qué?
6. ¿Qué necesita David al principio? ¿Por qué?
7. Cuando Consuelo escoge el vestido, ¿qué le pregunta a David?
8. ¿Adónde va Consuelo a probarse el vestido?
9. ¿Cuál es la talla de Consuelo?
10. ¿Qué ocurre en la tienda hoy?
11. ¿Qué decide hacer David mientras espera a Consuelo?
12. ¿Quién tarda más en probarse ropa, Consuelo o David?

Un maya en Guatemala toca la marimba.

El Templo del Jaguar en Tikal, un centro cultural de los mayas

EN UNA TIENDA DE ROPA

Un matrimonio en una tienda de ropa

Ud. y un(a) compañero(a) de clase van a hacer el papel de un matrimonio en una tienda de ropa. Uds. pueden usar el diálogo siguiente o pueden inventar una simulación original con el vocabulario.

Necesito un vestido

Esposa	Say "Look, dear! There's a clearance sale today. I hope they have dresses."
Esposo	Say that you hope they serve lunch because you are starving.
Esposa	Ask what he thinks of this blouse.
Esposo	Say "But you wanted a dress . . ."
Esposa	Say that it's a bargain. Then ask if the colors become you.
Esposo	Ask "Is it your size?"
Esposa	Say "I think so." Then ask where the fitting room is. Say "I'm going to try on these pants, the blouse, and that dress."
Esposo	Ask "The striped dress?" Say that it's not very stylish.
Esposa	Ask why not.
Esposo	Say that expensive clothing never is stylish.
Esposa	Say "Don't be silly!" Then say that you hope the dress fits you well.

V O C A B U L A R I O

la ropa	*clothing*
el vestido	*dress*
la blusa	*blouse*
los pantalones	*pants*
la venta de liquidación	*clearance sale*
la talla	*size*
el probador	*fitting room*
listado	*striped*
(muy) de moda	*(very) stylish*

expresiones	
¡Mira!	*Look!*
querido	*dear*
hay	*there is*
espero que...	*I hope that . . .*
tengan	*they have*
sirvan	*they serve*
me quede bien	*it fits me well*

el almuerzo	*lunch*
¡Estoy muriendo de hambre!	*I'm starving!*
¿Qué te parece(n)...?	*What do you think of . . . ?*
este(a)	*this*
estos(as)	*these*
ese(a)	*that*
esos(as)	*those*
¿Me sientan los colores?	*Do the colors become me?*
Creo que sí.	*I think so.*
¿Dónde está...?	*Where is . . . ?*
Voy a probarme...	*I'm going to try on . . .*
¿Por qué no?	*Why not?*
nunca	*never*
¡No seas tonto!	*Don't be silly!*

Gramática

El presente de subjuntivo: cláusulas sustantivas (oraciones subordinadas)

A. The forms of the present subjunctive utilize the "opposite vowel" concept. If a verb ends in **-ar,** the "opposite vowel" is **e,** and if a verb ends in **-er** or **-ir,** the "opposite vowel" is **a.** The following are the conjugations of three regular verbs in the present subjunctive.

hablar		**comer**		**vivir**	
hable	hablemos	coma	comamos	viva	vivamos
hables	habléis	comas	comáis	vivas	viváis
hable	hablen	coma	coman	viva	vivan

B. The **-ar** and **-er** stem-changing verbs retain the pattern they followed in the present indicative (see "shoe" verbs, p. 22), and simply change the ending vowel **a > e** and **e > a.**

cerrar (ie)		**doler (ue)**	
cierre	cerremos	duela	dolamos
cierres	cerréis	duelas	doláis
cierre	cierren	duela	duelan

C. The **-ir** stem-changing verbs also follow the shoe pattern (indicated by the first stem change in the parentheses), but in addition contain a second stem change (indicated by the second stem change in the parentheses).

mentir (ie, i)		**dormir (ue, u)**		**pedir (i, i)**	
mienta	mintamos	duerma	durmamos	pida	pidamos
mientas	mintáis	duermas	durmáis	pidas	pidáis
mienta	mientan	duerma	duerman	pida	pidan

D. Some verbs are irregular in the present subjunctive. To find the stem of these irregular verbs, (1) conjugate them to the first person singular indicative, (2) drop the **-o,** and (3) add the opposite vowel. Some examples follow:

decir	⟶	(1) digo	(2) digø	(3) diga, etc.
salir	⟶	(1) salgo	(2) salgø	(3) salga, etc.
producir	⟶	(1) produzco	(2) produzcø	(3) produzca, etc.
ver	⟶	(1) veo	(2) veø	(3) vea, etc.

E. Those verbs which do not end in **-o** in the first person present indicative are completely irregular, and their patterns must be memorized.

Infinitive	First Person Singular Present Indicative	First Person Singular Present Subjunctive
ser	soy	sea, etc.
dar	doy	dé[1], etc.
estar	estoy	esté, etc.
ir	voy	vaya, etc.
haber	he	haya, etc.
saber	sé	sepa, etc.

F. The subjunctive mood is a *subjective* mood. Unlike the indicative mood, which indicates facts, the subjunctive mood relates feelings. It is a mood of hypotheses and conjecture, of possibilities, probabilities, or uncertainties, but NOT of certainties.

Indicative	**Subjunctive**
I want a red sweater. (FACT)	I want you to buy me a red sweater. (FEELING)

G. Noun clauses are clauses (a group of words containing a subject and a verb) which function as the direct object of main clauses. Like direct object nouns or pronouns, they answer the question "What?".

Main Clause   **What?**
I prefer <u>that the mechanic fix the car</u>.

The main clause is independent; it can stand by itself and relate a complete thought. In the above example, *I prefer* is the main clause. Noun clauses are dependent clauses; they cannot stand alone and rely on the main clause for their meaning. In the above example, *that the mechanic fix the car* is the dependent noun clause. In Spanish the subjunctive is normally used in a noun clause when the main verb expresses feelings of the speaker such as wishes, preferences, suggestions, requests, commands, etc. as well as their negatives. Use the present subjunctive for both present and future time in a dependent clause. In English you will frequently hear an infinitive used in the dependent clause, but in Spanish, if there is a change of subject between the main clause and the noun clause, the subjunctive MUST be used.

English	**Spanish**	**Literal English**
I want you <u>to study</u>.	**Quiero que tú <u>estudies</u>.**	I want that you study.

Therefore, to summarize, three aspects or ingredients must appear in the sentence in order for the dependent clause to contain a verb in the subjunctive mood.

---

[1]Note the written accent on **dé** to distinguish the verb from the preposition **de**.

1. There must be a verb in the main clause which causes the subjunctive (verbs of feeling, persuasion, insistence, approval, recommendation, etc.).
2. There must be a dependent noun clause which is the direct object of the main clause.
3. There must be a different subject in the independent main clause from that in the dependent noun clause (change of subject).

One more important feature to note is the use of the relative pronoun **que** as a bridge between the two clauses. **Que** joins the main clause to the noun clause.

BRIDGE

We hope ⌐ (that) ⌐ the poor don't feel resentment.

Esperamos ⌐ que ⌐ los pobres no sientan resentimiento.

H. If there is no change of subject, even though there is a verb in the main clause which causes the subjunctive, and there is a dependent noun clause, the infinitive rather than a subjunctive form of the verb is used.

Quiero ir a Quetzaltenango.   *I want to go to Quetzaltenango.*

I. The subjunctive must also be used after impersonal expressions (where the subject is "it") unless certainty is expressed. Common impersonal expressions are **es bueno, es extraño, es imposible, es lástima, es mejor, es posible, es probable.**

Es importante que salgamos ahora.   *It is important that we leave now.*

BUT

Es verdad que la clase alta es muy rica.   *It is true that the upper class is very rich.*

J. The subjunctive must be used after **ojalá (que)** and **tal vez / quizá(s).**

Ojalá que nos quedemos en el Hotel Ritz Continental.   *I hope we stay in the Ritz Continental Hotel.*

Quizá haya un mercado cerca del Lago Atitlán.   *Perhaps there is a market near Lake Atitlán.*

K. The following examples will summarize the subjunctive in noun clauses after the various types of main clause verbs.

Commanding	**Insistimos en que tú te pongas el vestido de lunares, no el floreado.**	*We insist that you put on the polka-dot dress, not the flowered one.*
Advising	**Le aconsejo que busque un buen abogado.**	*I advise you to look for a good lawyer.*
Forbidding	**Te prohíben[2] que des trabajo a los campesinos.**	*They forbid you to give work to the farmers.*

---

[2]**Prohibir** may be followed by the infinitive: **Te prohíben dar trabajo a los campesinos.**

Desire	Quiere que compremos los ponchos.	He wants us to buy the ponchos.
Will	Sugiero que uses el suéter anaranjado.	I suggest you wear the orange sweater.
Preference	Prefiero que vayamos a Antigua.	I prefer that we go to Antigua.
Doubt	Duda que haya incienso de copal y pom en las Artesanías Axopil.	He/She doubts there is copal and pom incense in Axopil Handicraft.
Uncertainty	No está seguro de que Petén sea una ruina maya.	He is not sure that Petén is a Mayan ruin.
Disbelief	No creo[3] que las ruinas mayas de Tikal estén muy lejos.	I don't believe that the Tikal Mayan ruins are very far away.
Necessity	Es necesario que los ricos ayuden a los pobres.	It is necessary for the rich to help the poor.
Feeling	Me alegro de que tu hermana sea enfermera.	I am glad that your sister is a nurse.
Emotion	Esperan que no tengamos que pagar más de veinte quetzales por la camisa.	They hope that we don't have to pay more than 20 quetzals for the shirt.

EJERCICIOS

A. Dos mujeres van a asistir a una cena elegante. Hoy buscan ropa nueva. Complete la descripción de su visita a la tienda de ropa con la forma apropiada del verbo en paréntesis, usando el subjuntivo cuando sea necesario.

1. (ser) Doña Matilde no cree que la ropa _____ cara en la tienda «La Tinaja».
2. (estar) Es lástima que la tienda «Modas francesas» _____ cerrada.
3. (poder) Doña Rosa espera que ellas _____ encontrar vestidos muy bonitos.
4. (haber) Sus esposos dudan que _____ ropa más costosa en toda Guatemala.
5. (servir) Las señoras no quieren que la empleada les _____ café mientras se prueban la ropa.
6. (ir) Don Martín le dice a su esposa, «Prefiero que tú _____ a la fiesta en el vestido azul».
7. (ser) «Creo que el azul no _____ bastante elegante», le responde Doña Matilde.
8. (recordar) La empleada sugiere que Doña Rosa _____ usar un cinturón con su vestido nuevo.
9. (ver) «Ojalá que Doña Clara me _____ en mi vestido nuevo», dice Doña Rosa.
10. (ser) «Sí», dice Doña Matilde. «Es verdad que Doña Clara _____ una mujer muy envidiosa».

---

[3]**Creer** in the affimative is normally followed by the indicative: **Creo que es mecánico.** *I think he's a mechanic.* In questions with **creer,** if doubt is expressed, use the subjunctive. If not, use the indicative: **¿Cree Ud. que Marcos sea presidente de las Islas Filipinas?** (Doubt) **¿Cree Ud. que Moscú está en Rusia?** (No Doubt).

B. ¿Qué me dice Ud.?
Termine la frase de una manera original.

1. En 2001 espero que...
2. Es imposible que...
3. Esperamos que...
4. Quiero que...
5. Tal vez...

6. No creo que...
7. Mi padre se alegra de que...
8. Mi profesor(a) de español prefiere que...
9. ¡Ojalá que...
10. Mi madre [esposo(a), hermano(a)] duda que...

C. Obligaciones de una familia...
Conteste en español, según el ejemplo.

Ejemplo   ¿Qué espera tu padre? (ir temprano a la universidad)
   Mi padre espera que yo vaya temprano a la universidad.

1. ¿Qué pide tu madre? (no fumar cigarrillos)
2. ¿Qué prefiere tu hermano? (comprar la corbata azul)
3. ¿Qué aconsejan tus abuelos? (saber hablar otra lengua)
4. ¿Qué desea tu hermana? (buscar un regalo para nuestros padres)
5. ¿En qué insiste tu tío? (no dormir tarde)
6. ¿Qué sugiere tu tía? (escuchar a mis padres)

D.   Mauricio Velázquez es consultante de modas. Descubra sus opiniones
sobre los estilos del año. Empiece cada frase con la expresión en paréntesis,
haciendo los cambios necesarios según el ejemplo.

Ejemplo   (siento que) Los vestidos son de colores oscuros.
   Siento que los vestidos sean de colores oscuros.

1. (me alegro de que) El señor Oscar hace faldas elegantes.
2. (no creo que) Los periódicos dicen bastante de la moda.
3. (ojalá que) La presentación de la colección del verano está en París.
4. (es bueno que) Las mujeres hablan de la moda nueva.
5. (dudo que) Los zapatos de «Casa Florín» son de lujo.

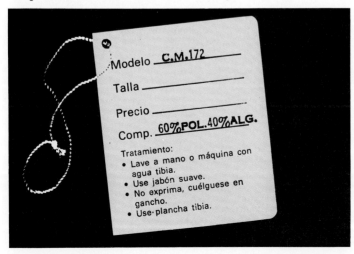

¿Qué le aconseja al
comprador el fabricante?

E. Vamos de compras en Guatemala...
Pregúntele a un(a) compañero(a) de clase.

1. if (her) his mother insists that (s)he buy less clothing
2. if (s)he hopes that (her) his mother only has to pay 20 quetzals for the huipil
3. if (s)he doubts that there are prettier sweaters in other stores
4. if it is necessary for (her) him to buy clothing tomorrow also
5. if (s)he wants you to go to «La Tinaja» with (her) him tomorrow

F. ¿Qué opina Ud.?

1. ¿Teme Ud. que haya guerra en Sudáfrica?
2. ¿Espera Ud. que los computadores funcionen bien?
3. ¿Cree Ud. que sea importante ayudar a los pobres?
4. ¿Es probable que el presidente de los Estados Unidos aparezca en la televisión?
5. ¿Duda Ud. que muchos guatemaltecos hablen inglés?

G. Mi futuro
Escriba Ud. una composición de dos párrafos. En el primer párrafo escriba sobre sus esperanzas e ilusiones con frases que empiecen con **Espero que...**, **Creo que...**, **Es probable que...**, etc. En el segundo, escriba sobre sus dudas y temores, usando frases que empiecen con **Dudo que...**, **Tengo miedo que...**, **No creo que...**, etc.

Tengo frío. ¿A qué tienda sugiere Ud. que yo vaya?
¿Qué prefiere su amigo(a) que Ud. le compre en Kelly's?
¿Es necesario que Ud. visite Casa Ypacarai para buscar guitarras?
¿Espera Ud. que su familia tenga la oportunidad de visitar Sudamérica?

 LA YERBA CORTADA POR
LOS CAMPESINOS

por Roberto Sosa

NOTA SOBRE EL AUTOR

Roberto Sosa (1930–   ), poeta hondureño, nació en Yoro, Honduras.
Vive actualmente en Tegucigalpa, la capital del país. Ha escrito varios
libros de poesía y recibido premios por sus obras. Entre sus libros de
poesía figuran *Caligramas* (1959), *Muros* (1966), *Los pobres* (Premio
Adonáis, 1968), *Un mundo para todos dividido* (Premio Casa de Las
Américas, 1971), del cual procede el poema «La yerba cortada por
los campesinos», *Máscara suelta* (inédito, poesía amorosa), *Secreto
militar* (1985) y su colección más reciente, *Hasta el sol de hoy*
(Antología) (1987).

ANTES DE LEER

Considere las preguntas siguientes y busque las respuestas en las líneas
indicadas.

1. Según el autor, ¿a veces qué consideramos lo más importante de nuestras
   vidas? [líneas 1–5]
2. ¿Qué pensamos que nos dignifica? [líneas 6–13]
3. ¿Qué hemos imaginado en nuestra segunda inocencia? [líneas 14–17;
   líneas 18–19]
4. ¿Qué hemos creído al hablar de nuestra verdad? [líneas 20–22]
5. ¿Qué eleva verdaderamente al hombre? [líneas 28–31]
6. ¿Qué es igual a una constelación? ¿y qué es superior al universo?
   [líneas 32–35]
7. ¿Qué ayuda a vivir y a bien morir? [líneas 36–39]

¡OJO! Ud. ya sabe que, con pocas palabras, un poema puede relatar una historia
entera. Por eso, las palabras a veces tienen más de un significado. Lea el
poema y piense en el mensaje del autor.

¡Ahora, leamos!

LA **YERBA** CORTADA POR LOS CAMPESINOS   *GRASS*

1 Cuántas veces nos ha parecido
2 que lo más importante de nuestras vidas
3 es el **vuelo** de las **abejas** que precede a las **colegialas**   *flight / bees / co-eds*
4 que retornan de las **aulas,** pensando en nada,   *classrooms*
5 felices come **peces.**   *fish*

6 Y cuántas veces hemos razonado
7 que la rebeldía contra un sistema de cosas
8 **impuesto**   *imposed*
9 a través
10 de asesinos **alquilados**   *hired*
11 **investidos**   *granted*
12 de infinitos poderes,
13 nos **dignifica.**   *dignifies*

14 En nuestra segunda inocencia hemos imaginado
15 que alguien nos llama
16 desde un lugar hermoso parecido al mar, y que la voz
17 viene de la garganta de esa mujer **delgada** que esperamos en vano;   *thin*

18 o que nos llama el amigo de infancia, aquel
19 cuyo padre comía **tinieblas** en los días difíciles.   *darkness*

20 Y cuántas veces al hablar de nuestra verdad
21 hemos creído
22 hablar de la verdad que interesa a las grandes mayorías,
23 y nos hemos sentido emocionados por ello porque sabemos
24 que el líquido de la verdad **altera** el pulso y **envía** una **carga**   *alters / sends / electric charge*
25 no acostumbrada al corazón, que puede convertirse de este modo

26 en una **suerte** de **Esfinge** sin **enigmas.**   *kind / Sphinx / riddles*

27 Y así creemos vivir aproximándonos a lo perfecto.

28 En realidad
29 sólo
30 lo que hace el hombre
31 por **enaltecer** al hombre es **trascendente.**   *ennoble / transcendent*

32 La yerba cortada por los campesinos es igual a una constelación.

33 Una constelación es igual a una **piedra** preciosa,   *stone*
34 pero el **cansancio** de los campesinos que cortaron la yerba   *fatigue*
35 es superior al universo.

36 Demostrar los **hechos** mezclados con las lentitudes   *events*
37 de un fuego que no conocemos, y **quemar incienso** a las buenas gentes,   *to burn incense*

38 ayuda a vivir,
39 ayuda a bien morir.

CONVERSACIÓN

1. ¿Cuál es el tema del poema?
2. ¿Cómo exalta el poeta a la clase trabajadora? Para el poeta, ¿qué representa el campesino? ¿Hay aspectos del marxismo en el punto de vista del poeta?
3. ¿A qué edad entramos en nuestra «segunda inocencia»?
4. ¿Qué representa la mujer delgada? ¿el amigo de infancia?
5. ¿Qué representa o simboliza la yerba?
6. En tres de las primeras cuatro estrofas el poeta repite la frase «cuántas veces». Comente.
7. ¿Qué es un símil? Discuta la frase «felices como peces».
8. ¿Qué es una metáfora? Discute las tres metáforas en las líneas 32–35.

En Guatemala, como en otros países del mundo hispánico, hay una gran diferencia entre el nivel de vida de la clase alta y de la clase baja. Históricamente la clase baja ha consistido por la mayor parte en indios y mestizos (ladinos). Los criollos (personas de sangre española) constituyen la clase alta. La clase media es una mezcla—algunos de sangre española sin mezcla y algunos mestizos (ladinos). A causa de las diferencias en sus maneras de vivir, estos grupos no tienen los mismos valores ni opiniones.

Mujeres mayas

En su clase, piensen en la gente típica de cada clase social. ¿Cómo creen que estas personas contestarían las siguientes preguntas?

1. ¿A qué profesión aspira Ud.?
2. ¿Cómo quiere Ud. gastar su dinero?
3. ¿Cree Ud. que todos tenemos la responsabilidad de ayudar a los más necesitados?
4. ¿Cree Ud. que es posible llegar a ser lo que uno quiere?
5. ¿Tienen todos la oportunidad de mejorar su vida?

En grupos de dos, un(a) estudiante va a hacer el papel de un(a) miembro(a) de una clase social de Guatemala; el (la) otro(a) va a hacer el papel de un(a) periodista y va a entrevistar al (a la) «guatemalteco(a)». Se pueden usar las preguntas sugeridas o formular sus propias preguntas. Al terminar la entrevista, hay que cambiar de papeles. El (La) «guatemalteco(a)» actúa como periodista y el (la) periodista como un(a) guatemalteco(a) de otra clase social.

V O C A B U L A R I O

las clases sociales	social classes	**la profesión**	profession
		llegar a ser	to become
el campesino / labrador	farmer	el abogado	lawyer
		el banquero	banker
pobre	poor	la enfermera	nurse
rico	rich	el hombre de negocios	businessman
el mestizaje	mixture		
el mestizo	person of mixed Spanish and Indian blood	el ingeniero	engineer
		el médico	doctor
		el profesor	professor
la caridad	charity	el trabajador social	social worker
donar	to donate		
la educación	education	**el oficio**	trade
gastar dinero	to spend money		
las oportunidades	opportunities	el agricultor	farmer
los programas de bienestar social	social welfare programs	el cocinero	cook
		el mecánico	mechanic
el resentimiento	resentment	el plomero	plumber
la responsabilidad	responsibility	el sastre	tailor

Para

A V A N Z A R 2

POESÍA BILINGÜE

Es posible escribir un poema en más de una lengua. Aquí tiene dos ejemplos en inglés y español. El primero usa colores por todo el poema.

AS I SAILED
The sea was amarillo
With waves of rojo
The sun azul
And the sky gris
This was all this
As I sailed
In my verde boat.

Sedley Alpaugh

El segundo usa vocabulario seleccionado por el profesor. Los estudiantes debían usar las palabras preseleccionadas en sus poemas.

THE LEÓN IN INVIERNO
One invierno a león came to the nieve bosque.
And walked in the bosque and his garra[4] was in the deep
 la paloma[5] white nieve.
The trees had like white nieve platos on the branch.
And it was Navidad la noche and the violeto cielo was full of
 baile estrellas.

Ilona Baburka

Ahora, escriba Ud. un poema bilingüe. Escoja uno de los temas siguientes, o si quiere, escriba poemas sobre los dos temas.

1. Escriba un poema bilingüe usando el subjuntivo por lo menos cinco veces. El tema es «Los deseos».
2. Escriba un poema bilingüe con símiles usando **como**. El título debe ser «El campesino». Use el vocabulario siguiente: **rico, pobre, mestizo, las clases sociales, la clase alta, la clase baja, resentimiento, responsabilidad, el campo, el calor, la ropa de colores, el sombrero de paja[6], los huaraches, la ropa blanca, la justicia, la explotación, el valor falso, el valor real, la sociedad, la opresión, la hermandad, el pueblo, trabaja.**

---

[4]**garra** *paw*
[5]**paloma** *dove*
[6]**paja** *straw*

Destino

5

CONTENIDO

OBJETIVOS

☐ VOCABULARIO Y CONVERSACIÓN
You will be able to plan a picnic by making purchases in a butcher shop, a flower shop, and a bakery in a Spanish-speaking country.

☐ INFORMACIÓN Y CULTURA
You will become familiar with Costa Rica, the land, the political system, the economy, and places of interest. You will also learn about the 1969 conflict between El Salvador and Honduras and the role of the United States in Central American affairs.

Datos

COSTA RICA

Capital   San José

Lengua oficial   español

Nombre oficial   República de Costa Rica

Geografía
área   aproximadamente 31.500 km² (19.600 millas²); casi como la suma de las áreas de los estados de Vermont y Nueva Hampshire. Con la excepción de El Salvador, Costa Rica es la nación hispanohablante más pequeña de la América Central. (Belice también es más pequeña.)

elevación   lugar más alto: Chirripo Grande, 3.819 m (12.530 pies). En la Meseta Central de Costa Rica hay volcanes activos. También en esta región hay terremotos de vez en cuando.

Población   (en 1987) 2.800.000. La gente de Costa Rica tiene tres nombres. Se llaman **costarriqueños, costarricenses** o **ticos.** Hoy día no hay muchos indios en Costa Rica. La mayor parte de la gente es de sangre española o mixta.

Clima   La **Meseta** Central, donde se sitúa San José, recibe mucha lluvia durante el verano y poca por el invierno. La temperatura durante los días del verano y del invierno se queda en los 80°F. Las noches del verano son moderadas (60°F), pero las del invierno pueden ser más frescas (50°F). En la costa del Caribe hace mucho calor, y hay mucha lluvia. La costa del Pacífico es más templada, y no recibe mucha lluvia.

Gobierno   república; Costa Rica está dividida en siete provincias. El presidente es el jefe de estado. Es elegido por cuatro años. Hay una **Asamblea** Legislativa de 57 diputados. Costa Rica **ha mantenido** una democracia por casi 100 años. **Abolió** su ejército en 1948. Hoy mantiene una pequeña Guardia Nacional. El gobierno da énfasis a la educación. Ahora Costa Rica tiene el índice de **analfabetismo** más bajo de la América Central.

Moneda   el colón

Religión predominante   Catolicismo

Productos
agricultura   cacao, café, caña de azúcar, ganado, plátanos
fabricación   alimentos preparados, artículos de cuero, **muebles,** textiles

Puntos de interés en Costa Rica

En la capital...
El Gran Hotel Costa Rica un hotel histórico con una **columnata** muy bonita en la Plaza Central cerca del Teatro Nacional.

La estatua de Juan Mora Fernández situada en el Parque Central, es una estatua del primer presidente de Costa Rica.

Por otras partes...
Puntarenas   una ciudad en la costa del Pacífico
Puerto Limón   un puerto importante en la costa del Caribe
Volcán Irazú   un volcán cerca de San José

VOCABULARIO
abolir   *to abolish*
el analfabetismo   *illiteracy*
la asamblea   *assembly*

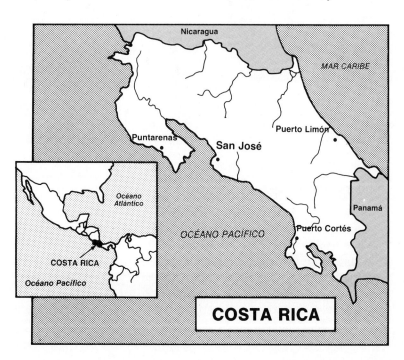

COSTA RICA

la columnata   *colonnade*
los costarriqueños / costa-
    rricenses / ticos   *Costa Ricans*
ha mantenido   *has maintained*
la meseta   *plateau*
los muebles   *furniture*

Bienvenido al volcán Irazú, cerca de la capital. Desde la cumbre se pueden ver el Atlántico y el Pacífico.

La estatua de Juan Mora Fernández está situada en el Parque Central de San José. Fue el primer presidente de Costa Rica.

Una pintoresca carreta de Costa Rica

PREGUNTAS SOBRE LOS DATOS

1. ¿Cuál es la capital de Costa Rica?
2. ¿Qué hay en la Meseta Central?
3. ¿Qué ocurre en la Meseta de vez en cuando? ¿Ocurre lo mismo en su país? ¿Dónde?
4. ¿Cuáles son los tres nombres de la gente de Costa Rica?
5. ¿Qué tipo de gobierno tiene Costa Rica?
6. ¿Por cuántos años ha mantenido Costa Rica una democracia?
7. ¿Qué pasó al ejército de Costa Rica? ¿Tiene su país un ejército? ¿Sirvió Ud. en él?
8. ¿A qué da énfasis el gobierno? ¿Cómo es el índice de analfabetismo de Costa Rica?
9. ¿Cuál es la moneda de Costa Rica?

140   *Destino 5*

Diálogo

COMPRAR COMIDA PARA LA **MERIENDA**
SNACK

El Teatro Nacional en la Plaza Central es un edificio magnífico.

David y Consuelo están en San José, la capital de Costa Rica. El primer día en la ciudad, fueron a ver el Teatro Nacional, un edificio magnífico que es un **motivo** de mucho **orgullo** para los ticos. A ellos les gusta decir que no hacen revoluciones por temor de romper los vidrios del Teatro.

source, motive / pride

David y Consuelo también fueron al Parque Nacional a ver la Biblioteca Nacional y los edificios de gobierno, el Palacio Presidencial y la Asamblea Legislativa.

Ayer los Webster viajaron una hora fuera de San José para subir al volcán Irazú. Desde la cumbre, a una altura de 3.432 m (11.260 pies), se pueden ver los dos océanos, el Atlántico y el Pacífico. Al volver a San José, David **se maravilló** de ver las «**cercas vivas**». Consuelo le dijo que, por muchas partes de la América Central, la tierra es tan fértil que cuando **clavan** palos en la tierra para construir cercas, las cercas florecen.

marveled / "living fences"

they stick

Hoy los Webster deciden hacer un picnic en el Parque Central. Es miércoles, y la **Orquesta Militar** toca en un **pabellón** en el centro del parque. Antes de ir al parque, David y Consuelo compran comida para su merienda.

military band / pavillion

David **A ver**, ¿qué más necesitamos? Tengo aquí queso, lechuga, uvas y vino. Fuiste a la **carnicería**. ¿Tienes el jamón?

Let's see
butcher shop

Consuelo Sí, el **carnicero** me dio **media libra** por 16 colones.

butcher / half-pound

David	¿Compraste sólo media libra? ¿Y qué vas a comer tú?	
Consuelo	¡**Payaso!** No te preocupes. Hay más que comprar todavía.	*Clown!*
	Entremos aquí en esta **panadería.**	*bakery*
David	Mmmm... ¡Qué rico! Mira los **pasteles...** y las **tortas** de	*pies / cakes*
	chocolate. Tengo hambre. Pero no veo a ningún empleado.	
	¿Quién nos **atiende**?	*is waiting on*
Consuelo	Aquí nos servimos nosotros mismos. Coge una de las	
	bandejas allí y un par de **tenazas** y sígueme.	*trays / tongs*
	(Consuelo mira los panes.)	
	Hmm..., creo que éstos son **bolillos** de **ajonjolí.** ¿Te gustan?	*rolls / sesame*
	¿O prefieres un **panecito** sin ajonjolí?	*small loaf of bread*
David	Los de ajonjolí. Pero son muy chicos. Tal vez debamos	
	comprar **dos o tres cada uno.**	*two or three apiece*
	(Empieza a poner muchos bolillos en su bandeja.)	
Consuelo	Espera un momento, querido. Hay que dejar espacio para	
	los postres. Ven aquí a ayudarme a escoger algo. ¿Qué	
	quieres—**galletitas** o una de estas tortas con crema? ¿Tal	*cookies*
	vez un pastel de fruta? Creo que éste es de **manzana** y	*apple*
	el otro... no sé. Puede ser de limón o banana. Ay... nunca	
	puedo decidir.	
David	**Cálmate,** mujer. No tienes que decidir.	*Calm down*
Consuelo	¿Ya escogiste algo?	
David	No. Pero compremos uno de cada **sabor.** Así **se acaba** la	*flavor / ends*
	indecisión.	

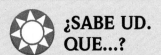

¿SABE UD. QUE...?

When shopping for groceries, be prepared to make several stops. In many Hispanic countries, stores specialize in only one kind of food. For example, meats are sold in the **carnicería** and fruits in the **frutería.** You'll find milk products in the **lechería.**

PREGUNTAS SOBRE EL DIÁLOGO

1. ¿Por qué compran comida los Webster? ¿Qué van a hacer?
2. ¿Cuánto jamón compró Consuelo? ¿Cuánto le cobró el carnicero?
3. En la panadería, ¿qué necesitan David y Consuelo para servirse?
4. ¿Qué tipo de pan prefiere David? ¿Por qué quiere comprar más de uno?
5. ¿Qué tiene que decidir Consuelo?
6. ¿Qué sugiere David?
7. ¿Qué escucharán en el Parque Central mientras comen?

Simulación

EN LA CARNICERÍA, LA PANADERÍA O LA FLORERÍA

Un(a) cliente / Un(a) carnicero(a), un(a) panadero(a), un(a) florista

Ud. y un(a) compañero(a) de clase van a hacer el papel de un(a) cliente y varios comerciantes. El (La) cliente visita una carnicería, una panadería y una florería. Uds. pueden usar el diálogo siguiente o pueden inventar una simulación original con el vocabulario.

Media libra, por favor

Cliente	Ask the butcher politely to give you a half-pound of beef.
Carnicero(a)	Say "Very good. One moment. My wife/husband has the scale."
Cliente	Say "Fine," and ask if the butcher has lamb chops.
Carnicero(a)	Say that yes, but they are not on the counter.
Cliente	Say you also want two lamb chops and three veal chops.
Carnicero(a)	Say "Very good," and add that you also have a very good ham today.

Una docena de galletas

Panadero(a)	Say "Take a tray, please. Here's a pair of tongs."
Cliente	Say thank you, and that you would like a fruit pie and a dozen cookies.
Panadero(a)	Say that the cookies are on the counter with the rolls, and the pies are next to the cakes.
Cliente	Say "How delicious!" Then say that you want a baker's dozen of rolls and a cream pie too.

¿Puede Ud. entregarme un ramillete?

Cliente	Ask if the florist can deliver a bouquet.
Florista	Say "Of course," and ask "Anything special?"
Cliente	Say that yes, you would like daisies, carnations, and roses.
Florista	Say "Very good," and ask if the customer is interested in the tulips and daffodils.
Cliente	Say "They're very pretty. Maybe another day." Then ask if the florist can include ferns and lilacs in the bouquet.
Florista	Say "Oh, yes," and that you can arrange the delivery for this afternoon.

VOCABULARIO

la carnicería	butcher shop
media libra	half-pound
la balanza	scale
la tabla	counter
la carne de res	beef
la chuleta de cordero	lamb chop
la chuleta de ternera	veal chop
el jamón	ham

expresiones

deme	give me
la esposa / el esposo	wife/husband
tener	to have

la panadería	bakery
la bandeja	tray
el par de tenazas	pair of tongs
el mostrador	counter
el pastel de frutas / crema	fruit/cream pie
la galleta	cookie
el bolillo	roll
la torta	cake
la docena (de fraile)	(baker's) dozen

expresiones

Coja Ud....	Take . . .
al lado de	next to
¡Qué sabroso(s)!	How delicious!

la florería	flower shop
el ramillete	bouquet
la margarita	daisy
el clavel	carnation
la rosa	rose
el tulipán	tulip
el narciso	daffodil
el helecho	fern
la lila	lilac

expresiones

entregar(me)	to deliver (for me)
incluir	to include
¿Algo especial?	Anything special?
bonito	pretty
tal vez	maybe
otro	another
arreglar	to arrange
la entrega	delivery

Una panadería en Veracruz, México. ¡Claro que todos estos deliciosos panecitos no tienen calorías!

Gramática

El imperativo

Formal commands

1. The formal (polite) commands are in the subjunctive mood and utilize the opposite vowel concept discussed in **Destino 4**. To form the singular affirmative polite command, (1) conjugate the verb to the first person present indicative; (2) drop the **-o**; (3) add the opposite vowel and **Ud**.

hablar ⟶	(1) hablo	(2) hablø	(3) **hable Ud.**
comer ⟶	(1) como	(2) comø	(3) **coma Ud.**
decir ⟶	(1) digo	(2) digø	(3) **diga Ud.**
volver ⟶	(1) vuelvo	(2) vuelvø	(3) **vuelva Ud.**

If the verb does not end in **-o** in the first person present indicative, the singular affirmative command form must be memorized.

    estar ⟶ (1) estoy   (2) _____   (3) **esté Ud.**

2. To make the command negative, place **no** in front.

    No hable Ud.

3. To make the command plural, add **-n** and **Uds.**

    Hablen Uds.

4. To make the plural command negative, place **no** in front.

    No hablen Uds.

5. To summarize, there are four forms for the polite commands of all verbs, an affirmative and negative singular, and an affirmative and negative plural.

    ver ⟶ (1) veo   (2) veø   (3) **vea Ud.**
                                            no vea Ud.
                                            vean Uds.
                                            no vean Uds.

    dar ⟶ (1) doy   (2) _____   (3) **dé Ud.**
                                              no dé Ud.
                                            den Uds.
                                            no den Uds.

6. Remember that verbs that have spelling changes must use them in forming the commands.

buscar ⟶	(1) busco	(2) buscø	(3) **busque Ud.**
llegar ⟶	(1) llego	(2) llegø	(3) **llegue Ud.**
almorzar ⟶	(1) almuerzo	(2) almuerzø	(3) **almuerce Ud.**
escoger ⟶	(1) escojo	(2) escojø	(3) **escoja Ud.**

Familiar commands

1. There are also four forms for the affirmative singular familiar commands. The affirmative singular familiar command of regular verbs is identical to the third person singular indicative present tense.

hablar	⟶ habla (tú)		pensar	⟶ piensa (tú)
comer	⟶ come (tú)		volver	⟶ vuelve (tú)
vivir	⟶ vive (tú)			

2. There are eight common verbs with irregular affirmative familiar singular command forms which must be memorized.

decir	⟶ di	salir	⟶ sal
hacer	⟶ haz	ser	⟶ sé
ir	⟶ ve	tener	⟶ ten
poner	⟶ pon	venir	⟶ ven

3. The plural affirmative familiar command for all verbs is formed by replacing the final **-r** of the infinitive with a **-d**.

hablar	⟶ hablad (vosotros)
comer	⟶ comed (vosotros)
pensar	⟶ pensad (vosotros)
ir	⟶ id (vosotros)
venir	⟶ venid (vosotros)
buscar	⟶ buscad (vosotros)

4. The two negative familiar commands are in the subjunctive mood, second singular and second plural of the present subjunctive.

hablar	⟶ no hables (tú)	⟶	no habléis (vosotros)
decir	⟶ no digas (tú)	⟶	no digáis (vosotros)
buscar	⟶ no busques (tú)	⟶	no busquéis (vosotros)
ir	⟶ no vayas (tú)	⟶	no vayáis (vosotros)
dormir	⟶ no duermas (tú)	⟶	no durmáis (vosotros)

5. Therefore, the four forms of the familiar commands are as follows.

Regular	Irregular
habla (tú)	**ten** (tú)
no hables (tú)	**no tengas** (tú)
hablad (vosotros)	**tened** (vosotros)
no habléis (vosotros)	**no tengáis** (vosotros)

6. Note that six of the eight command forms are in the subjunctive mood.

Polite	Familiar
coma Ud.	come tú
no **coma** Ud.	no **comas** tú
coman Uds.	comed vosotros
no **coman** Uds.	no **comáis** vosotros

7. Remember that in most of the Spanish-speaking world, the **vosotros** forms are replaced by the **Uds.** forms in common usage.

Polite	Familiar
viva Ud.	vive tú
no viva Ud.	no vivas tú
vivan Uds.	vivan Uds.
no vivan Uds.	no vivan Uds.

Object pronouns with commands[1]

1. Object pronouns are attached to affirmative commands.

Háblale (tú).	Speak to him.
Levántate (tú).	Get up.
Ponte (tú) la bata.	Put on your robe.
Hazlo (tú) ahora.	Do it now.
Siéntese Ud.	Sit down.
Díganles Uds. la verdad.	Tell them the truth.
Poneos[2] vosotros los guantes.	Put on your gloves.
Váyanse Uds.	Go away.
Comedlas vosotros.	Eat them.
Pásemela Ud.	Pass it to me.

2. Object pronouns precede the negative commands.

No le hables (tú).	Don't speak to him.
No te levantes (tú).	Don't get up.
No te pongas la bata.	Don't put on your robe.
No lo hagas ahora.	Don't do it now.
No se siente Ud.	Don't sit down.
No les digan Uds. la verdad.	Don't tell them the truth.
No os pongáis vosotros los guantes.	Don't put on your gloves.
No se vayan Uds.	Don't go away.
No las comáis vosotros.	Don't eat them.
No me la pase Ud.	Don't pass it to me.

3. The following is the reflexive verb **acostarse** in all eight command forms.

Polite	Familiar
acuéstese Ud.	acuéstate tú
no se acueste Ud.	no te acuestes tú
acuéstense Uds.	acostaos vosotros
no se acuesten Uds.	no os acostéis vosotros

---

[1]See also **Destino 2.**
[2]When the reflexive **os** is attached, the **-d** of the command disappears. The exception is **idos** (go away).

"Let's" command

1. The first person plural of the present subjunctive is used to express the command "let's" + verb.

Comamos carne de res.	*Let's eat beef.*
Busquemos la panadería.	*Let's look for the bakery.*
Hablémosle.	*Let's talk to him.*
No lo cerremos.	*Let's not close it.*

2. The affirmative "let's" command of reflexive verbs drops the **-s** of the first person plural subjunctive ending before adding the reflexive pronoun **nos** but retains the **-s** in the negative "let's" command.

Affirmative		**Negative**
Sentémonos.	⟶	No nos sentemos.
Let's sit down.	⟶	*Let's not sit down.*

3. The verbs **ir** and **irse** form their "let's" commands as follows.

ir	**irse**	
Vamos	**Vámonos.**	*Let's go.*
No vayamos.	**No nos vayamos.**	*Let's not go.*

4. **Vamos a** + infinitive may be used to mean *let's* + verb when the action to occur is imminent. It is used only in the affirmative. This meaning is in addition to its usual meaning, *we are going to.*

Vamos a visitar la florería.	*Let's visit the flower shop.*
Vamos a levantarnos.	*Let's get up.*
Vamos a servírselos a ella.	*Let's serve them to her.*

Indirect commands

The relative pronoun **que** is used to mean *have, let, may, I wish, I hope,* and to introduce an indirect command in the subjunctive. This is actually a partial sentence where the verb causing the subjunctive is missing and the command begins at the bridge word **que.** If a subject is expressed, it normally follows the verb.

Que me la escriba Ana María.	*Have Ana María write it for me.*
Que se diviertan Uds.	*I hope you have a good time.*
Que lo toque Bob Dylan.	*Let Bob Dylan play it.*

EJERCICIOS

A. Las compañeras de cuarto

Josefina Silvia es una estudiante española que comparte una habitación en el dormitorio de la Universidad de Salamanca con Graciela, una estudiante de los Estados Unidos. Al principio del semestre, se hablan de **Ud.** Usando el imperativo, forme las cinco frases siguientes.

1. (hacer) Graciela, _____ un pastel de chocolate.
2. (explicar) Graciela, _____ la lección de inglés.
3. (salir) Graciela, _____ del baño.
4. (no ser) Graciela, _____ mala.
5. (irse) Graciela, _____ a su clase de cultura española.

Ahora es el fin del semestre y las muchachas se tutean. Graciela le pide a Josefina Silvia cinco favores.

6. (no sentarse) Josefina Silvia, _____ en la cama.
7. (acostarse) Josefina Silvia, _____ más temprano.
8. (darme) Josefina Silvia, _____ las galletitas.
9. (ponérselo) Josefina Silvia, _____ inmediatamente.
10. (irse) Josefina Silvia, _____ pronto.

B. Es un día desagradable porque Ud. tiene que ir a muchos lugares. Ud. se siente muy negativo. Usando el imperativo, haga negativa cada frase afirmativa.

Con su hijo en la panadería
1. Toca las bandejas.
2. Compra dos pasteles.
Con la empleada de la florería
3. Tráigame los tulipanes, por favor.
4. Entréguele la cuenta a mi esposo, por favor.
Con sus amigos en la zapatería
5. Poneos los zapatos negros.
6. Decidme el precio de los calcetines.
Con los empleados de la carnicería
7. Pésenme ese pollo, por favor.
8. Envuélvanmelo ahora, por favor.

C. Ud. vive en Costa Rica. Es un día de mucho sol, y Ud. está contentísimo(a). Ud. habla con varias personas. Usando el imperativo, haga afirmativas las siguientes frases negativas.

A su hermana
1. No te sientes en el parque para esperarme.
2. No busques las rosas en esa florería.
A un grupo de sus amigas panameñas
3. No vayáis al Gran Hotel Costa Rica.
4. No tengáis muchos colones en vuestras bolsas.

A un turista guatemalteco

5. No vaya Ud. al Mercado Central.
6. No vea Ud. el Teatro Colón.

A un grupo de profesores de su universidad

7. No les digan la historia de la guerra.
8. No nos lo expliquen mañana.

D. Forme un grupo de tres estudiantes. Uno(a) es mesero(a) y los otros dos son clientes. El (La) mesero(a) les hace las preguntas siguientes y un(a) cliente, usando siempre el imperativo, contesta afirmativamente, mientras que el (la) otro(a) siempre contesta usando el negativo.

1. ¿Voy a la cocina?
2. ¿Traigo los postres?
3. ¿Les sirvo el jamón?
4. ¿Cierro la ventana?
5. ¿Le entrego la cuenta al señor?

E. El mismo grupo de tres estudiantes hace los papeles de tres amigos(as) que acaban de llegar a Costa Rica. Uno(a) hace las preguntas siguientes, otro(a) contesta con un mandato familiar afirmativo y el (la) tercero(a) contesta con un mandato familiar negativo.

1. ¿Voy al volcán Irazú?
2. ¿Le doy el colón al salvadoreño?
3. ¿Me pongo el traje de baño rojo para ir a Puntarenas?
4. ¿Hablo al panameño alto frente a la estatua de Juan Mora Fernández?
5. ¿Como la chuleta de ternera en el restaurante del Gran Hotel?

F. Ud. y su hermano(a) hacen decisiones acerca de sus actividades en Costa Rica. Cambie las frases siguientes al imperativo *let's*.

1. Vamos a dormirnos temprano esta noche.
2. Vamos a irnos.
3. Vamos a hablarle a la hondureña.
4. Vamos a oírla en San José.
5. Vamos a pasarlo rápidamente.
6. Vamos a pagar la cuenta de la discoteca Coco Loco.

G. Mateo es un muchacho que nunca quiere hacer nada. Cada vez que su madre le dice algo, él responde con **yo no quiero** y sugiere que otra persona lo haga.

> *Ejemplo* Limpia tu cuarto. (tú)
> **Yo no quiero, que lo limpies tú.**

1. Saca la basura. (Margarita)
2. Pon la mesa. (Esteban)
3. Pásanos la sal. (papá)
4. Hazlo ahora. (Carmela y Ana)
5. Abre la ventana. (vosotros)

PROGRAMAS DE TELEVISIÓN

JUEVES

TVE-1

7.45 Carta de ajuste. Éxitos de Mari Trini (6).

7.59 Apertura y presentación.

8.00 Buenos días. Entrevistas a Mario Benedetti, escritor; Rafael Trénor, escultor, y José Motero Alonso, experto en tradiciones de Madrid.

9.10 Puesta a punto.

9.25 La cesta de la compra.

9.40 La fuente de piedra. Episodio número 14.

10.10 Fin de siglo (repetición).

11.35 Sólo se vive una vez.

12.20 Avance telediario.

12.25 Teletexto.
Programación de los centros periféricos.

14.55 Conexión con la programación nacional.

15.00 Telediario 1.

15.35 El coche fantástico.

16.30 En la naturaleza.

17.00 La superabuela.

17.30 ¡La tarde, vaya tarde! Actuación de Noel Soto.

18.25 Avance telediario.

18.30 El quiosco.

19.15 Dentro de un orden. *Seguridad ciudadana y legítima defensa.*

19.45 Campeonato del Mundo de Natación. Desde la piscina El Pilar de Madrid, retransmisión en directo del encuentro de waterpolo entre las selecciones de Italia y España.

21.00 Telediario 2.

21.35 La sangre de los otros. Capítulo 3.

22.30 La comedia dramática española. *El día de Gloria,* de Francisco Ors. Dirección: Ángel García Moreno. Realización: Eugenio García Toledano. Intérpretes: Marisa de Leza, Manuel Collado Álvarez, Amparo Larrañaga, Marta Fernández Muro, Fernando Guillén Cuervo.

0.25 Telediario 3.

0.55 Teledeporte especial. Incluye resumen del Campeonato del Mundo de Natación.

1.25 Despedida y cierre.

TVE-2

18.45 Carta de ajuste. *Sonata para violín y piano,* Jaime Pahissa. Agustín León Ara (violín) y José Tordesillas (piano).

18.59 Apertura y presentación.

19.00 Agenda informativa.

19.15 Manos artesanas. *Cristal* (6). Realización de un cuadro en dos dimensiones sobre una reproducción de un cuadro de Dalí.

19.30 Alicia en el país de las Maravillas.

20.00 A-uan-ba-buluba-balam-bambú. Vídeo de Blow Monkeys titulado *Digging your scene.* Sigue el grupo novísimo Tononotae, con su canción *La petarda.* Entrevista y vídeo con Blaine E. Reininger. El tema antiguo: *No me ilusionaré,* de Gelu. Un fragmento de la película musical *Choose me.* Entrevista y vídeo de Red Guitars. El segundo novísimo: La Dama se Esconde nos presenta la canción *Amenazas.* Un especial del grupo Madness, con entrevistas, biografía y vídeos del grupo. Para cerrar, el vídeo *All the king horses,* del grupo The Firm.

21.00 Fila 7. Primer capítulo dedicado a los inicios e historia de la cinematografía portuguesa; reportaje sobre el último montaje de Luc Bondy en la Schaubühne berlinesa; reportaje sobre el cineasta brasileño Nelson Pereira dos Santos.

22.10 Cineclub. Ciclo Marlene Dietrich. *Berlin Occidente (A foreign affair),* 1948 (111 minutos). Director: Billy Wilder.

H. Entre amigos...

Dígale a un(a) compañero(a) de clase.

1. to write you from San José, Costa Rica
2. to stay in the Hotel Irazú
3. to get up early and go to the National Theater
4. to have the guide show it *(the theater)* to you
5. to visit it *(the volcán Irazú)*
6. to call you after the trip

GUERRA A LA GUERRA
por Eduardo Bähr y Roque Dalton

NOTA SOBRE LOS AUTORES

Eduardo Bähr (1940–   ) nació en Tela, en la costa norte de Honduras. Es profesor de Educación Media en La Escuela Superior del Profesorado Francisco Morazán en Tegucigalpa, actor de teatro y escritor. Publicó un libro de cuentos, *Fotografía del peñasco* en 1969, *El cuento de la guerra* en 1971, con el cual ganó el Premio Nacional de Cuento «Martínez Galindo» y de donde vienen las selecciones de «Crónica de un corresponsal no alineado». En 1981 recibió el premio Nacional de Literatura «Itzamná» de la Escuela Nacional de Bellas Artes, Tegucigalpa.

Roque Dalton (1935–1975) nació en San Salvador, El Salvador. Fue poeta y militante político. Entre sus publicaciones figuran *La ventana en el rostro,* publicado en 1961; *Taberna y otros lugares,* con el cual ganó el premio Casa de las Américas de la Habana, Cuba en 1970; *El amor me cae más mal que la primavera,* inédita, 1973; *Las historias prohibidas de pulgarcito,* 1974, de donde vienen las selecciones de «La Guerra» y *Poemas clandestinos,* 1975. Fue asesinado en El Salvador en 1975.

NOTA SOBRE LAS SELECCIONES

Tratan de la guerra de 1969 entre Honduras y El Salvador y la Guerra Civil en El Salvador. Selecciones de *El cuento de la guerra* de Bähr y *Las historias prohibidas de pulgarcito* de Dalton forman el libro *Guerra a la guerra* publicado en 1981. El estilo representa el Posvanguardismo[3] y las selecciones se presentan en forma de cables de prensa, entrevistas y citas textuales. Los dos autores usan el sarcasmo para condenar la guerra y la violencia y exaltar la paz y la fraternidad.

ANTES DE LEER
Considere las preguntas siguientes y busque las respuestas en los párrafos indicados.

1. ¿Quién escribe la crónica? [título]
2. ¿Cuándo empezó la guerra entre El Salvador y Honduras? [Nota sobre las selecciones]
3. ¿Dónde cayeron las bombas? [párrafo 2]
4. ¿Cuánto tiempo duró el bombardeo? [párrafo 3]

---

[3]Literary movement characterized by experimentation with nontraditional forms of writing

5. ¿Por qué apresaron a algunos residentes de Tegucigalpa? [párrafo 5]
6. ¿Cuáles salvadoreños pagaron por el ataque militar según los intelectuales? [párrafos 6–7]
7. Irónicamente, en vez del bombardeo, ¿qué le interesa a la opinión
   pública mundial? [párrafo 9]

¡Ahora, leamos!

CRÓNICA DE UN **CORRESPONSAL** NO ALINEADO[4] *CORRESPONDENT*

Eduardo Bähr

1   TEGUCIGALPA., (13.G.M.T.) Catorce julio mffw sesenta y nueve
STOP durante el sueño de los **capitalinos** en la madrugada de hoy   *citizens of the capital*
fuerza aérea salvadoreña bombardeó esta pacífica ciudad STOP.

2   Algunas bombas hicieron impacto en los **techos** de las casas de las   *roofs*
colonias **aledañas** al aeropuerto internacional Toncontín y quedaron   *surrounding*
incrustadas en las **cornisas** y **láminas** de asbesto sin hacer explosión,   *cornices / thin sheets*
otras cayeron a unos mil metros de la pequeña base aérea abriendo
enormes **boquetes** que aparecieron cubiertos por la **tenue** llovizna de la   *gaps / delicate*
mañana...

3   La operación de bombardeo duró apenas cuatro horas, por lo cual y
debido a la rapidez y la sorpresa del ataque, la poderosa flotilla de los   *because of*
hondureños no pudo responder inmediatamente.

4   TEGUCIPALGA., (18, G.M.T.) Mismo día ésta fffwwp supo gobierno
El Salvador ordenado mmm46fwp garantizar vida de los paisanos
residentes en Honduras STOP...

5   Algunas personas fueron **apresadas** cuando hacían señales hacia   *arrested*
el cielo **encapotado** con las **brasas** de sus cigarrillos...   *cloud-covered / burning tips*

6   TEGUCIGALPA., NN.V. Tercer día de la guerra STOP. Intelectuales
acampados en la casa de gobierno **aseguraron** causa salvadoreña   *encamped / assured*
corría cargo catorce familias STOP.   *was the responsibility of fourteen families (the Salvadoran oligarchy)*

7   Se dijo que la **inversión** millonaria para **costear** la loca aventura   *investment / finance*
militar salvadoreña, había sido hecha por las **llamadas** catorce familias,   *so-called*
las cuales **se supone** gobiernan aquel país en forma de oligarquía. Los   *it is supposed*
mismos **instaron** al pueblo salvadoreño a levantarse en armas contra   *incited*
semejante sistema opresivo de gobierno, asegurándole que las tierras de
su país les pertenecían por herencia del indio Aquino, propaganda ésta
tan estimulante que provocó inmediatamente setenta y dos levantamientos populares.

8   TEGUCIGALPA., (6mo. día de la guerra M.T.) STOP. La **cadena**   *radio*
radial arremetió hoy contra la **Organización de Estados Americanos,**   *assailed / OEA (OAS), peace-keeping association of 28 American republics*
STOP.

---

[4]*El cuento de la guerra,* Tegucigalpa, UNAH, 1978, 2ª edición

9   Con una inteligente propaganda a favor de levantamientos populares en el **seno** del país agresor y la nueva tesis de que la invasión tenía el visto bueno del gobierno lejano de los Estados Unidos de Norte América, la cadena radial del gobierno hondureño empezó a penetrar en la opinión pública mundial, aparentemente interesada nada más en el **desenlace** de una serie de partidos de fútbol entre estos dos países, en el sentido de que se propusiera un alto al juego...

breast [= *"heart"*]

the results, outcome

ANTES DE LEER

Considere las siguientes preguntas y busque las respuestas en las secciones indicadas.

1. Según Dalton, ¿qué es la guerra? ¿y la política? [LA GUERRA]
2. ¿Cuál es más grande, El Salvador o Honduras? ¿Cuál tiene más habitantes? [sección XI]
3. Los presidentes de los dos países, ¿fueron presidentes civiles o militares? ¿Dónde se educaron? [sección XI]
4. ¿Qué dijo el Ministro de Relaciones Exteriores de Honduras de la Crema Dental Colgate salvadoreña? [sección I]
5. ¿Qué produce la brillantina Glostora hondureña según el Ministerio de Economía de El Salvador? [sección II]
6. Según el General Westmoreland, ¿cuál es el requisito indispensable para el éxito de la contrainsurgencia anticomunista? [sección X]
7. ¿Qué demanda la Alianza para el Progreso? [sección XIV]
8. ¿Por qué es problemática la reforma agraria? [sección XIV]
9. ¿Cuándo ya no habrá ricos? [sección XVI]

¡Ahora, leamos!

LA GUERRA[5]

Roque Dalton

LA GUERRA
es la continuación de la política
por otros medios y la política es
solamente la economía **quintaesenciada...**

pure

XI   Informaciones para el turista: El Salvador tiene una extensión de 21 mil 393 kilómetros y una población de 3 millones 750 mil personas. Honduras tiene un territorio de 141 mil 521 kilómetros y una población de 2 millones 250 mil habitantes. Mientras Honduras tiene unos 15 habitantes

---

[5]*Las historias prohibidas de pulgarcito*, México, Siglo XXI Editores, 1974

Guerrilleros con ametralladoras hablan con la población civil en El Triunfo, El Salvador el día de las elecciones.

por kilómetro cuadrado, El Salvador tiene unos 178. El Presidente de
Honduras es el General Oswaldo López Arellano, educado en academias
militares norteamericanas. El Presidente de El Salvador es el general
Fidel Sánchez Hernández, educado en academias militares norteameri-
canas, observador por la **ONU** norteamericana en el conflicto de Corea y *UN, United Nations*
ex Presidente de la **Junta** Interamericana de Defensa. *Group*

I Tegucigalpa, 25 de mayo de 1969 (AP). El Ministro de Relaciones
Exteriores de Honduras, en un **discurso** sobre los efectos de la integración *speech*
económica centroamericana en su país, **señaló** a la Crema Dental *indicated*
Colgate salvadoreña como factor de **aumento** de las **caries** entre los *increase / cavities*
niños hondureños.

II San Salvador, 26 de mayo de 1969 (UPI). El Subsecretario de Integración
Económica (Ministerio de Economía) de El Salvador, respondiendo a las
acusaciones del **canciller** hondureño sobre la supuesta baja calidad de *chancellor*
algunos productos salvadoreños importados por Honduras, argumentó
acremente con el hecho de que la **brillantina** Glostora, de fabricación *bitterly / hair cream*
hondureña, produce **caspa**... *dandruff*

v   Guatemala, 28 de mayo de 1969 (AFP). Los embajadores y **agregados**   *aides*
    militares de los Estados Unidos en Guatemala, El Salvador, Honduras,
    Nicaragua y Costa Rica, se reunieron por tres días en Guatemala
    para examinar con altos funcionarios del Departamento de Estado y el
    Pentágono, la situación en el área centroamericana. Los diplomáticos
    norteamericanos se negaron a informar sobre el contenido de la reunión,
    que **calificaron** como «de rutina»...   *they classified*

x   Revista Tricontinental, 1969: «Dijo el general Westmoreland, el **teórico**   *theoretician*
    yanqui de la guerra especial, en una conferencia ante los más altos
    jefes militares de América Latina, celebrada recientemente en Río de
    Janeiro: ‹La elevación del prestigio de las Fuerzas Armadas nativas es
    requisito indispensable para los fines de contrainsurgencia anticomunista
    que se proponen los Estados Unidos en el continente› »...

xiv Monólogo de **planificador** hondureño al mismo tiempo progresista y   *planner*
    hábil (versión de Orlando Fernández): «Para **llevar a cabo** la reforma   *capable / to carry out*
    agraria que **la Alianza para el Progreso** demanda, debemos repartir   *the Alliance for*
    algunas tierras. El problema está en cuáles son esas tierras a repartir.   *Progress (program*
    Afectar las propiedades de **la United Fruit Company** norteamericana   *created by*
    es **tabú.** Si tocamos las propiedades de la gran **oligarquía terrateniente**   *President Kennedy*
    hondureña, la reforma agraria sería comunista. Echar mano a los   *in 1961 to assist in*
    bosques nacionales, sería muy caro. No quedan, pues, sino las tierras   *the economic and*
    explotadas por los inmigrantes salvadoreños, que son 370 mil hectáreas.   *social development*
    Si **expropiamos** a los **guanacos,** mostraremos sentido patriótico, pues   *of Latin America)*
    recuperaremos para los hondureños tierras en manos extranjeras.   *North American*
    ¿Que la United Fruit es también extranjera, por ser yanqui? Eso **no**   *banana company,*
    viene al caso. Es un simple problema aritmético ya que los salvadoreños   *charged by many*
    que **amenazan** la **integridad** territorial de Honduras residiendo en ella   *with exploiting the*
    son 300 mil, mientras que los residentes yanquis no son más que tres   *Central American*
    mil y nos ayudan a civilizarnos. Aún más: resaltará nuestro espíritu   *worker*
    práctico: «**nos asemejaremos** a los reformistas agrarios yanquis al   *forbidden /*
    repartir las tierras que les **arrebataron** a los indios. Y por último, para   *landowning*
    demostrar que somos radicales, **decretaremos** la expropiación de los   *oligarchy (small*
    salvadoreños sin ningún tipo de **indemnización**»...   *governing elite)*
                                                                              exploited
                                                                              we expropriate /
                                                                                  Salvadoran
                                                                                  peasants
                                                                              is irrelevant
                                                                              threaten / integrity
                                                                              we will seem like
                                                                              they seized
                                                                              we will declare
                                                                              compensation

xvi POEMA

    Las leyes son para que las **cumplan**   *comply*
    los pobres.
    Las leyes son hechas por los ricos
    para poner un poco de orden a la explotación.

    Los pobres son los únicos cumplidores de leyes
    de la historia.
    Cuando los pobres hagan las leyes
    ya no habrá ricos.

CONVERSACIÓN

1. ¿Cómo usan los dos autores el humor y el sarcasmo para condenar la guerra?
2. ¿Qué actitud hacia los Estados Unidos expresan Bähr y Dalton? Cite ejemplos en las obras.
3. En los Estados Unidos nos gusta decir que nuestras acciones políticas se basan en la ideología democrática. ¿Qué cree Ud.? ¿Es verdad, o tenemos otros motivos para nuestras acciones en la comunidad mundial?
4. En su monólogo, el planificador compara su idea de expropiar a los guanacos con la reforma agraria yanqui. ¿Cómo se parecen las dos reformas?
5. ¿Qué señales de la inminente guerra civil en El Salvador aparecen en estas selecciones?
6. Estos acontecimientos ocurrieron en 1969. ¿Ha cambiado la situación en Centroamérica desde ese año? ¿Cómo cree Ud. que será la situación económica y política en El Salvador y Honduras en el año 2001? ¿Por qué?
7. Explique el significado y la importancia del poema con que concluyen las selecciones de la obra de Dalton.
8. En «La yerba cortada por los campesinos» de **Destino 4** había elementos de marxismo. ¿Los hay también en las obras de Bähr y Dalton? ¿Cómo lo sabe Ud.? ¿Por qué los hay?

Una reunión política de la FSLN (Frente Sandinista para la Liberación Nacional) en Nicaragua en 1984

Para AVANZAR

El general nicaragüense Augusto César Sandino (en el centro) en Veracruz, México. Los sandinistas de Nicaragua, que derrocaron la dictadura de Anastasio Somoza en 1979, toman su nombre de este revolucionario de los años 1920.

Las noticias: la guerra civil en la América Central

Hoy día hay mucha discusión sobre los conflictos centroamericanos. Casi diariamente las noticias nos traen información de las guerras civiles de esta región.

En grupos de tres o cuatro...
1. Preparen un programa de noticias para la televisión.
2. Encuentren noticias (de un periódico o de la televisión) que traten de la guerra en la América Central.
3. Elijan una persona para dar las noticias de hoy, otra para pronosticar el tiempo, otra para presentar algo sobre deportes o diversiones y una más para un anuncio comercial.
4. Presenten su programa a la clase.

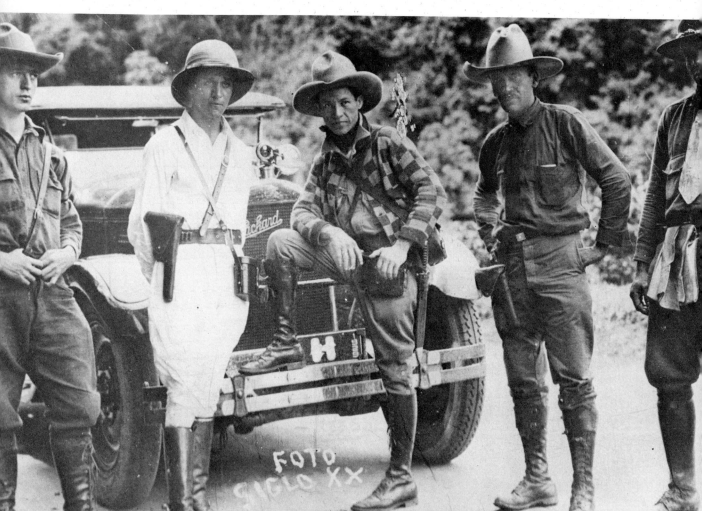

VOCABULARIO

la guerra civil	civil war		**la América Central /**	Central America
la ametralladora	machine gun		**Centroamérica**	
el ataque	attack		**el costarricense /**	Costa Rican
capturar	to capture		**costarriqueño /**	
el ejército	army		**tico**	
la guerrilla	guerrilla warfare		**el hondureño**	Honduran
el guerrillero	guerrilla		**el nicaragüense**	Nicaraguan
el hidalgo	person from a land-owning family		**los Sandinistas**	Sandinistas; followers of Augusto César Sandino, revolutionary of the 1920s
la lucha	struggle			
la revolución	revolution			
la solución	solution		**la política**	government policy
la negociación	negotiation		**a favor de**	for, in favor of
negociar	to negotiate		**la ayuda**	aid
el problema	problem		**el consejero**	advisor
la tregua	truce		**contra**	against
			favorecer	to favor
			proveer	to provide

Destino

6

CONTENIDO

OBJETIVOS

☐ VOCABULARIO Y CONVERSACIÓN
You will be able to discuss family members, their careers, and job qualifications. You will also be able to purchase gifts in a jewelry store in a Spanish-speaking country.

☐ INFORMACIÓN Y CULTURA
You will become acquainted with Perú, the land, the political system, the economy, and places of interest. You will also become familiar with a legend of the ancient Incas.

Datos

EL PERÚ

Capital Lima

Lenguas oficiales español y quechua (lengua india)

Nombre oficial República del Perú

Geografía
  área aproximadamente 798.000 km² (496.000 millas²); casi la suma de las áreas de los estados de Colorado, Nuevo México y Texas
  elevación lugar más alto: Huascarán, 6.768 m (22.205 pies); un poco más alto que Mt. McKinley. Los Andes cruzan el Perú del norte al sur. Las regiones montañosas son famosas por su aire puro y sol brillante.

Población (en 1987) 20.700.000 (aproximada). Hay más indios en el Perú que en los otros países del hemisferio occidental. La mitad de la población **peruana** es india.

Gobierno República democrática
  El presidente es el jefe de estado. Es elegido por 5 años. Hay dos vice-presidentes.
  El Congreso consiste en un Senado y una Cámara de Diputados.
  De 1968 a 1980, el Perú fue gobernado por una junta militar. Desde 1980 hay un gobierno civil.

Moneda el inti (hasta 1986 el sol fue la unidad monetaria nacional)

Productos
  agricultura algodón, café, caña de azúcar, papas, plátanos
  fabricación azúcar, metales, textiles
  minería hierro, petróleo, plata, plomo, zinc
  pesca anchoas

Puntos de interés en el Perú
  El Cuzco la antigua capital de los **incas,** fundada por Manco Capac, el primer Inca
  Machu Picchu una ciudad inca muy bien conservada. Fue descubierta en 1911 por Hiram Bingham. Sus fuertes, templos y fuentes de **granito** han inspirado a arquitectos de todo el mundo.
  El Lago Titicaca el lago navegable más alto del mundo. Está a una altura de casi 13.000 pies.
  Arequipa una de las ciudades más grandes del Perú. Es un centro turístico cerca de algunas ruinas incaicas.
  Ayacucho una ciudad muy bonita, construida en la época de los conquistadores. Tiene más de 30 iglesias.
  Puno una ciudad al lado del Lago Titicaca. Se llama «la capital del **altiplano**».
  Sacsahuaman un fuerte de los incas. Se dice que tiene **pasillos** secretos llenos de **tesoros.**
  Lima la capital del Perú

Clima
  Lima Por estar situada en la costa, Lima no recibe mucha

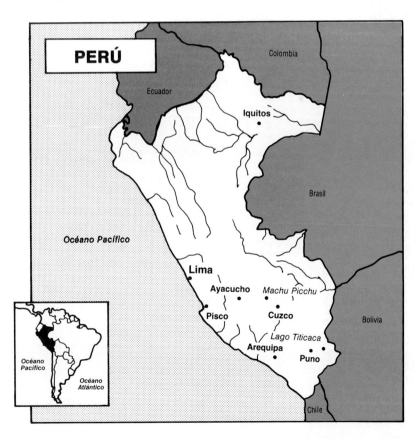

lluvia. Durante el verano (diciembre–febrero) la temperatura se mantiene entre los 80°–90°F y baja a los 60°F por la noche. El invierno (junio–agosto) es más moderado con temperaturas de 70°F durante el día y 50°F por la noche.

El Cuzco En el oeste de los Andes, El Cuzco tiene un clima bastante frío con poca lluvia.

VOCABULARIO

el altiplano *high, windswept plateau*
las anchoas *anchovies*
el granito *granite*
los incas *advanced Indian civilization established in the Central Andes ~ 1100 A.D. The Incan empire, which stretched from Ecuador to northern Chile and Argentina, fell to Francisco Pizarro in 1533.*
los pasillos *halls, passageways*
peruano *Peruvian*
los tesoros *treasures*

Machu Picchu, descubierta en 1911, fue una ciudad incaica con fuertes, templos y fuentes de granito.

PREGUNTAS SOBRE LOS DATOS

1. ¿Cuál es la capital del Perú?
2. ¿Qué es el quechua?
3. ¿Qué montañas cruzan el Perú? ¿Cree Ud. que sea difícil cruzarlas?
4. ¿Qué grupo étnico compone la mitad de la población peruana?
5. ¿Quiénes gobernaron el Perú de 1968 a 1980?
6. ¿Qué ocurrió en 1980?
7. ¿Qué moneda se usaba en el Perú hasta 1986? ¿Qué moneda se usa hoy?
8. ¿Cómo se llamaba la capital de los incas?
9. ¿Qué ciudad inca está muy bien conservada? ¿Le interesa verla?
10. ¿Cómo se llama el lago navegable más alto del mundo? ¿Cuál es su altura?

Diálogo

COMPRAR REGALOS EN LIMA

Al llegar al Perú, David y Consuelo volaron inmediatamente de Lima a la ciudad del Cuzco, antigua capital del **imperio** inca. Con la **llegada** del conquistador español, Francisco Pizarro, el Cuzco fue convertido en una ciudad española. Los conquistadores transformaron los templos incas en iglesias y plazas.

empire
arrival

Para ver más arquitectura inca, se puede tomar un tren a Machu Picchu. Machu Picchu queda a unos 113 km (70 millas) al **noroeste** del Cuzco. El viaje en tren dura casi cuatro horas.

northwest

Después de pasar algunos días en el Cuzco, los Webster regresaron a Lima, la capital del Perú. Es noviembre, y la ciudad **permanece** bajo una **densa neblina** y una casi constante **llovizna.** Los limeños la llaman «garúa» y dicen que desde septiembre hasta fines de noviembre hay poco sol en Lima.

remains
thick fog / drizzle

A pesar de la garúa, la ciudad les encanta a David y a Consuelo. Lima fue fundada por Pizarro en 1535. Su puerto, el Callao, es todavía un centro comercial importante. Hoy día la **cuarta parte** de la población peruana, casi 4,5 millones de personas, vive en Lima.

In spite of
one-fourth

A David le fascina la Plaza de Armas con el Palacio Presidencial y la catedral, que **guarda** los **restos** de Pizarro. También le gusta visitar la Plaza de Toros de Acho en que **se ha toreado** desde 1540.

holds / remains
bulls have fought

La Plaza de Armas en Lima, Perú

Después de visitar los Museos de Arte y de Oro, donde se ven objetos de todas las épocas de la historia peruana, los Webster se detienen en una **joyería** para comprar regalos.   *jewelry store*

Empleada	Buenas tardes, señores. ¿En qué puedo servirles?
Consuelo	Buscamos regalos para la familia. ¿Qué precio tiene esta **cadena de oro**? *gold chain*
Empleada	Cuesta 5.000 intis.
David	Ay, ¡qué cara! ¿No tiene otra que cueste menos?
Empleada	De oro, no. Pero tal vez les interese algo de **plata**—estos **aretes,** por ejemplo. *silver* / *earrings*
Consuelo	No, a mi hermana no le gusta llevar aretes—pero tal vez la **pulsera.** *bracelet*
Empleada	Les puedo hacer un descuento en la pulsera. Estas pulseras y también los **pendientes** los vendemos **al por mayor.** *pendants* / *wholesale*
David	¿De veras? ¿Y los **anillos** aquí? ¿De qué son? Creo que a mi prima le encantarán. *rings*
Empleada	Éstos aquí son **de fantasía,** pero muy bonitos, ¿no? Parecen auténticos **ópalos, rubíes, esmeraldas y topacios.** Por ahora no tenemos imitación de **brillantes.** Hay mucha demanda por este tipo de **joyas** de fantasía. *costume jewelry* / *opals, rubies, emeralds, and topazes* / *diamonds* / *jewels*
Consuelo	David, ¿qué te parecen estos **collares de turquesa**? Podemos regalarle uno a tu abuelita, con tal de que nos den buen precio. *turquoise necklaces*

En una joyería. «Me gustan mucho estos collares. ¿Cuánto cuestan?»

David	Hmm... No estoy seguro. Creo que a abuelita le gustan más los **broches.** ¿Ves uno de turquesa?	*brooches*
Consuelo	Lo busco ahorita. También encontré unos **gemelos** y un **fistol** para tu abuelo. Tal vez a tu hermano le guste un reloj.	*cufflinks* *tie pin*
David	Tal vez. Ya vengo a ayudarte. (En voz baja, habla a la empleada.) Y los **dijes** aquí de oro, ¿cuánto son? Quiero comprar uno para mi esposa sin que ella lo sepa.	*charms*
Empleada	(También en voz baja) Muy bien, señor. Éstos son un poco caros. Los vendemos a 2.000 intis cada uno. Pero si le parece mejor, puede pagarlo **a plazos.**	*in installments*
David	No. Estamos aquí **de paso.** Preferimos pagarlo **al contado.**	*passing through / in cash*
Empleada	Muy bien.	
David	(Compra el dije y va adonde está Consuelo.) Pues, mujer, estoy cansado de comprar regalos. Vamos a comer.	
Consuelo	¿A comer? Pero, si todavía no compramos nada. ¿Qué regalos compraste, David?	
David	Te compré un dije de oro.	
Consuelo	¿Cuándo? No me dijiste nada. Déjame verlo.	
David	Te lo muestro en el restaurante. Vámonos. Estoy muriendo de hambre.	

Las paredes del Cuzco, la antigua capital de los incas

Caras incaicas y la ropa tradicional de los incas. A propósito, ¿sabía Ud. que la llama es de la familia del camello? Es la bestia de carga de los indios peruanos porque prospera en elevaciones de 7.500 a 13.000 pies.

PALABRAS EN ACCIÓN

Ud. es empleado(a) en una joyería. Hoy tiene que arreglar las joyas en sus cajas, pero las etiquetas están desarregladas. Lea la definición y ponga las letras de cada palabra en el orden correcto para poner las joyas en las cajas apropiadas.

joyería	plata	rubí	esmeralda	gemelos	brillante
fistol	aretes	pulsera	ópalo	collar	anillo

1. í b r u — piedra preciosa de color rojo
2. s l e g m e o — lo que se usa para sujetar los puños de la camisa
3. t a r e s e — joyas que las mujeres llevan en las orejas
4. n o l l i a — joya que se lleva en el dedo
5. t i s l o f — alfiler para corbata
6. s e e m r l a a d — piedra preciosa de color verde
7. r e p s u l a — joya que se lleva en el brazo
8. r o l l a c — joya que se lleva en el cuello
9. a l p a t — metal blanco precioso
10. e n t a l l b i r — diamante

PREGUNTAS SOBRE EL DIÁLOGO

1. ¿En qué ciudad están los Webster?
2. ¿Por qué se detienen en una joyería?
3. ¿Cuánto cuesta la cadena de oro?
4. ¿Por qué no compra Consuelo los aretes?
5. ¿Cómo se venden las pulseras y los pendientes?

6. ¿De qué son los anillos?
7. ¿Qué le gusta a la abuela de David?
8. ¿Qué compra David?
9. ¿Cómo paga David? ¿Por qué?

EN UNA JOYERÍA

Dos novios

Ud. y un(a) compañero(a) de clase van a hacer el papel de dos novios en una joyería. Los novios buscan un anillo de compromiso. Uds. pueden usar el diálogo siguiente o pueden inventar una simulación original con el vocabulario.

Para siempre, mi amor

Novia   Say "Look, dear. This jewelry store sells rings wholesale."

Novio   Say "And we don't have to pay cash. They allow us to pay in installments. Let's go in."

Novia   Say "Look at the emerald necklaces and the ruby earrings!"

Novio   Say "Ummm, dear . . . the rings are over here."

Novia   Say "Just a second, my love. Oh! I love the gold chains and the watches!"

Novio   Ask what your girlfriend thinks of this ring.

Novia   Say "It's imitation!" Then add that the diamonds are over there.

Novio   Say "But it *looks* authentic!"

Novia   Answer that you have to buy a large diamond so that your friends will know that your love is forever.

Novio   (sigh) Say that you hope so, because you will have to pay for the ring forever.

V O C A B U L A R I O

la joyería	*jewelry store*
el anillo	*ring*
el collar	*necklace*
los aretes	*earrings*
la cadena	*chain*
el reloj	*watch*
de esmeralda	*(of) emerald*
de rubí	*(of) ruby*
de oro	*(of) gold*
de fantasía	*imitation*
el brillante	*diamond*

expresiones

vender	*to sell*
al por mayor / menor	*wholesale/retail*
tener que...	*to have to . . .*
comprar	*to buy*
pagar (por)	*to pay (for)*

al contado	*in cash*
nos permiten	*they allow us*
a plazos	*in installments*
Entremos.	*Let's go in.*
aquí	*over here*
allí	*over there*
Un segundito.	*Just a second.*
mi amor	*my love*
me encanta(n)...	*I love . . .*
parecer	*to seem/look*
auténtico	*authentic*
para que sepan que	*so that they'll know that*
nuestro	*our*
el amor	*love*
para siempre	*forever*
Espero que sí.	*I hope so.*

Gramática

El presente de subjuntivo: cláusulas adjetivales

A. Just as adjectives are single words that modify nouns, adjective clauses are groups of words that modify a noun. They are connected to the main clause by the bridge or relative pronoun **que,** and other relative pronouns.

Tengo una tía que tiene una pulsera de oro.	*I have an <u>aunt</u> who has a gold bracelet.*

The adjective clause "who has a gold bracelet" modifies the noun "aunt." The relative pronoun **que** joins the two clauses. "Aunt" is the antecedent of the adjective clause.

B. When the antecedent of an adjective clause is indefinite or negative, referring to no particular person or thing, the verb in the dependent adjective clause is in the subjunctive mood.

Indefinite	**Necesitan un empleado en la joyería que <u>hable</u> inglés.**	*They need a salesclerk in the jewelry store who <u>speaks</u> English.*
Negative	**No conozco a nadie que <u>haya comido</u> seviche.**	*I don't know anyone who <u>has eaten</u> seviche.*

Notice in the first sentence that *any* salesclerk will suffice so long as he speaks English. In the second sentence, the speaker can visualize no one.

C. When the antecedent of an adjective clause is not indefinite or negative, but rather refers to a specific person or thing, the indicative mood is used in the dependent adjective clause.

Busco a la estudiante que visitó Machu Picchu.	*I am looking for the student who visited Machu Picchu.*

Notice that the antecedent here is clear in the mind of the speaker. He or she knows the student definitely exists. You may also have noted that frequently when the antecedent is indefinite, it is preceded by the indefinite article; and frequently when the antecedent is specific, it is preceded by the

---

**JOVEN PARA TRABAJAR
EN FUENTE DE SODAS**
Responsable
Con experiencia.
Llame: 52-5145

¿Hay alguien aquí que quiera este puesto?

definite article. Omit the personal **a** with indefinite antecedents, but use it with **nadie, alguien, ninguno,** and **alguno** when they are direct objects of the verb.

Busco un muchacho que sea peruano.   *I am looking for a boy who is Peruvian.*

Busco a alguien que pueda viajar a Sacsahuaman.   *I am looking for someone who can travel to Sacsahuaman.*

D. In questions, when the speaker doubts the existence of the antecedent, the subjunctive is used.

¿Hay alguien aquí que conozca Lima?   *Is there someone here who knows Lima?*

Note the omission of the personal **a** with **alguien** which functions here as subject, not object.

Las ruinas de Sacsahuaman, una fortaleza inca

EJERCICIOS

A. La familia Romero pasará sus vacaciones en el Perú. Descubra sus planes. Complete los párrafos con la forma apropiada del verbo indicado, usando el subjuntivo cuando sea necesario.

Los Romero quieren ir al Perú y buscan una agencia de viajes que (1) _____ cerca de su casa y que (2) _____ un agente de viajes que (3) _____ el país.

Tienen muchos folletos que (4) _____ muy buenos, pero necesitan uno que (5) _____ sólo el Cuzco y Machu Picchu. Sobre todo, la familia busca una excursión que (6) _____ poco, pero no hay ninguna que (7) _____ así.

Conocen a otra familia que (8) _____ a Sudamérica el año pasado pero no (9) _____ el Perú. ¿Conoce Ud. a alguien que les (10) _____ ayudar?

1. estar
2. tener
3. conocer
4. ser
5. describir
6. costar
7. ser
8. ir
9. visitar
10. poder

B. Ud. y su amigo, Luis, viajan por el Perú. Luis tiene ideas muy definitivas sobre las cosas que quiere hacer y comprar. En cambio, Ud. no está tan seguro(a). Complete cada frase con la forma apropiada del verbo para ilustrar la diferencia en sus actitudes.

1. Luis busca el collar que es de plata, pero yo busco un collar que _____ de plata o de oro.
2. Él prefiere la excursión que va a Nazca[1], pero yo prefiero una excursión que _____ a Nazca y a Machu Picchu.
3. Mi amigo quiere el anillo que tiene una piedra preciosa, pero yo quiero un anillo que _____ una piedra de fantasía.
4. Luis necesita el libro que trata de Francisco Pizarro, pero yo necesito un libro que _____ de la conquista.
5. Luis conoce a alguien que sabe manejar a Sacsahuaman, pero yo no conozco a nadie que _____ manejar allí.

Solicitan un maestro que...

C. Ud. está con un(a) amigo(a) suyo(a) que siempre se jacta de su riqueza, su familia y sus amigos. Su amigo(a) dice lo siguiente y Ud. le responde negativamente.

> *Ejemplo*   Tengo algo en mi casa que es de oro.
> **No tienes nada en tu casa que sea de oro.**

1. Conozco a alguien que pinta como Salvador Dalí.
2. Hay alguien en mi familia que tiene un suegro inca.
3. Tengo algo que funciona mejor que una computadora.
4. Conozco a alguien que juega al béisbol con Fernando Valenzuela.
5. Tengo un amigo que habla quechua.

---

[1]Peruvian desert plateau with huge hieroglyphic designs

Buscan un jardinero que...

D. ¿Sus preferencias, por favor?
Conteste cada pregunta de dos maneras, según el ejemplo. Es necesario inventar una cláusula subordinada original.

> *Ejemplo* ¿Qué quiere Ud. comer? (el escabeche / un arroz con leche)
> **Quiero comer el escabeche que tiene cebolla.**
> **Quiero comer un arroz con leche que tenga canela.**

1. ¿Qué piensa Ud. leer? (la revista / un poema)
2. ¿Qué quiere Ud. comprar? (el reloj / un broche)
3. ¿A quién busca Ud.? (el empleado / una secretaria)

Piraguas en el lago Titicaca, el lago navegable más alto del mundo, a una altura de casi 13.000 pies

E. Una excursión al Perú
Pregúntele a un(a) compañero(a) de clase.

1. if (s)he knows someone who lives in Peru
2. if there is someone here who has a brother-in-law in Cuzco
3. if (s)he needs a guide who speaks English in order to visit Lake Titicaca
4. if (s)he wants a tour that costs ten soles
5. if (s)he is looking for the jewelry store that sells bracelets
6. if (s)he prefers the earrings that are costume jewelry

Necesitan un operador que...

El presente de subjuntivo: cláusulas adverbiales

A. Just as adverbs are single words that modify verbs, adverbial clauses are groups of words that modify a verb. Adverbial clauses refer to time, condition, purpose, and result, and are introduced by an adverbial conjunction. They are connected to the main clause by the bridge, or relative pronoun, **que.**

Cuando veo a mi abuelo, lo abrazo.	*When I see my grandfather, I hug him.*

The adverbial clause is "when I see my grandfather" and the conjunction is "when."

B. When the adverbial clause expresses an accomplished fact in present or past time, the indicative mood is used.

> **Besé a mis nietos cuando**   *I kissed my grandchildren when*
> **llegaron.**   *they arrived.*

C. When the adverbial clause expresses uncertainty because the main clause is indefinite or future, the subjunctive mood is used.

> **Besaré a mis nietos cuando**   *I will kiss my grandchildren*
> **lleguen.**   *when(ever) they (may) arrive.*

D. Below are common time conjunctions that are followed by the subjunctive when there is future uncertainty.

antes (de) que	*before* (always followed by the subjunctive)	**después (de) que**	*after*
		hasta	*until*
		luego que	*as soon as*
así que	*as soon as*	**mientras que**	*while, as long as*
cuando	*when*		
en cuanto	*as soon as*		

E. **Aunque** is followed by the subjunctive only if the action is yet to happen (future uncertainty). If an accomplished fact is expressed, the indicative is used.

> **Aunque haya peligro de**   *Even though there may be*
> **terrorismo mañana, viajaré a**   *danger of terrorism tomorrow,*
> **Europa la semana que viene.**   *I'll travel to Europe next week.*

F. Below are common conjunctions of condition, purpose, and negation that require the subjunctive mood because of future uncertainty.

a fin de que	*so that*
a menos que	*unless*
a no ser que	*unless*
con tal (de) que	*provided that*
de modo que	*so that*
en caso de que	*in case*
para que	*in order that*
sin que	*without*

> **Mi hermano mayor me prestará**   *My older brother will lend me the*
> **el dinero para que yo vea el**   *money in order that I may see*
> **altiplano del Perú.**   *the plateau of Peru.*

G. In adverbial clauses introduced by **por** + adjective or adverb + **que**, meaning *no matter how* or *however*, the subjunctive is normally used to indicate uncertainty.

> **Por pobre que sea, siempre**   *No matter how poor he is, he'll*
> **comprará libros.**   *always buy (keep buying) books.*

EJERCICIOS

A. Ángel García y su esposa vuelven al Perú para visitar a sus familias. Escoja la forma apropiada del verbo para completar las frases que describen su visita.

1. (ve / vea) En cuanto mi esposa _____ los Andes, está contenta.
2. (van / vayan) Iremos a Machu Picchu con tal de que _____ nuestros cuñados.
3. (hay / haya) Nosotros nos quedaremos en el Gran Hotel Bolívar[2] en la Plaza San Martín[3] a menos que no _____ espacio allí.
4. (dan / den) Cuando nuestros primos _____ una fiesta, iremos a verlos.
5. (vamos / vayamos) Siempre visitamos a nuestras familias en Ayacucho cuando _____ al Perú.
6. (entra / entre) Llamaré a mi bisabuela antes de que _____ en el hospital.
7. (es / sea) Por costoso que _____ el viaje al Perú, lo haremos cada año.

B. Permítanos presentarle a la familia Salazar. Es una familia un poco extraña. Para conocer mejor a cada miembro, es necesario completar las frases con la forma apropiada del verbo en paréntesis.

1. (saber) Margarita come diez hamburguesas cada noche, sin que nadie lo _____.
2. (pagar) Manuel nunca comerá en ningún restaurante a menos que su jefe _____ la cuenta.
3. (ponerse) La señora Salazar no irá al supermercado con su esposo sin que él _____ saco y corbata.
4. (entender) Cuando habla, el señor Salazar siempre grita de modo que sus amigos lo _____.
5. (necesitar) El abuelo Salazar nunca dormirá más de dos horas aunque _____ más descanso.

C. Planes futuros...

Conteste cada pregunta usando cláusulas adverbiales con la forma apropiada del verbo, según el ejemplo.

> *Ejemplo*   ¿Para qué viajará Ud. a México? (mis hijos / aprender mejor el español)
> **Viajaré a México para que mis hijos aprendan mejor el español.**

1. ¿Para qué practicará Ud. el español? (mi familia / poder viajar al Perú)
2. ¿Cuándo viajará Ud. al Perú? (mi esposo / estar de vacaciones)
3. ¿Cuándo saldrá Ud. para su casa? (el profesor / terminar la clase)
4. ¿Hasta qué hora estará Ud. en la universidad? (mi hermana / venir con el carro)

---

[2]Simón Bolívar (1783–1830), liberator of Venezuela and Colombia
[3]José de San Martín (1778–1850), Argentinian general, liberator of Chile and Peru

D. Escriba un párrafo de cincuenta palabras en español, describiendo un viaje que Ud. hará al Perú usando estas conjunciones adverbiales.

antes de que
a menos que
de modo que
hasta que
para que

E. ¿Qué haremos después de la graduación?
Pregúntele a un(a) compañero(a) de clase.

1. until when (s)he will study at this university
2. if (s)he will visit (her) his parents after (s)he graduates
3. or, if (s)he will then go to Peru provided that there is enough money
4. if (s)he will do it no matter how much it may cost
5. if (s)he will go to Machu Picchu even though it may be difficult
6. if (s)he will first read books in order that (s)he may learn more about Perú
7. when (s)he will call you in the future

ENSALADA DE JAMÓN

INGREDIENTES:
300 g (10 onzas ap.) de pasta en forma de caracoles
200 g (6.5 onzas ap.) de jamón o tocineta molidos (o una combinación de los dos)
150 g (5 onzas ap.) de queso mozzarella cortado en pedazos pequeños
Sal y pimienta a gusto
Aceite de oliva

PREPARACIÓN:
Cocine los caracoles en agua hirviendo con sal y aceite. Cuando estén listos, escúrralos bien y déjelos enfriar. Cuando estén fríos, mézclelos con el jamón o la tocineta y con los pedazos de queso, y ponga en una ensaladera dentro de la nevera. Aliñe al momento de servir con sal, pimienta y aceite de oliva a gusto. Si lo desea, puede agregar aceitunas o alcaparras y huevos duros cortados en rodajas. Da unas 4 porciones.

¡Vamos a preparar una ensalada de jamón! ¿Para qué hervirá Ud. el agua con sal y aceite? ¿Cuándo apagará Ud. el agua hervida con la pasta en forma de caracoles? Ud. dejará enfriar los caracoles de modo que... Ud. no aliñará (*season*) la ensalada con sal, pimienta y aceite de oliva hasta que... Y no agregará aceitunas, alcaparras (*capers*) o huevos duros a menos que lo...

COMENTARIOS REALES DE LOS INCAS

por El Inca Garcilaso de la Vega

NOTA SOBRE EL AUTOR

El Inca Garcilaso de la Vega (1539–1615) fue hijo de un español y de
una princesa incaica. Nació durante la conquista del Perú. Creció en la
corte, observando la vida **cotidiana** para después poder relatarla en sus   *daily*
Comentarios. Publicó la Parte I del libro en España en 1609. La selección
que sigue viene de esta primera parte de su libro, Capítulo XV, en que

El Inca Garcilaso de la Vega escribió los
Comentarios reales de los incas.

Garcilaso relata los orígenes de la raza incaica y las leyendas y representaciones de la vida diaria del imperio. La segunda parte del libro, publicada en 1617, describe la conquista española. En ella Garcilaso habla del folklore, de las costumbres, de los mitos y las leyendas y de la lengua quechua de los incas. Por ser mestizo, la perspectiva de Garcilaso es europea y americana a la vez. Su obra contiene elementos de ficción; por eso se considera la primera obra de ficción americana.

ANTES DE LEER

Considere las preguntas siguientes y busque las respuestas en las secciones indicadas.

1. ¿Quién es el padre de los incas? [sección 1]
2. ¿Quiénes les dieron a los incas las leyes para vivir? [sección 1]
3. ¿Cómo eran los incas antes de la llegada de los hijos del sol? [sección 1]
4. ¿Qué señal les dio el padre sol para que establecieran la sede del imperio inca? [sección 2]
5. ¿Cómo deberían mantener su reino? [sección 3]
6. ¿Adónde caminaron los hijos del sol después de llegar al lago Titicaca? [sección 4]
7. Al fin, ¿a qué valle llegaron los príncipes? [sección 4]

¡OJO! El español, como el inglés, ha cambiado a través de los siglos. Aquí, en los «Comentarios reales», Ud. va a ver un ejemplo del español antiguo. No se preocupe si las palabras parecen algo raras. Puede leer su forma moderna en los márgenes a la derecha.

¡Ahora, leamos!

COMENTARIOS REALES DE LOS INCAS

ROYAL COMMENTARIES

1   Dijo el Inca: nuestro padre el sol, viendo los hombres **tales,** como te he dicho, **se apiadó** y hubo lástima de ellos, y envió del cielo a la tierra un hijo y una hija de los suyos para que los **doctrinasen** en el conocimiento de nuestro padre el sol, para que lo adorasen y **tuviesen** por su dios, y para que **les diesen preceptos** y leyes en que **viviesen** como hombres en razón y **urbanidad;** para que habitasen en casas y pueblos poblados, supiesen **labrar** las tierras, cultivar las plantas y **mieses, criar** los ganados y gozar de ellos y de los frutos de la tierra como hombres racionales, y no como bestias.

2   Con esta orden y mandato puso nuestro padre el sol estos dos hijos en la laguna Titicaca, que está ochenta leguas de aquí y les dijo que fuesen **por do** quisiesen; y **doquiera que parasen** a comer o a dormir, **procurasen hincar** en el suelo una **varilla** de oro, de media **vara** de

such
he took pity
they would teach
would have (him)
they would give them rules / they might live
civilized
to work, plow
grains / to raise
[por donde] *wherever /*
[donde quiera] *wherever they might stop*
they should try to stick / rod / 2.8 feet

largo y dos dedos de grueso, que les dió para señal y muestra que donde aquella **barra** se les **hundiese,** con un solo **golpe** que con ella diesen en tierra, allí quería el sol nuestro padre que parasen e hiciesen su asiento y corte.

bar / might sink / blow

3   A lo último les dijo: cuando hayáis reducido esas gentes a nuestro servicio, los **mantendréis** en razón y justicia, con **piedad, clemencia** y **mansedumbre** haciendo en todo oficio de padre **piadoso** para con sus hijos **tiernos** y amados, a imitación y semejanza mía, que a todo el mundo hago bien, que les doy mi luz y claridad para que vean y hagan sus haciendas, y les caliento cuando **han frío,** y crío sus **pastos** y **sementeras,** hago fructificar sus árboles y multiplico sus ganados; lluevo y **sereno a sus tiempos,** y tengo cuidado de **dar una vuelta** cada día al mundo por ver las necesidades que en la tierra se ofrecen, para las proveer y **socorrer,** como **sustentador** y **bienhechor** de las gentes; quiero que vosotros imitéis este ejemplo como hijos míos, enviados a la tierra sólo para la doctrina y beneficio de esos hombres, que viven como bestias. Y desde luego os constituyo y nombro por reyes y señores de todas las gentes que así doctrináredes con vuestras buenas razones, obras y gobierno.

you will maintain / mercy / clemency gentleness / merciful tender

they are cold / pastures planted fields I calm (cool) their weather / to take a walk to help / supporter / benefactor

4   Habiendo declarado su **voluntad** nuestro padre el sol a sus dos hijos, los despidió de sí. Ellos salieron de Titicaca, y caminaron al **Septentrión,** y por todo el camino, doquiera que paraban, **tentaban** hincar la barra de oro y nunca se les hundió. Así entraron en una **venta** o dormitorio pequeño, que está siete o ocho leguas al **Mediodía** de esta ciudad, que hoy llaman Pacarec Tampu, que quiere decir venta, o dormida que amanece. Púsole este nombre el Inca, porque salió de aquella dormida al tiempo que amanecía. Es uno de los pueblos que este **príncipe** mandó poblar después, y sus **moradores se jactan** hoy grandemente del nombre, porque los **impuso** nuestro Inca: de allí llegaron él y su mujer, nuestra reina, a este valle del Cuzco, que entonces todo él estaba hecho montaña **brava.**

will

North / they tried roadside inn South

prince / residents / boast imposed, established

wild, savage

CONVERSACIÓN

1. ¿Qué es una leyenda? ¿Qué aspectos de *Los comentarios reales* la identifican así?
2. ¿Hay leyendas griegas o romanas parecidas a la incaica? Explique.
3. Piense en los dos hijos del sol. ¿Se parecen a algunos personajes bíblicos? Explique.
4. ¿Se parece el padre Sol de los incas al Dios de la Biblia? Comente.
5. ¿Qué plan divino tuvo el padre Sol para los indios que vivían como bestias?
6. ¿Qué significa «el amanecer» en esta historia?
7. Según el Sol, ¿cuál debía ser la relación entre los reyes y sus súbditos? En los reinos antiguos de Europa, ¿se veía la misma actitud? Según la gente de esa época, ¿de dónde recibían los reyes su poder?

Para
AVANZAR 1

La familia es una institución muy importante en los países hispanohablantes. Piense en su propia familia. ¿Hay alguien que le haya influido mucho? Traiga una foto de esta persona a la clase.

La clase va a dividirse en grupos de dos. Cada persona describe un pariente importante a su compañero(a). Cuando todos hayan terminado, cada persona presentará el pariente de su compañero(a) al resto de la clase. Incluya los siguientes datos en su descripción.

1. ¿Cómo es / era su pariente? Describa su apariencia física y su personalidad.
2. ¿Qué tipo de vida tiene / tenía esta persona? ¿Qué trabajo hace / hacía? ¿Qué actividades le gustan / gustaban?
3. ¿Cómo influye / influyó en su vida este pariente?

Esta familia consiste en los padres y seis hijos. ¿Cuántas personas hay en su familia?

los antepasados	*ancestors*		**los parientes**	*relatives*
el (la) abuelo(a)	*grandfather (mother)*		**el (la) nieto(a)**	*grandson (daughter)*
el (la) bisabuelo(a)	*great-grandfather (mother)*		**el (la) primo(a)**	*cousin*
			el (la) sobrino(a)	*nephew (niece)*
la familia nuclear	*nuclear family*		**el (la) tío(a)**	*uncle (aunt)*
			el (la) cuñado(a)	*brother (sister)-in-law*
el (la) esposo(a)	*husband (wife)*		**la nuera**	*daughter-in-law*
el (la) hermano(a)	*brother (sister)*		**el (la) suegro(a)**	*father (mother)-in-law*
el (la) hijo(a)	*son (daughter)*		**el yerno**	*son-in-law*
los hijos	*children*		**el (la) ahijado(a)**	*godson (daughter)*
la madre / mamá	*mother/mom*		**la madrina**	*godmother*
el padre / papá	*father/dad*		**el padrino**	*godfather*
los padres	*parents*		**el (la) viudo(a)**	*widower (widow)*

Para **AVANZAR 2**

Después de leer los siguientes ejemplos, escriba un anuncio por palabras para un periódico anunciando una plaza para un trabajo.

EDIFICACIONES INDUSTRIALES OMAR
SOLICITA

INGENIERO MECÁNICO

REQUISITOS:
- 5 años mínimo de experiencia equipo y maquinaria de construcción en diesel y gasolina
- Con deseos de residir en Tijuana

SE OFRECE:
- ★ Sueldo según aptitudes
- ★ Ayuda para gastos de habitación y traslado

Interesados mandar curriculum vitae a CALLE 1 Norte 124, Ciudad Industrial Tijuana, Baja California o llamar a los teléfonos 82-16-22, 82-16-51, 82-02-80

HOTEL PLAZA del SOL

SOLICITA

SECRETARIA
Para reservaciones
Inglés indispensable
Experiencia comprobable.

RECEPCIONISTA NOCTURNO
Inglés indispensable
Con experiencia.

Interesados presentarse con solicitud elaborada, Hotel Plaza del Sol, Av. Yaxchilán No. 31, Cancún.

DINÁMICA EMPRESA DEDICADA A LA FABRICACIÓN DE MICROCOMPUTADORES. SOLICITA:

TÉCNICO SUPERVISOR DE LÍNEA
(Con conocimientos de electrónica)
Interesados comunicarse a **Tel. 254-71-46** y **254-71-36.**

VOCABULARIO[4]

el anuncio por palabras	*classified (want) ad*
la experiencia	*experience*
la plaza	*position, opening*
el requisito	*requirement*
la entrevista	*interview*
el conocimiento	*knowledge, skill*
el formulario	*application form*
exigir	*to demand, require*
el bachillerato	*bachelor's degree*
el doctorado	*doctorate*
la maestría	*master's degree*
el título universitario	*university degree*
el puesto	*job*
el entrenamiento	*training*
el horario	*schedule*
el sueldo	*salary*
las profesiones	*professions*
la carrera	*career*
el abogado	*lawyer*
el accionista	*stockbroker*
el arquitecto	*architect*

el bibliotecario	*librarian*
el catedrático	*professor*
el cirujano	*surgeon*
el contador	*accountant*
el dentista	*dentist*
el farmacéutico	*pharmacist*
el gerente	*manager*
el maestro	*teacher*
el músico	*musician*
el piloto	*pilot*
el programador	*programmer*
la secretaria	*secretary*
el tenedor de libros	*bookkeeper*
el traductor	*translator*
la acción	*stock*
el derecho	*law career*
la ley	*law*
el oficio	*trade*
el carpintero	*carpenter*
la costurera	*seamstress*
el electricista	*electrician*
el mecanógrafo	*typist*
el panadero	*baker*
coser	*to sew*

[4]También le ayudará el vocabulario del **Para avanzar** de **Destino 4.**

Destino

7

CONTENIDO

OBJETIVOS

- ☐ VOCABULARIO Y CONVERSACIÓN
  You will be able to discuss the symptoms and treatment of your illness with a Spanish-speaking doctor.

- ☐ INFORMACIÓN Y CULTURA
  You will become familiar with Venezuela, the land, the political system, and places of interest. You will also learn about different aspects of medicine and healing.

Datos

VENEZUELA

Capital Caracas

Lengua oficial español

Geografía

  área aproximadamente 566.000 km^2 (352.000 millas^2); casi tan grande como la combinación de las áreas de Arizona, Nuevo México y Nevada

  elevación lugar más alto: Bolívar, 5.007 m (16.427 pies). Al noreste, los Andes cruzan Venezuela. Estas montañas forman parte de la **frontera** que separa Venezuela de su **vecina,** Colombia. Los **llanos,** regiones muy planas y secas, **proveen** un buen lugar para **criar** ganado. Los **llaneros** venezolanos se comparan con los **gauchos** argentinos y los **vaqueros** mexicanos.

Población (en 1987) 18.300.000. La cultura venezolana es, por la mayor parte, una mezcla de cultura española y africana. Con el desarrollo económico del siglo XX, el país ha sido también influido por los Estados Unidos.

Clima El clima de Venezuela varía según la elevación de la tierra. Llueve más en las montañas, y hace fresco con temperaturas entre 60°–70°F. En Caracas la temperatura generalmente se mantiene en los 80°F durante el día y los 60°F por la noche. Durante las noches de invierno puede bajar a los 50°F. Llueve mucho en el verano.

Gobierno República Federal. Venezuela está dividida en 20 estados, dos territorios, un distrito federal y 72 islas. El presidente es el jefe de estado, elegido por cinco años. El Congreso Nacional consiste en una Cámara de Diputados de 203 miembros y un Senado de 49 miembros.

Moneda el bolívar

Religión predominante Catolicismo

Productos

  agricultura algodón, arroz, azúcar, cacao, café, maíz, plátanos, tabaco

  fabricación comidas preparadas, productos de petróleo, textiles

  minería diamantes, hierro, oro, petróleo (la exportación de petróleo provee el 65% de los **ingresos** nacionales)

VOCABULARIO

criar *to raise*
la frontera *border*
los ingresos *income*
los llaneros / gauchos /
  vaqueros *cowboys*
los llanos *plains*
proveer *to provide*
el vecino *neighbor*
venezolano *Venezuelan*

VENEZUELA

El teleférico de Monte Ávila ofrece una vista estupenda de la capital.

¡El Libertador! Nacido en Caracas, Simón Bolívar esperaba unir las naciones de Sudamérica. Ganó la independencia para Bolivia, el Ecuador, el Perú y Venezuela.

Situado en el noroeste de Venezuela, el lago Maracaibo es el lago más grande de Sudamérica. Se produce mucho petróleo en sus orillas.

PREGUNTAS SOBRE LOS DATOS

1. ¿Cuál es la capital de Venezuela?
2. ¿Qué forman parte de la frontera entre Venezuela y Colombia?
3. ¿Qué son los llanos? ¿Qué se cría allí? ¿Quiénes trabajan allí?
4. ¿Qué culturas forman la cultura venezolana?
5. ¿Qué tipo de gobierno tiene Venezuela?
6. ¿Quién es el jefe de estado? ¿Cuántos años gobierna? En su opinión, idealmente, ¿cuántos años debe gobernar un presidente?
7. ¿Cuál es la moneda de Venezuela?
8. Cuando Ud. era joven, ¿quería Ud. ser llanero(a)?

Caracas, fundada en 1567, es el centro de la vida política y cultural venezolana. Aquí la gente camina por el barrio viejo «El Silencio».

Diálogo

IR AL MÉDICO

A los Webster, Caracas les parece una ciudad **frenética.** Por todas partes hay grandes edificios, **autopistas** y el ruido **incesante** del tráfico. ¡Es casi imposible encontrar lugar para **estacionar** su coche!

Desde 1917, cuando se descubrió el petróleo cerca del lago de Maracaibo, más de un millón de inmigrantes de Italia, España, Portugal y de otras partes de Sudamérica han llegado a Caracas. Muchos viven en «ranchos», **chozas** con suelos de **barro** y **techos** de **tejas** rojas. Esta pobreza contrasta con las casas grandes y **escuelas particulares** en la sección llamada «El Este». (Aunque se nota con ironía que de los techos de muchas chozas, se ven antenas de televisión.)

Al explorar la ciudad, David y Consuelo encuentran la **casa natal de** Simón Bolívar, quien ayudó a **liberar** a Venezuela de los españoles en 1824. También visitan la Plaza Bolívar donde está situado el Congreso Nacional.

El domingo van al Parque del Este, un gran parque con un **lago** artificial donde hay un **duplicado** de la Santa María de Cristóbal Colón.

Por la noche David y Consuelo cenan en una de las muchas **tascas** españolas y suben al Monte Ávila para mirar la ciudad de noche. Desde allí Caracas les parece otra ciudad. Con las luces **tenues** del valle y las brisas del mar Caribe, tiene todo el **encanto** de una isla exótica.

Pero, al levantarse la mañana **siguiente,** David se siente menos encantado. Está muy enfermo de estómago. Decide ir a un médico.

frantic
highways / constant, incessant
to park

huts / clay / roofs / tiles
private schools

house where (Bolívar) was born
to liberate

lake
duplicate
taverns

soft
charm
following

Dr. Ruiz	Bueno, Sr. Webster. ¿Cuánto tiempo hace que **le duele el estómago**?	*your stomach aches (hurts you)*
David	El **dolor** me empezó de repente anoche. Mi esposa y yo cenamos en una tasca, y unas seis horas después me sentí muy mal.	*pain*
Dr. Ruiz	¿Es constante el dolor?	
David	Sí, pero a veces es más severo que otras. Es como un **calambre.**	*cramp*
Dr. Ruiz	Hmmm... ¿Comió más que de costumbre anoche?	
David	No, pero probé un plato nuevo—muy picante. ¡Uf! Me duele pensar en comer.	
Dr. Ruiz	Entendido, Sr. Webster. Con los calambres, ¿tiene náusea o diarrea?	
David	Sí, las dos.	
Dr. Ruiz	¿Tiene también **fiebre** y **escalofríos**? ¿Vomita?	*fever / chills*
David	No, no vomito. Tampoco tengo fiebre ni escalofríos.	
Dr. Ruiz	¿Tomó alguna medicina para el dolor?	
David	No, no he tomado nada.	
Dr. Ruiz	Pues, al oír sus **síntomas,** me parece que tiene «turista», una infección intestinal producida por el plato que comió. Normalmente no es muy seria a menos que **se deshidrate.**	*symptoms* *you become dehydrated*
David	Pero, con esta náusea, ni siquiera puedo beber agua.	
Dr. Ruiz	Le voy a **recetar** unas **pastillas** que **aliviará** su **malestar.** Puede **surtir** la **receta** en cualquier **farmacia.** Hay que tomar una pastilla tres veces al día.	*to prescribe / pills / will alleviate / discomfort* *fill / prescription / pharmacy*
David	¿Y me sentiré mejor inmediatamente?	
Dr. Ruiz	Se va a mejorar en dos o tres días. **Mientras tanto** descanse y trate de comer sólo cosas **ligeras.**	*In the meantime* *light*
David	Gracias, Dr. Ruiz. Seguiré sus instrucciones **al pie de la letra.**	*to the letter of the law, exactly*

¿SABE UD. QUE...?

¡El hígado tiene la culpa! Latin Americans frequently blame the liver for a variety of pains, much in the same way a North American will point to "something I ate." Complain of a headache in Venezuela, and you might be offered a liver pill!

CENTROS MÉDICOS

SU SALUD BIEN VALE UN CHEQUEO

- LABORATORIO
- RADIOLOGÍA
- DENTISTA
- TRAUMATOLOGÍA
- REHABILITACIÓN
- ESPECIALIDADES

CLÍNICA CARACAS

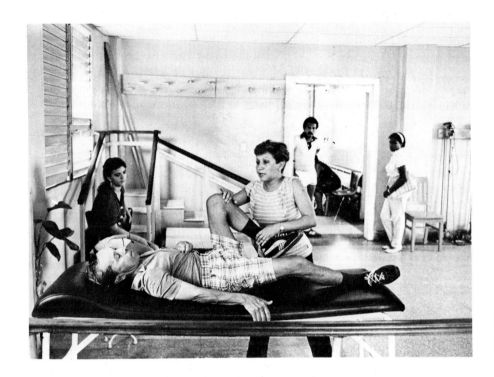

Un paciente hace
ejercicios terapéuticos
en un hospital de
Venezuela.

PALABRAS EN ACCIÓN

Ud. no se siente muy bien. Escoja la palabra apropiada para completar cada
frase. Use cada palabra sólo una vez.

dolor   calambres
fiebre   farmacia
receta   aliviar

1. Tengo mucho calor. ¿Crees que yo tenga _____?
2. Voy al médico. También tengo _____ de estómago.
3. El médico me _____ una medicina.
4. Puedo surtir la receta en una _____.
5. Espero que la medicina pueda _____ los _____.

PREGUNTAS SOBRE EL DIÁLOGO

1. ¿Por qué fue al médico David?
2. ¿Cuándo le empezó el dolor?
3. ¿Qué hicieron David y Consuelo anoche?
4. ¿Qué comió David?
5. ¿Qué síntomas tiene David? ¿Cuáles no tiene?
6. Según el doctor Ruiz, ¿qué tiene David?
7. ¿Qué le da para aliviar su malestar?
8. ¿Cuándo va a mejorarse David? ¿Qué debe hacer mientras tanto?

EN EL CONSULTORIO DEL MÉDICO

Un(a) médico(a) / Un(a) paciente

Ud. y un(a) compañero(a) de clase van a hacer el papel de un(a) paciente y un(a) doctor(a) en un consultorio médico. Van a hablar de los síntomas del (de la) paciente. Uds. pueden usar el diálogo siguiente o pueden inventar una simulación original con el vocabulario. (VARIACIÓN: Construyan figuras de papel. Colóquense dichas figuras sobre los dedos simulando títeres. También constrúyanse un pequeño escenario que represente el consultorio de un médico. Hagan su presentación con éstos.)

Doctor(a), ¡no me siento bien!

Doctor(a)	Say "Good afternoon." Then ask where the patient aches.
Paciente	Say that your stomach aches and you have chills, a fever, dizziness, and nausea.

Doctor(a)	Ask how long the patient has had the pain.
Paciente	Say "I think I'm going to faint."
Doctor(a)	Say "Lie down here." Then ask if the pain is severe or mild.
Paciente	Say "I think I'm going to vomit."
Doctor(a)	Say that the nurse will give the patient an injection for the flu and that you will give him/her a prescription for some pills to alleviate the symptoms.
Paciente	Ask if you will need X-rays and blood tests. Then ask how much this visit will cost.
Doctor(a)	Answer that the receptionist will give the patient the bill.
Paciente	Say "I think I don't feel well again."

V O C A B U L A R I O

los síntomas	*symptoms*
desmayarse	*to faint*
vomitar	*to vomit*
el dolor	*pain*
los escalofríos	*chills*
la fiebre	*fever*
el mareo	*dizziness*
la náusea	*nausea*
leve	*mild*
grave	*severe*
el consultorio	*office*
el (la) enfermero(a)	*nurse*

el (la) médico(a) / doctor(a)	*doctor*
el (la) recepcionista	*receptionist*
el diagnóstico	*diagnosis*
¿Cuánto tiempo hace que tiene el dolor?	*How long have you had the pain?*
la gripa / gripe	*flu*
la prueba de sangre	*blood test*
la radiografía	*X-ray*

el remedio	*cure*	**expresiones**	
aliviar	*to alleviate*	**Acuéstese aquí.**	*Lie down here.*
la inyección	*injection*	**Creo que voy a...**	*I think I'm going to . . .*
la receta	*prescription*	**¿Dónde le duele?**	*Where do you hurt?*
la medicina	*medicine*	**le dará(é)...**	*he / she (I) will give you . . .*
la pastilla	*pill*	**Me duele(n)...**	*My . . . ache(s)*

El metro transporta a mucha gente por casi todas partes de Caracas. Es muy importante en la vida cosmopolita de la capital.

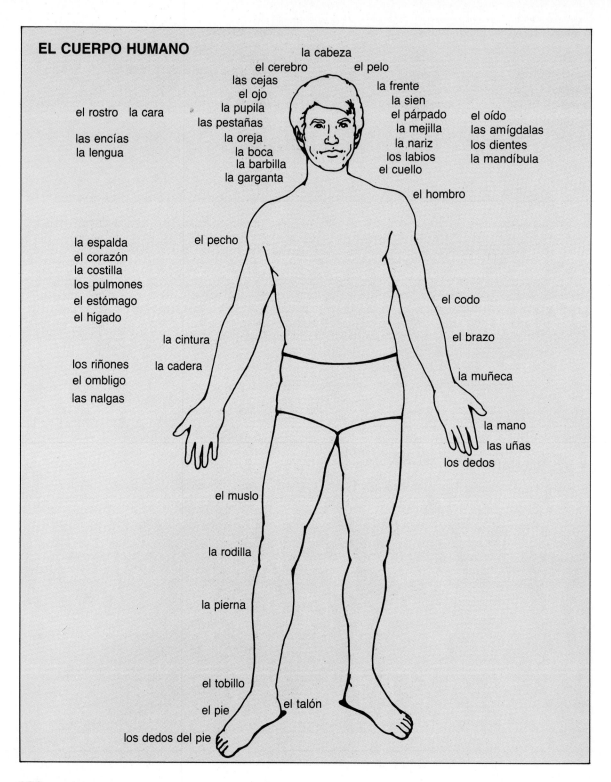

EL CUERPO HUMANO

la cabeza
el cerebro
el pelo
las cejas
la frente
el ojo
la sien
el rostro   la cara
la pupila
el párpado
el oído
las pestañas
la mejilla
las amígdalas
las encías
la oreja
la nariz
los dientes
la lengua
la boca
los labios
la mandíbula
la barbilla
el cuello
la garganta

el hombro

el pecho

la espalda
el corazón
la costilla
los pulmones
el estómago
el codo
el hígado

el brazo
la cintura

los riñones
la cadera
la muñeca
el ombligo
las nalgas
la mano
las uñas
los dedos

el muslo

la rodilla

la pierna

el tobillo
el pie
el talón
los dedos del pie

Pequeño diccionario bilingüe del cuerpo humano

las amígdalas	*tonsils*
la barbilla	*chin*
la boca	*mouth*
el brazo	*arm*
la cabeza	*head*
la cadera	*hip*
la cara	*face*
las cejas	*eyebrows*
el cerebro	*brain*
la cintura	*waist*
el codo	*elbow*
el corazón	*heart*
la costilla	*rib*
el cuello	*neck*
el cuerpo humano	*human body*
los dedos del pie	*toes*
los dedos	*fingers*
los dientes	*teeth*
las encías	*gums*
la espalda	*back*
el estómago	*stomach*
la frente	*forehead*
la garganta	*throat*
el hígado	*liver*
el hombro	*shoulder*
los labios	*lips*
la lengua	*tongue*

la mandíbula	*jaw*
la mano	*hand*
la mejilla	*cheek*
la muñeca	*wrist*
el muslo	*thigh*
las nalgas	*buttocks*
la nariz	*nose*
el oído	*ear (internal)*
el ojo	*eye*
el ombligo	*navel*
la oreja	*ear (external)*
el párpado	*eyelid*
el pecho	*chest*
el pelo	*hair*
las pestañas	*eyelashes*
el pie	*foot*
la pierna	*leg*
los pulmones	*lungs*
la pupila	*pupil*
los riñones	*kidneys*
la rodilla	*knee*
el rostro	*face*
la sien	*temple*
el talón	*heel*
el tobillo	*ankle*
las uñas	*nails*

Gramática

El imperfecto de subjuntivo: formas

A. The imperfect subjunctive has two forms, referred to as the **-ra** and the **-se** forms. One set of **-ra** endings is used for all three conjugations, and one set of **-se** endings is used for all three conjugations. To form the imperfect subjunctive of all verbs, both regular and irregular, first conjugate the verb to the third person plural of the preterit. Some examples are:

hablaron	fueron
comieron	durmieron
pusieron	pidieron
trajeron	creyeron

Next, drop the **-ron** and add the following endings for the **-ra** form.

-ra	´-ramos
-ras	-rais
-ra	-ran

For example:

hablaron	⟶	**hablara,** etc.	fueron	⟶	**fuera,** etc.
comieron	⟶	**comiera,** etc.	durmieron	⟶	**durmiera,** etc.
pusieron	⟶	**pusiera,** etc.	pidieron	⟶	**pidiera,** etc.
trajeron	⟶	**trajera,** etc.	creyeron	⟶	**creyera,** etc.

Su salud está en buenas manos

Manos expertas. Manos dedicadas durante años a remediar el dolor, a proporcionar bienestar y gozo de vivir.
Manos comprometidas de por vida, día tras día y cada vez con mayor destreza, a restañar las heridas y devolver la salud.
En Canto, nuestro compromiso es brindarle toda la experiencia de más de 35 años al cuidado de su salud.

Farmacias

Canto

Una Organización al cuidado de su salud.

Below is the verb **hablar** conjugated in the imperfect subjunctive.

hablar

hablara	habláramos[1]
hablaras	hablarais
hablara	hablaran

B. For the less-frequently used **-se** forms, drop the **-ron** and add the following endings:

-se	´-semos
-ses	-seis
-se	-sen

For example:

hablaron	⟶	**hablase,** etc.
comieron	⟶	**comiese,** etc.
pusieron	⟶	**pusiese,** etc.
trajeron	⟶	**trajese,** etc.
fueron	⟶	**fuese,** etc.
durmieron	⟶	**durmiese,** etc.
pidieron	⟶	**pidiese,** etc.
creyeron	⟶	**creyese,** etc.

hablar

hablase	hablásemos[2]
hablases	hablaseis
hablase	hablasen

The **-ra** and the **-se** forms are interchangeable except in softened, polite statements or in conditional sentences. The **-ra** form is used more frequently in the Spanish-speaking Americas, while the **-se** form is used in Spain. You will recall that the present subjunctive literally translates to "may" in English. The imperfect subjunctive literally translates to "might" and expresses an action in the past.

...que ellos vivieran...   . . . *that they might live . . .*

Correlación de tiempos

A. In a sentence requiring the subjunctive mood in the dependent clause, if the verb in the main clause is in the present, future, or present perfect tense, or is an imperative, the verb in the dependent clause is normally in the present or present perfect subjunctive.

---

[1]Note the written accent mark in the first person plural.
[2]Again note the written accent mark in the first person plural.

		Present Subjunctive	
Present Siento	que	tengas	un dolor de cabeza.
I am sorry	*that*	*you have*	*a headache.*

In a sentence requiring the subjunctive mood in the dependent clause, if the verb in the main clause is in the preterit, imperfect, conditional, or pluperfect tense, the verb in the dependent clause is normally in the imperfect subjunctive.

	Preterit		**Imperfect Subjunctive**
El médico	me aconsejó	que	tomara las pastillas.
The doctor	*advised me*		*to take the pills.*

Either the present subjunctive or the imperfect subjunctive may follow **ojalá** [or **tal vez** or **quizá(s)**], depending on the English meaning.

Ojalá que <u>no muera</u> del infarto.	*I hope he <u>doesn't die</u> from the heart attack.*
Ojalá que el cirujano <u>nos comunicara</u> pronto el resultado de la operación.	*I wish that the surgeon <u>would let us know</u> the result of the operation soon.*

B. The general rule for sequence of tenses states, "present follows present, past follows past." That is, present subjunctive normally follows present indicative, and past subjunctive (imperfect subjunctive) normally follows past indicative. Note the following diagram.

Main Clause (Indicative)	Dependent Subjunctive Clause
Present Future Present Perfect Imperative	Present Subjunctive (Present Perfect Subjunctive[3])
Preterit Imperfect Conditional Pluperfect	Imperfect Subjunctive (Pluperfect Subjunctive[4])

C. Remember that all the various reasons for using the subjunctive in dependent clauses still apply. Now tense must also be carefully considered. The following are examples using the imperfect subjunctive in the various types of dependent clauses.

---

[3]**Espero que no te haya dolido la garganta.** *I hope your throat didn't hurt.* When English past follows present, the present perfect subjunctive can be used to convey the meaning. Sequence of tense (*present* perfect) is thus maintained.
[4]**Él quería que ellos <u>hubieran escrito</u> un testamento.** *He wished that they <u>had written</u> a will.*

NOUN CLAUSES

Desire	Quería que el enfermo me dijera sus síntomas.	I wanted the ill person to tell me his symptoms.
Doubt	Dudaba que el esposo permitiera el aborto.	I doubted that the husband would allow the abortion.
Disbelief: Negative *creer*	No creíamos que los órganos donados llegaran a tiempo.	We didn't believe the donated organs would arrive on time.
Fear	Temió que sufrieran de disentería en el viaje.	He feared that they might suffer from dysentery on the trip.
Necessity: Impersonal Expression	Era necesario que habláramos del derecho de morir.	It was necessary that we talk about the right to die.

ADJECTIVE CLAUSES

Indefinite Antecedent	Buscaba un médico que me quitara el dolor de estómago.	I was looking for a doctor who would take away my stomachache.
Negative Antecedent	No había nadie que viera la casa natal de Bolívar.	There was nobody who saw Bolívar's birthplace.

ADVERB CLAUSES

After *para que*	Llamé al taxi para que pudieras visitar el Hotel Tamanaco.	I called a taxi so that you could visit the Tamanaco Hotel.
After *cuando*	La vería cuando llegara a Egipto.	I would see her when she arrived in Egypt.

EJERCICIOS

A. Los Camacho viajan por Venezuela. Para saber de sus experiencias, complete las frases con la forma apropiada del subjuntivo. ¡Pero cuidado! Ud. tiene que decidir qué tiempo del subjuntivo usar.

1. (conocer) Porque no había nadie que los Camacho _____ en Guaira, decidieron volar a Caracas.
2. (pagar) Fue necesario que ellos _____ 900 bolívares por el vuelo.
3. (saber) Después, buscaban a alguien que _____ dónde estaba la línea aérea VIASA.
4. (ir) El agente les dijo, «Les aconsejo que _____ de noche. Es más barato».
5. (llegar) «Preferimos que el avión _____ por la tarde», explicó el Sr. Camacho.
6. (ser) No creían que _____ necesario esperar hasta la noche.

B. Ernesto Sepúlveda entró en el hospital para una operación. Para saber qué pensaba su familia, empiece cada frase con la expresión indicada y cambie el verbo al imperfecto de subjuntivo.

1. (ojalá que) Él estuvo cómodo.
2. (tal vez) La operación no duró muchas horas.
3. (ojalá que) El cirujano terminó temprano.
4. (quizás) Pudimos mandarle flores.

C. ¿Estabas enfermo?
Pregúntele a un(a) compañero(a) de clase.

1. if (s)he wanted you to visit the doctor with her/him
2. if (s)he needed a doctor to cure her/his sore throat
3. if (s)he was sorry that you had an earache
4. if (s)he believed the medicine might help her/him
5. if it was difficult for her/his husband/wife to find the pharmacy

D. En la clase de español...
Complete las frases siguientes de una manera original.

1. Yo buscaba otro estudiante de español que...
2. Teníamos miedo de que nuestra profesora...
3. Yo quiero que mis compañeros de clase...
4. Estudiábamos el español para que nosotros...
5. Yo quería que mis profesores...
6. Me alegro de que mi clase...

Llamé a la Cruz Roja para que...
Doña Rosa llamó a los bomberos porque quería que...

El imperfecto de subjuntivo en oraciones condicionales

A. The imperfect subjunctive is used in if-clauses to express something that is contrary-to-fact. The verb in the main clause is normally in the conditional[5].

Si yo fuera (fuese) rica, iría a Tahití.	*If I were rich (but I'm not), I would go to Tahiti.*

B. If the future appears in the main clause, the if-clause uses the indicative mood because it expresses a certainty and is not contrary-to-fact.

Si ella ve al doctor, él le dará una receta para el calambre de la pierna.	*If (When) she sees the doctor, he will give her a prescription for the cramp in her leg.*

C. Do not use the present subjunctive, future indicative, or the conditional after **si.** Frequently, the present indicative is used.

Si tengo dinero, te llevaré al restaurante El Tejar.	*If I have money, I'll take you to the El Tejar restaurant.*

Debiera, quisiera y pudiera

The **-ra** forms of the imperfect subjunctive are also used to soften statements or to make them more polite. Forms of **deber, querer,** and **poder** are used in these statements. English uses the conditional.

Debiera irme inmediatamente al Museo de Arte Colonial.	*I should (ought to) leave immediately for the Museum of Colonial Art.*
Quisiera ver a Gloria Estefan.	*I should like to see Gloria Estefan.*
¿Pudieras ayudarme?	*Would you be able to help me?*

EJERCICIOS

A. Los señores Rodríguez son muy desagradables. Él es muy negativo, y ella siempre lo critica. Complete la conversación de los esposos con la forma apropiada de los verbos indicados.

1. (tener, poder)
   Sr. No tengo suficientes bolívares para comprar otra televisión.
   Sra. Si tú _____ suficientes bolívares, nosotros _____ comprar otra televisión.

---

[5]If the conditional perfect appears in the main clause, the clause will use the pluperfect subjunctive: **Si yo lo hubiera visto, me habría dado los bolívares que me debía.** *If I had seen him, he would have given me the bolivars he owed me.*

2. (leer, saber)
   Sr. Nunca leo el periódico.
   Sra. Si tú _____ el periódico, tú _____ de las ventas de televisiones.
3. (hacer, conocer)
   Sr. Nunca hago viajes.
   Sra. Si nosotros _____ un viaje a Caracas, nosotros _____ a tu tío rico.
4. (dar, tener)
   Sr. Nunca doy dinero a la iglesia.
   Sra. Si tú _____ dinero a la iglesia, la familia _____ más suerte.
5. (comprar, ganar)
   Sr. Pero nunca compro boletos de lotería.
   Sra. Si tú _____ boletos de lotería, nosotros _____ dinero para comprar otra televisión.

B. ¡Soñemos despiertos! (Let's daydream!)
Díganos qué harías.

1. if you had a million dollars
2. if you were president of Venezuela
3. if you could travel in space
4. if you were a doctor
5. if you were the Spanish teacher
6. if this were 2001

C. Ojalá...
Complete las frases en español para expresar estos deseos.

1. *If I could*
   _____, iría a Venezuela.
2. *I'll take many pictures*
   Si voy a Venezuela, _____.
3. *If I had time*
   _____, subiría al Monte Ávila.
4. *I would like*
   _____ visitar Caracas.

D. Escriba una composición de cincuenta a setenta y cinco palabras en español entitulada «Si yo tuviera tres deseos, yo...».

El imperfecto de subjuntivo en cláusulas con *como si*

Como si, meaning *as if*, expresses a contrary-to-fact condition and is always followed by the imperfect subjunctive.

Habla como si fuera experto en la ley.

He talks as if he were an expert in the law (but he isn't).

¿Cómo se sentirá Ud. si va al «Centro Bello»?
¿Cómo nos sentiríamos si fuéramos allí también?

EJERCICIO

A. El doctor orgulloso

Su nuevo(a) vecino(a) quiere saber de otro vecino, el doctor Martínez. Conteste sus preguntas, siempre empezando las respuestas con **No, pero actúa como si....**

1. ¿Es rico el doctor Martínez?
2. ¿Tiene muchos pacientes?
3. ¿Sabe todas las especializaciones médicas?
4. ¿Siempre está de prisa?
5. ¿Conoce al presidente de la sociedad médica?

PRÁCTICAS Y ASTROLOGÍAS

SEÑORA ALINA
Adivinadora y Consejera

Lee las Cartas del Tarot.
No hay problema, por grande que sea en su vida que ella no puede resolver.
Da consejos de matrimonio y trabajo.
Reúne a los separados y da la salud que viene de Dios.
Ella puede quitar la mala suerte.

* MADAME ALINA *

**Barlovento
057-52-0881**

PROFESOR INDIO ATAHUALPA

Espiritista. **¿Tiene problemas? ¿Deseas suerte, trabajo, dinero, amor?**
Enfermedades desconocidas debilidad sexual, problema de inmigración y de corte o negocio, ser protegido de vicios y enemigos.
Bendecimos su casa o negocio. Baños para suerte y visitamos su casa.

Leo retratos, problemas de artritis, caída del cabello. Talismán para sus dolores musculares.

También se trabaja por medio de carta, escríbanos por lejos que se encuentre.

ABIERTO 7 DÍAS A LA SEMANA

312-74-0003

Estos anuncios tratan a la gente como si...

UN MÍSTICO
por Rómulo Gallegos

NOTA SOBRE EL AUTOR

Rómulo Gallegos (1884–1965) nació en Caracas, Venezuela. Vivió en
España (1932–1936), desterrado por el dictador, Juan Vicente Gómez.
Cuando regresó a Venezuela, se hizo maestro y después Ministro
Nacional de Educación (1936). Fue elegido presidente de Venezuela en
1947, pero una junta militar lo derrocó. El tema principal de sus obras
es la civilización y la barbarie. Su novela más famosa es *Doña Barbara*
(1929). «Un místico» es de la colección *La rebelión y otros cuentos* (1947).
Muestra el barbarismo de las supersticiones de un pueblo pequeño del
interior de Venezuela. En las selecciones que siguen, vemos el contraste
entre el joven médico, Eduardo Real, que trae ideas modernas y prácticas,
y el Padre Juan Solís con su **misticismo** apartado de la realidad.   *mysticism, (union*
Aunque sólo se presentan aquí unas selecciones del texto, se debe leer el   *with God)*
cuento entero para comprender más a fondo el estudio psicológico de los
personajes y el fin irónico.

ANTES DE LEER

Considere las preguntas siguientes y busque las respuestas en los párrafos
indicados.

1. ¿Cómo es el pueblo? [párrafo 3]
2. ¿Con qué nombre poético lo designan? ¿Por qué? [párrafos 3–4]
3. Según el médico, ¿cuál es la causa de la enfermedad de la gente?
   [párrafo 5]
4. Según el Padre, ¿cuál es la causa de la enfermedad de la gente?
   [párrafos 5–6]
5. Mientras habla, ¿qué cambios físicos ocurren en la apariencia del Padre?
   [párrafo 7]

¡Ahora, leamos!

UN MÍSTICO[6] (selecciones)

1   —¿Con que decididamente te quedas entre nosotros?—Decía el
Padre Juan Solís a su amigo el doctor Eduardo Real, **reanudando** la   *renewing*
amigable **plática** que **sostuvieron** durante el almuerzo con que   *chat / they had*
obsequiara al médico, recién llegado al pueblo.   *he had given*

---

[6]*La rebelión y otros cuentos,* 1947

2   —Sí. Hay aquí una buena cantidad de enfermos que prometen abundante clientela.

3   —Desgraciadamente es así. Éste es un pueblo de enfermos. El nombre poético con que lo has designado **le viene de perlas:** «Valle de los Delirios». ¡Y qué delirios, querido Eduardo, qué delirios! Ya irás viendo.

describes it perfectly

4   —No podía ocurrírseme otro nombre mejor. Imagínate: los primeros **seres** vivientes que encuentro a mi llegada son tres enfermos que están **tendidos** en la tierra, **a orillas del** camino, delirando. ¡Qué cuadro!

beings
stretched out / beside the

5   —Y los que te quedan por ver. Pobre gente. Pero créeme a mí, ellos mismos son la causa de sus males. Tú dices que la causa de esta **mortífera** enfermedad está en el agua que bebemos; yo creo que por detrás de esta causa material e inmediata, hay otra, la verdadera: estos desgraciados viven así porque no tienen un momento de elevación espiritual que los limpie de la **podre** en que **se revuelcan. Si lo sabré yo que les hurgo la conciencia.** Son unos infelices. No voy a hablarte de la fe de esta gente, que es una horrible mezcla de **burdas** supersticiones que ni siquiera se pueden justificar por el lado poético; tampoco quiero referirme a la **pecaminosa** indiferencia con que miran los **deberes** de su religión. Nada de esto sería para ti, **positivista** y posiblemente **incrédulo, razón de peso;** me limito a **echar de menos** entre mis **feligreses** eso que se llama idealidad. Son almas **privadas** del **don** de la visión superior que va **más allá de** las cosas materiales....

fatal

pus / they wallow / I ought to know because I search their consciences.
crude

sinful / duties

one who accepts only rational explanations
nonbeliever / convincing reason / to miss
parishioners / deprived / gift
beyond

6   —Quién **asegura** que nuestro deber no sea aumentar los males que **afligen** a este pueblo, en vez de **disminuirlos.** Nuestra desgracia no es el hambre ni la **peste,** sino la falta de vida espiritual. Este pueblo tiene el **alma** sepultada, totalmente **abolida.** Los males del cuerpo son males **precarios** de los cuales no vale la pena ocuparse; lo que debemos **procurar** es sacar el espíritu del **letargo** en que duerme, **insuflarle** la vida que se le extingue gradualmente por falta de ideales. Tráigannos ustedes ideales, cualesquiera que ellos sean, y ya verán cómo los cuerpos sanan y se fortalecen. La salud y el bienestar no son el remedio que necesitamos; por el contrario, siempre ha sido el dolor el **abono** de las mejores flores espirituales. ¡Que siga echando Dios dolores en el **surco** hasta que **revienten** las semillas! Pero ésa es nuestra desgracia, nuestro mal incurable; por más sufrimientos que haya, en este pueblo no acaba de **surgir** el alma sepultada.

assures
afflict / diminishing them / plague
soul / abolished
precarious
to try / lethargy / to breathe into it

fertilizer

furrow
sprout

to emerge

7   Eduardo Real lo miró sin decir palabra. Parecía **acometido** por una fiebre violenta, en el fondo de sus ojos negros y **circundados** de **ojeras violáceas, relampagueaba** una **lumbre alucinante;** su silueta **alargada** y **escuálida,** iluminada por los reflejos de la **huerta** bañada de sol, **se agrandaba trémula** bajo la **enramada,** como si el **soplo** místico que **agitaba** su espíritu lo levantase del suelo en ascensión de **arrobamientos.**

consumed
encircled
dark violet circles / flashed / hallucinatory light
elongated / weak / orchard
enlarged / trembling / arbor
breath / stirred up
ecstatic raptures

CONVERSACIÓN

1. Discuta el simbolismo del apellido del médico.
2. ¿Qué es el misticismo? Describa el misticismo del Padre Juan Solís visto por los ojos de Eduardo Real.
3. Compare y contraste las dos personalidades opuestas en el cuento. ¿Conoce Ud. a alguien como el Padre?
4. En su discurso, el Padre Juan dice que, «siempre ha sido el dolor el abono de las mejores flores espirituales». ¿Está Ud. de acuerdo? ¿Necesitamos sufrir para aprender? Piense en las lecciones más impresionantes de su vida. ¿Las aprendió mejor porque fueron duras?
5. En cuestiones de medicina muchas veces influye la mente en la salud del cuerpo. ¿Qué cree Ud.? ¿Es necesario tener una mente sana para evitar enfermedades? ¿Por qué? ¿Por qué no?
6. Si decidimos que la mente tiene mucho poder para proteger el cuerpo de las enfermedades, ¿qué cambios necesitamos hacer en la educación de los médicos?

Los adelantos de la medicina moderna parecen darnos más poder para prolongar la vida. El uso de este poder frecuentemente incita debates emocionales.

Su clase va a dividirse en grupos de seis estudiantes. Cado grupo elegirá un tema de la lista siguiente y formará dos equipos de tres personas. Un equipo preparará puntos en favor y el otro puntos en contra. Después debatirán el tema elegido. Al terminar la discusión el grupo nombrará a un representante para presentar sus conclusiones al resto de la clase.

Temas:
1. el aborto
2. la eutanasia
3. la prolongación de la vida por medios artificiales

V O C A B U L A R I O

el aborto	*abortion*	**prolongar la vida**	*to prolong life*
concebir	*to conceive*	artificial	*artificial*
empezar (ie)	*to begin*	el bienestar	*well-being; welfare*
terminar	*to end*	la calidad de la vida	*quality of life*
la clínica	*clinic*	el cirujano	*surgeon*
la creencia	*belief*	la cirujía	*surgery*
la culpa	*guilt*	el corazón	*heart*
el charlatán	*quack*	la dignidad	*dignity*
el feto	*fetus*	el enfermo	*patient*
ilegal	*illegal*	el infarto	*heart attack*
la eutanasia	*euthanasia*	las máquinas	*machines*
decidir	*to decide*	los órganos donados	*donor organs*
la decisión	*decision*	el respirador	*respirator*
el derecho de morir	*right to die*		
la ley	*law*		
la muerte	*death*		
el testamento	*Last Will and Testament*		
la vida	*life*		

¡Proteja la naturaleza! El parque nacional «El Ávila» está en las colinas cerca de Caracas.

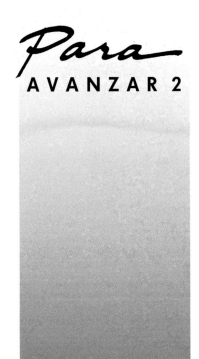

Para AVANZAR 2

Continuemos más al sur. ¡Qué lástima que a los Webster les falta tiempo para viajar por toda Sudamérica! A David le fascinan especialmente los países del sur del continente: la Argentina, Chile, el Uruguay, el Paraguay y Bolivia. Son países diversos, con culturas muy distintas.

Después de leer un folleto que le dieron en la oficina de turismo, David decide investigar más. Ud. puede ayudarle. Lea las descripciones del folleto de David y, con tres o cuatro de sus compañeros de clase, elija un país y «explórelo». Busque su esencia. En su investigación, pregúntese lo siguiente.

1. ¿Cuál fue la historia de este país? ¿Cómo fue colonizado? ¿Cómo ganó su independencia?
2. ¿Qué gente vive allí? ¿Es una población homogénea o heterogénea? ¿Qué grupos étnicos se encuentran allí?
3. ¿Qué tipo de sociedad existe en este país? ¿Dónde vive la mayoría de la gente, en las ciudades o en el campo? ¿Cómo viven los ricos, la clase media y los pobres?
4. ¿Qué forma de gobierno tiene el país? ¿Qué relaciones económicas mantiene con el resto de Sudamérica? ¿con el resto del mundo?
5. En su opinión, ¿cuál es el futuro de esta nación?

Presente su investigación al resto de la clase.

Folleto de Turismo

¡VENGA A VER LA GRAN VARIEDAD DEL SUR!

CHILE En las tierras fértiles del Valle Central de Chile, se encuentra la mayor concentración de gente, industria y agricultura. Aquí está Santiago, la capital, una ciudad conocida por su devoción a las bellas artes.

Al sur hay una región de volcanes y lagos, muy popular como lugar de vacaciones. Al extremo sur queda el Archipiélago, una región desolada de glacieres y picos helados. De allí viene mucho del petróleo del país.

LA ARGENTINA

La Argentina tiene una área casi igual a una quinta parte de los Estados Unidos. Por estar situado al sur del ecuador, el país tiene el verano en diciembre y el invierno en junio.

Los viajeros que van al norte se maravillan al ver las 275 **cataratas** de Iguasú. Más grandes que las del Niágara, las cataratas se forman en la **confluencia** de los ríos Paraná y Uruguay.

Por el centro se extienden las llanuras fértiles de la Pampa, región agrícola donde habitaban los gauchos, **jinetes** excelentes que simbolizaban el espíritu libre de los argentinos.

Buenos Aires, la muy cosmopolita capital argentina, queda al borde de la Pampa. Al este están situadas las ciudades de Mendoza y San Juan, conocidas por sus vinos. Al oeste y al sur, los Andes forman la frontera entre la Argentina y Chile. Algunos viajeros van a Patagonia en busca de **delfines,** pingüinos y leones marinos.

waterfalls, joining, horsemen, dolphins

EL URUGUAY

Más pequeño que el estado de Kansas, el Uruguay tiene una de las poblaciones más literatas de Latinoamérica. Montevideo, la capital, se llama la «ciudad de rosas». Aquí se ve el Palacio Nacional del país.

La industria **ganadera** es muy importante al Uruguay. Las **praderas** cubren casi cuatro quintas partes del país, y la carne es el elemento principal en la comida uruguaya. Los viajeros pueden gozar de platos típicos como el asado con cuero o tomar el té de yerba mate como el gaucho aquí.

ranching, pasturelands

EL PARAGUAY

El Paraguay es un país bilingüe donde se hablan el español y el guaraní, una lengua india. Aquí una mujer hace el famoso encaje del Paraguay.

BOLIVIA Bolivia fue nombrado por Simón Bolívar, el general venezolano que liberó a Bolivia de España. Hoy es un país donde se conservan muchas tradiciones indias.

Un 40 por ciento de la población boliviana vive en el altiplano. Aquí está La Paz, una de las dos ciudades capitales. La otra, Sucre, queda más al sur.

La montaña Chacaltaya queda a una hora de La Paz. Situado a una altura de 16.800 pies, se encuentra el lugar de esquiar más alto del mundo.

Destino

OBJETIVOS

- ☐ VOCABULARIO Y CONVERSACIÓN
  You will be able to discuss hair styles and preferences with a Spanish-speaking hair stylist.

- ☐ INFORMACIÓN Y CULTURA
  You will become acquainted with Puerto Rico, the land, the political system, the economy, and places of interest. You will also learn about the controversy over the island's Commonwealth status and some of the problems facing Puerto Rican immigrants in the United States.

Datos

PUERTO RICO

Capital San Juan

Lengua oficial español (muchos **puertorriqueños** hablan inglés también)

Geografía Puerto Rico es una isla, situada en el mar Caribe.

área aproximadamente 5.600 km² (3.500 millas²); casi tres veces más grande que Rhode Island

elevación lugar más alto: Cerro de Punta, 1.338 m (4.389 pies)

Puerto Rico tiene un gran **bosque tropical** llamado El Yunque. Sirve de Santuario Nacional de Pájaros. Esta región recibe casi 100 billones de galones de **lluvia** cada año. Aquí se ven más de 240 **especies** de árboles.

Población (en 1980) 3.196.520. A pesar de su **tamaño,** Puerto Rico está densamente poblado. En los Estados Unidos, sólo Nueva Jersey tiene una población más densa que Puerto Rico.

Los antepasados de los puertorriqueños fueron los indios araucanos que se mezclaron con los conquistadores españoles. Después, llegaron los esclavos africanos, que se establecieron principalmente en la costa de la isla.

Clima Puerto Rico tiene un clima muy agradable. En verano e invierno los días son calientes (80°F) y las noches moderadas (70°F). En San Juan, durante todo el año, llueve por lo menos 15 días al mes.

Gobierno   Estado Libre Asociado de los Estados Unidos; los puertorriqueños son **ciudadanos** de los Estados Unidos, aunque no votan en las elecciones estadounidenses. Un **comisionado** representa a Puerto Rico en la Cámara de Representantes de los Estados Unidos. Tienen su propia constitución, y sus impuestos se usan sólo para Puerto Rico.

El gobernador es el jefe de estado. Es elegido por 4 años.

También hay una Asamblea Legislativa que consiste en un Senado de 27 miembros y una Cámara de Representantes que tiene 51 miembros.

Hay dos partidos políticos principales: *El Partido Popular Democrático* (PPD) que quiere mantener a Puerto Rico como Estado Libre Asociado de los Estados Unidos y *El Partido Nuevo Progresista* (PNP) que lucha por la independencia de Puerto Rico de los Estados Unidos.

Moneda el dólar

Religión predominante Catolicismo

Productos

agricultura café, caña de azúcar, **cerdos,** ganado, leche

fabricación alimentos preparados, equipo electrónico, **maquinaria,** químicos, ropa

minería   arena, cascajo, piedra

pesca atún

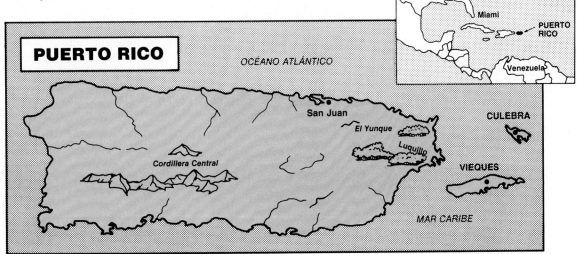

Las playas de San Juan son muy populares con los aficionados a la pesca y al buceo.

VOCABULARIO

la arena   *sand*
el bosque tropical   *rain forest*
el cascajo   *gravel*
los cerdos   *pigs*
los ciudadanos   *citizens*
el comisionado   *commissioner*
las especies   *species*
Estado Libre Asociado de los Estados Unidos   *United States Commonwealth*
la lluvia   *rain*
la maquinaria   *machinery*
la piedra   *stone*
los puertorriqueños   *Puerto Ricans*
el tamaño   *size*

El «Viejo San Juan» está situado en una isla al norte de la isla mayor. Se une a la «nueva» ciudad por cuatro puentes y una carretera.

¡Mucha agua! En un año, los bosques tropicales de Puerto Rico pueden recibir más de 500 cm (unas 200 pulgadas) de lluvia.

El sello de estado de Puerto Rico

PREGUNTAS SOBRE LOS DATOS

1. Además del español, ¿qué otra lengua hablan muchos puertorriqueños? ¿Y Ud.?
2. ¿Dónde está situada la isla de Puerto Rico?
3. ¿Qué es El Yunque? ¿Cuánta lluvia recibe cada año?
4. ¿Quiénes fueron los antepasados de los puertorriqueños?
5. ¿Qué tipo de gobierno tiene Puerto Rico? ¿Quién lo representa en el Congreso de los Estados Unidos?
6. ¿Quién es el jefe de estado? ¿En qué consiste la Asamblea Legislativa?
7. ¿Cuáles son los dos partidos políticos principales de Puerto Rico? ¿Y de su país? ¿Cuáles son las creencias de cada partido?
8. ¿Cuál es la moneda que se usa en Puerto Rico?

Diálogo
CORTARSE EL PELO EN SAN JUAN

David y Consuelo pasan una semana y media en Puerto Rico y les
encanta la isla. En San Juan viven algunos parientes de Consuelo, todos
muy **deseosos** de mostrarles su isla.   *anxious*

Empiezan con una visita a El Yunque, un bosque húmedo a unos 15
km (25 millas) de San Juan. Allí Consuelo nota que los **helechos** son   *ferns*
más altos que David y que la tierra está cubierta de **orquídeas** pequeñas   *orchids*
y delicadas.

Una noche van a la **Bahía Fosforescente** de Pargueras. Allí,   *Phosphorescent Bay*
cuando no hay luna, la Bahía brilla con la luz **emitida** por millones de   *emitted*
pequeñas plantas acuáticas.

Un día Elena, una prima de Consuelo, les muestra la capital. Los
lleva a la Casa Blanca, casa de Juan Ponce de León, el fundador de San
Juan en 1493. Se puede ver su **tumba** en la Catedral de San Juan.   *tomb*
Después los tres visitan dos fuertes construidos por los españoles, San
Cristóbal (1772) y El Morro (1591), y continúan a la Universidad de
Puerto Rico para ver sus **jardines botánicos.** Por fin terminan su   *botanical gardens*
excursión en un café para **saborear** el famoso **ron** de Puerto Rico.   *to savor, taste / rum*

El último día en San Juan, Consuelo decide **ir a cortarse el pelo.**   *to get a haircut*
Elena le recomienda una **peluquería** muy buena.   *beauty salon*

Una estatua en la Plaza de San José conmemora a Juan Ponce de León, el fundador de San Juan.

Peluquera	Ud. quiere sólo un **champú** y un **corte de pelo,** ¿verdad?	*Beautician / shampoo / haircut*
Consuelo	Sí. Mi esposo y yo estamos de vacaciones, y no quiero pasar mucho tiempo **arreglándome** el pelo.	*fixing*
Peluquera	Tiene razón. Pues, hoy día los cortes sencillos están de moda. Casi nunca veo a las jóvenes con **rulos.** Tampoco **hacen el tisin.** Pase por aquí, por favor, y póngase esta **bata.** Después de lavarle y **enjuagarle** el pelo, regresamos a la otra silla para **cortárselo.**	*[also **tubos**] curlers* *do they tease their hair* *smock / rinsing* *to cut it for you*
Consuelo	Bien. ¿Siempre hay tantas clientes? Veo que todos los **secadores** están ocupados.	*dryers*
Peluquera	Sí, no es nada extraordinario. Nos especializamos en **teñidos,** y hay mucha demanda. Las **morenas** quieren ser **rubias,** y las rubias morenas. ¡A algunas clientes les gustaría un cambio cada semana!	*tints / brunettes* *blondes*
Consuelo	Lo creo. Nadie está contenta como es. Las de pelo **corto** lo quieren **largo,** y las de pelo **liso** lo quieren **rizado.**	*short* *long / straight / curly*
Peluquera	(riendo) Sí, señora. Y esto **nos asegura** empleo **para siempre.**	*guarantees us / forever*

¿SABE UD. QUE...?

By Latin American standards, the thin woman, popular with North American fashion designers, is too thin. Latin Americans prefer fuller figures, and a woman 10 lbs. overweight in the United States is considered well-proportioned in Latin America. **¡Coma Ud. un poco más!**

En Puerto Rico casi una tercera parte del presupuesto nacional se reserva para la educación. La Universidad de Puerto Rico en Río Piedras es la más grande del país.

PALABRAS EN ACCIÓN

Describa Ud. su visita a la peluquería. Haga una oración original con cada una de las palabras o expresiones siguientes.

1. secadores
2. moreno
3. rulos (tubos)
4. corte de pelo
5. teñido
6. pelo rizado / pelo liso
7. peluquera
8. corto / largo
9. rubio
10. cortar

PREGUNTAS SOBRE EL DIÁLOGO

1. ¿Qué decide hacer Consuelo el último día en San Juan?
2. ¿Qué le recomienda Elena?
3. ¿Por qué quiere Consuelo un corte sencillo?
4. Según la peluquera, ¿qué rechazan *(reject)* las jóvenes de hoy? ¿Está Ud. de acuerdo?
5. ¿Por qué está tan ocupada la peluquería?
6. Según Consuelo, ¿qué quieren las mujeres de pelo corto? ¿y las de pelo liso?
7. ¿Por qué está contenta la peluquera al hablar de las demandas de sus clientes?

EN LA PELUQUERÍA

Una cliente / Un(a) peluquero(a)

Ud. y un(a) compañero(a) de clase van a hacer el papel de una cliente y su peluquero(a). Van a hablar de un nuevo peinado. Uds. pueden usar el diálogo siguiente o pueden inventar una simulación original con el vocabulario.

Quiero cambiar mi peinado

Peluquero(a) Say "Hello, Miss _____." Ask what you can do for the client today.

Cliente Say that you want a new hairstyle and a manicure for a party tonight.

Peluquero(a) Say "Very good," and that you are going to cut the client's hair, dye it, and set it.

Cliente Ask if you will need the dryer.

Peluquero(a) Say that yes, and then the manicurist can paint the client's nails with their new nail polish.

Cliente Say "Very good." Then say that your hair is too long anyway. Explain that your boyfriend likes your hair short.

Peluquero(a) Ask if the client's boyfriend likes redheads or blondes.

Cliente Answer that he likes brunettes, like you.

Peluquero(a) Say "One moment, please. I need a comb and a brush because I'm going to tease your hair."

Cliente Say that maybe you should wear a wig because then you can choose a different hairstyle every day.

VOCABULARIO

la cita	*appointment*
cortar	*to cut*
hacer el tisin	*to tease*
poner rulos	*to set (hair)*
peinar	*to comb*
teñir	*to dye, tint*
el cepillo	*brush*
el peine	*comb*
el secador	*dryer*
el pelo / cabello	*hair*
el estilo de pelo / el peinado	*hairstyle*
moreno	*brunette*
pelirrojo	*redhead*
rubio	*blond*
la peluca	*wig*

la manicura	*manicure*
el esmalte (para las uñas)	*nail polish*
el (la) manicurista	*manicurist*
la uña	*nail*

expresiones

de todos modos	*anyway*
como yo	*like me*
debo	*I should*
demasiado	*too*
puede pintarle las uñas	*can paint your nails*
luego / entonces	*then / next*

¡Un poco más corto, por favor! En una peluquería el cliente siempre tiene razón.

EN LA BARBERÍA

Un cliente / Un barbero

Ud. y un(a) compañero(a) de clase van a hacer el papel de un cliente y su barbero. Van a hablar de su bigote largo. Uds. pueden usar el diálogo siguiente o pueden inventar una simulación original con el vocabulario.

¡No me lo afeite Ud.!

Barbero	Say "Good morning, sir." Then ask if the client wants a shave.
Cliente	Say "Yes. You can shave my beard, but don't shave my mustache!"
Barbero	Say "Very good." Then tell the client politely to sit down. Say that his mustache is very long.
Cliente	Say that that is the way you like it. Add that the barber can cut your sideburns.
Barbero	Say "Very good." Then ask if the client likes a razor blade, an electric razor, a straight razor, or scissors.
Cliente	Answer that for your beard you like a razor blade.
Barbero	Say "Excellent, sir." Ask "And for your sideburns?"
Cliente	Answer that for your sideburns you prefer an electric razor.
Barbero	Say "Very good, sir." Ask "And for your mustache?"
Cliente	Answer that for your mustache you like scissors.
Barbero	Ask "And for your hair?"
Cliente	Say that the barber does not need anything for your hair. Add "Don't you see I'm bald?"

V O C A B U L A R I O

la barbería	barber shop
afeitar	to shave
la afeitada	shave
la(s) barba(s)	beard, whiskers
el bigote	mustache
las patillas	sideburns
la hoja de afeitar	razor blade
la máquina de afeitar eléctrica	electric razor
la navaja (de afeitar)	straight razor
las tijeras	scissors
calvo	bald

expresiones

Siéntese, por favor.	Sit down, please.
Así me gusta.	That's the way I like it.
No necesita nada.	You don't need anything.
¿No ve...?	Don't you see . . . ?

Gramática

Los pronombres preposicionales

A. The forms of the pronouns used as objects of prepositions are the same as the subject pronouns with the exception of the first and second persons singular.

Subject Pronouns		Prepositional Object Pronouns	
yo	nosotros(as)	mí[1]	nosotros(as)
tú	vosotros(as)	ti	vosotros(as)
él, ella, Ud.	ellos, ellas, Uds.	**él, ella, Ud.**	**ellos, ellas, Uds.**

B. There is, however, a difference in meaning and use of the prepositional object pronouns. First note the following differences in meaning from the subject pronouns.

Meaning

Subject Pronouns		Prepositional Object Pronouns	
I	*we*	*me*	*us*
you	*you*	*you*	*you*
he, she, you	*they, you*	*him, her, it, you*	*them, you*

Prepositions	Object Pronouns		Prepositions	Object Pronouns	
hacia	mí	nosotros(as)	*towards*	*me*	*us*
para	ti	vosotros(as)	*for*	*you* (familiar)	*you* (familiar)
por	él	ellos	= *by*	*him, it* (m.)	*them* (m.)
de	ella	ellas	*of, from*	*her, it* (f.)	*them* (f.)
en	Ud.	Uds.	*in*	*you* (formal)	*you* (formal)
a			*to*		
etc.			*etc.*		

Next, note the difference in use from the subject pronouns.

Use

Subject Pronouns	Prepositional Object Pronouns
Used as subjects of verbs.	Used as objects of prepositions.
Yo voy a la Avenida Ashford.	**El ron es <u>para él</u>.**
I am going to Ashford Avenue.	*The rum is <u>for him</u>.*
Ella tiene una cita a las diez en la peluquería.	**Veo la isla, pero no veo a nadie <u>en ella</u>.**
She has a 10 o'clock appointment at the beauty parlor.	*I see the island, but I don't see anyone <u>on it</u>.*

---

[1]Note the accent on **mí** to distinguish it from the possessive adjective **mi** *(my)*.

C. Used with **con,** the first and second persons singular form **conmigo** *(with me)* and **contigo** *(with you).*

> —¿**Vas conmigo al Observatorio de Arecibo?**   —*Are you going with me to Arecibo Observatory?*
>
> —**Sí, voy contigo.**   —*Yes, I'm going with you.*

D. The forms **mí, ti, nosotros(as), vosotros(as),** and **sí** are also used reflexively. **Mismo(a, os, as)** is used for emphasis.

para mí	*for myself*	**para nosotros(as)**	*for ourselves*
para ti	*for yourself*	**para vosotros(as)**	*for yourselves*
para sí	*for himself, herself, itself, yourself* (formal)	**para sí**	*for themselves, yourselves* (formal)

With **con, sí** becomes **consigo,** *with him(self), her(self),* etc.

> **Lo hice para mí (misma).**   *I did it for myself.*
>
> **El barbero se llevó las tijeras consigo (mismo).**   *The barber took the scissors with him.*

E. Use the subject pronouns, not the prepositional pronouns, after **entre** *(between),* **menos** *(except),* **excepto** *(except),* **como** *(like),* **incluso** *(including),* and **según** *(according to).*

> **Entre tú y yo, me gusta más El Yunque.**   *Between you and me, I prefer El Yunque rain forest.*
>
> **Todos comen langosta menos yo.**   *Everyone eats lobster except me.*
>
> **Como tú, yo también viajaré a Mayagüez.**   *Like you, I will also travel to Mayagüez.*

F. The prepositional pronouns are frequently used with the preposition **a** in addition to the direct and indirect object pronouns for emphasis or for clarity. They are used with **de** to clarify the meaning of the possessive adjective **su(s),** *his, her, your* (formal, singular), *their, your* (formal, plural).

Emphasis

> **Me saludó a mí, y no a la peluquera.**   *He / She greeted <u>me</u>, and not the hairdresser.*

Clarity

> **Le arregló a ella el pelo.**   *He / She did her hair.*
>
> **Sus padres eran de Ponce.**
> **Los padres de él eran de Ponce.**   }   *His parents were from Ponce.*

EJERCICIOS

A. El Sr. Andrews y su esposa van al aeropuerto para su viaje a Puerto Rico. Es la primera vez que van a la isla, y el señor está muy preocupado. Le hace muchas preguntas a su esposa para asegurarse que todo estará bien durante sus vacaciones. Su esposa le contesta usando la forma apropiada del pronombre preposicional, como en el ejemplo.

> *Ejemplo* **Sr.** ¿Hablaste con el agente de viajes?
> **Sra. Sí, hablé con él.**

1. **Sr.** ¿Hiciste las reservaciones en el Hotel Condado?
2. **Sr.** ¿Ya llamaste por teléfono a tus primos?
3. **Sr.** ¿Irás conmigo a la playa Condado?
4. **Sr.** ¿Trajiste otro par de zapatos para mí?
5. **Sr.** ¿Tengo yo suficiente dinero para ti?
6. **Sr.** ¿Voy contigo y con tus primos a la riña de gallos?

B. Al dueño de la peluquería «Estilos 2001» no le gusta la palabra **su.** (Tuvo una ex-novia llamada *Sue.*) Por esto, no permite que sus empleados usen esta palabra. Ayúdeles Ud. a los peluqueros, clarificando las formas de **su(s)** en cada frase, según el ejemplo.

> *Ejemplo* Su secador no funciona. (de Felipe)
> **El secador de él no funciona.**

1. Su peinado es muy lindo. (de esa señora)
2. Sus peinados son muy lindos también. (de los niños rubios)
3. Su corte de pelo está muy de moda. (del hombre alto)
4. Sus manicuras son bonitas. (de Ud. y sus amigas)

C. ¡Información, por favor!
Pregúntele a un(a) compañero(a) de clase.

1. if the Spanish book is for you
2. if (s)he voted for him *(the class president)*
3. if (s)he is going with you to the bookstore
4. if (s)he studies with everyone except you
5. if (s)he is sitting on it *(the chair)*
6. if (s)he is looking toward them *(the windows)*
7. if (s)he prepared the lesson for (her)himself

D. Su clase de español va a Puerto Rico. Ahora los estudiantes hablan del futuro viaje. Ayúdeles a expresar sus ideas completamente en español.

1. *except me*
   Todos tienen nuevos trajes de baño ＿＿.
2. *with you* (familiar singular)
   Quiero ir ＿＿ a la iglesia de San José.
3. *for ourselves*
   Vamos a alquilar un coche «Caribe» ＿＿.
4. (to) *me, not you* (familiar singular)
   El agente me llamó ＿＿.

ESTÉTICA "EL ESPLENDOR"
SOLUCIONA SUS PROBLEMAS DE:
* CUTIS GRASO
* ACNÉ
* CICATRICES
* ARRUGAS PREMATURAS
* DESHIDRATACIÓN
* MANCHAS
* Y DEMÁS PROBLEMAS DE SU PIEL
CON LA LÍNEA DE PRODUCTOS THEO VITAL
¡¡Visítenos!! ESTÉTICA "EL ESPLENDOR"

¿Es para él o para ella Estética «El Esplendor»?
Si Ud. va aquí, ¿irá Ud. sola o irá con alguien?
¿Quiere Ud. el pelo como ella?
Entre Ud. y yo, ¿le parecen buenos los productos Theo Vital?
¿Cree Ud. que son costosos los productos de él?

E. Haga una llamada telefónica a un(a) compañero(a) de clase. En su conversación hable de su viaje a San Juan, Puerto Rico, usando las preposiciones siguientes y por lo menos cinco pronombres preposicionales.

por
para
de
en
con

Por y para

A. Although **por** and **para** both frequently mean *for,* they are not interchangeable and have various English meanings. A method for remembering the general difference between them is to note that **para,** the longer of the two words, is used for extension, and **por,** the shorter, is used for exchange. We might visually represent this contrast in the following way.

Para (Extension)   **Por (Exchange)**

A‑ ‑ ‑ ‑ ‑ →B   A←‑‑‑‑‑‑‑→B

B. The uses of **para** are:

1. destination

   Se fueron para Playa Dorado.   *They left for Dorado Beach.*

2. intended for

   La propina es para el barbero.   *The tip is (intended) for the barber.*
   Es una taza para café.   *It's a coffee cup.*

3. time in the future

¿Has hecho planes para
mañana?

Have you made plans for
tomorrow?

Van a llegar al Hotel La Concha
para las seis.

They are going to arrive at the La
Concha Hotel by six o'clock.

4. in order to

Se pasearon por el Viejo San
Juan para ver la estatua de
Juan Ponce de León[2].

They strolled through Old San
Juan (in order) to see the
statue of Juan Ponce de León.

5. meaning *for* or *considering the fact that* in understood comparisons

Para (ser) puertorriqueño, habla
bien el inglés.

For (Considering the fact that he
is) a Puerto Rican, he speaks
English well.

6. meaning *in the opinion of*

Para mí, el nacionalismo es
bueno.

In my opinion, nationalism is
good.

7. meaning *ready to*

La peluquera no estaba para
cortarme el pelo cuando
llegué a la peluquería.

The beautician was not ready to
cut my hair when I got to the
beauty salon.

8. in questions to ask *why?*, meaning *for what purpose?*

—¿Para qué estudias?
—Para aprender, ¡claro!

—Why do you study?
—To learn, of course!

C. The uses of **por** are:

1. meaning *because of, therefore,* or *on account of*

Por eso, Puerto Rico quería
hacerse estado.

Because of that, Puerto Rico
wanted to become a state.

2. meaning *for the sake of*

Lo hizo por el senador.

He did it for (the sake of) the
senator.

3. meaning *in exchange for*

Pagué veinte dólares por el
corte de pelo.

I paid twenty dollars for the
haircut.

---

[2]Spanish explorer, 1460–1521

HAY QUE LUCHAR POR TODOS
LOS CORAZONES
DEL PUEBLO PUERTORRIQUEÑO

Instituto de la Salud
San Juan

4. meaning *through*

Entren Uds. por la puerta de atrás.	*Enter through the back door.*

5. meaning *along*

Caminamos por la Playa Luquillo.	*We walked along Luquillo Beach.*

6. indicating duration of time

David estuvo en la barbería por media hora.	*David was in the barber shop for half an hour.*

7. to express agent (with the meaning of *by*) in passive voice

La decisión fue hecha por el Congreso.	*The decision was made by Congress.*

8. meaning *about to* or *on the point of*

La peluquera estaba por cortarme el pelo cuando tuvo que contestar el teléfono.	*The beautician was about to cut my hair when she had to answer the telephone.*

9. to express *by means of*

Me llamó al Caribe Hilton por teléfono.	*He called me at the Caribe Hilton by telephone.*
¿Viajas por tren o por autobús?	*Are you traveling by train or by bus?*

10. to express *for* (the object of an errand or search) after such verbs as **ir, mandar, enviar, venir, preguntar, volver**

Mandaron por la policía.	*They sent for the police.*
Paso por ti a las once.	*I'll stop by for you at 11 o'clock.*

11. in expressions and exclamations

algo por el estilo	something like that
por aquí	around here
por ahora	for the present, for now
por casualidad	by chance
por cierto	certainly, surely
por completo	completely
por desgracia	unfortunately
¡Por Dios!	For Heaven's sake!
por ejemplo	for example
por eso	therefore, for that reason
estar por	to be in favor of
por falta de	for lack of
por favor	please
por fin	finally, at last
por la mañana (tarde, noche)	in the morning (afternoon, evening)
por medio de	through
por lo menos	at least
por supuesto	of course, certainly
por lo tanto	therefore
por lo visto	obviously, evidently, apparently
votar por	to vote for

12. to express velocity or rate (*per*)

Viajan a cuarenta kilómetros por hora.	They are traveling at forty kilometers per hour.

13. to express *for* meaning *in place of* or for cases of mistaken identity

El vicepresidente habló por el presidente.	The Vice-President spoke for the President.
La tomamos por Corazón Aquino[3].	We mistook her for Corazón Aquino.

14. in questions to ask *why?*

—¿Por qué fuiste a Río Piedras?	—Why did you go to Río Piedras?
—Quería visitar la Universidad de Puerto Rico.	—I wanted to visit the University of Puerto Rico.

---

[3]President of the Philippine Islands, 1986–

EJERCICIOS

A. Dos amigos van a Puerto Rico. Para saber de sus planes, complete el párrafo siguiente con **por** o **para**.

Roberto y Jorge van _____ San Juan, Puerto Rico mañana. Van en avión. Ya han hecho muchos planes _____ la semana de vacaciones allí. El primer día van a llegar al Hotel La Concha _____ las dos de la tarde. Pagarán ciento veinte dólares al día _____ la habitación. Estarán allí _____ una semana. Al llegar al hotel llamarán a su amigo puertorriqueño, Jaime, _____ teléfono. Él pasará _____ ellos en su coche e irán a la playa _____ la tarde. Después, _____ supuesto, visitarán El Morro. Darán un paseo _____ la isla. _____ desgracia, no podrán visitar El Callejón de la Capilla, un restaurante que sirve comida típica puertorriqueña porque las reservaciones no fueron hechas _____ Jaime. _____ lo tanto _____ la noche van al casino El San Juan _____ divertirse. _____ ellos toda esta actividad en un día será suficiente. ¡_____ Dios, tienen todo el resto de la semana _____ hacer aun más!

Acabado en el siglo XVIII, El Morro queda a la entrada de uno de los mejores puertos de las Antillas.

B. ¡Conozcámonos!
Pregúntele a un(a) compañero(a) de clase.

1. why (s)he is studying Spanish
2. how (s)he entered the classroom
3. how much (s)he paid for (her)his Spanish book
4. if (s)he has to prepare the lesson for tomorrow
5. if (s)he studies in the morning, afternoon, or evening
6. if (s)he was about to go to the library
7. if (s)he will arrive home by five o'clock
8. how long (s)he was in class yesterday

C. David, Consuelo y su primo Geraldo están en San Juan. Para describir sus actividades allí, haga frases originales, combinando las palabras siguientes de varias maneras.

Consuelo	ir	la barbería		cortarse el pelo
David	elegir	el gobernador	por	una hora
El Senado	votar	la playa		sentirse más joven
Los turistas	visitar	el tinte de pelo	para	casualidad
Geraldo	usar	la peluquería		ganar
		el casino		la noche

D. Los primos de Tomás han venido a visitarlo de Puerto Rico. Tomás no habla muy bien el español. Ayúdele a comunicarse con ellos, completando sus frases en español.

1. *for the restaurant*
   Vamos a salir _____ a las 6:30.
2. *by my mother*
   Las reservaciones fueron hechas _____.
3. *by our house*
   Mi amigo, Francisco, pasará _____ a las 6:00.
4. *For an American*
   _____, habla muy bien el español.
5. *in order to pay the bill*
   Tendré bastante dinero _____.
6. *for two hours*
   Después de cenar, tengo que estudiar _____.

DEPARTAMENTO DE ESTÉTICA

CONTROL DE PESO:

1.— Eliminación del exceso de grasa (sin ejercicios).
2.— Masaje reductivo (manual).
3.— Baños de parafina.
4.— Eliminación de los Panículos (celulitis).
5.— Reducción de tallas y peso.
6.— Vendas reductivas y reafirmantes.
7.— Reafirmación corporal.
8.— Masaje de descanso y circulación.
9.— Sauna individual.
10.— Dietas adaptadas a su tratamiento.

DEPILACIÓN DE CERA:

1.— Bozo y patillas.
2.— Pierna alta (muslo).
3.— Pierna baja (pantorrilla).
4.— Cualquier parte del cuerpo que necesite depilación.

DEPARTAMENTO DE FACIALES:

1.— Limpieza facial.
2.— Problemas de deshidratación de la piel. (Equilibrio del P.H.).
3.— Reafirmación facial.
4.— Problemas de acné.
5.— Mascarillas.

CLASES DE MAQUILLAJE:

POR: Linda Totti

ESTETA EUROPEA.

Condado Supremo clínicas de belleza y estética

Tel. 566 7777 ext. 2100-1929

«Nosotros no inventamos la belleza, nos concretamos a hacerla visible».

Ud. llama a Condado Supremo para hacer una cita para mañana. ¿Cómo llama Ud.? ¿A qué número y a qué extensión llama Ud.?
¿Para qué es el Departamento de Estética? ¿Y el Departamento de Faciales?
¿Por quién son las clases de maquillaje?
En su opinión, ¿cuánto pagará Ud. por un masaje?
Y, ¿cuánto será una limpieza facial por hora?

Expresiones afirmativas y negativas

A. Following are the affirmative and negative expressions, listed as opposites. They are pronouns, adjectives, adverbs, and conjunctions. Note that because almost all the negative words begin with the letter **n** they can be easily confused. Memorizing them either with their opposites or in a sentence may help keep their individual meanings more clearly distinguished.

Affirmative		**Negative**	
	Pronouns		
algo	*something, anything*	**nada**	*nothing, not anything*
alguien	*someone, somebody, anyone*	**nadie**	*no one, nobody, not anyone, not anybody*
	Pronoun or Adjective		
alguno	*some, someone, any, several*	**ninguno**	*no, no one, none, not anyone, not anybody*

Adverbs

sí	yes	**no**	no
siempre / alguna vez	always/sometime	**nunca (jamás)**	never (not ever)
también	also, too	**tampoco**	neither, not either
ya	already	**todavía no**	not yet

Conjunctions

o	or	**ni**	neither, nor
o...o	either . . . or	**ni...ni**	neither . . . nor

B. The following examples use the pronouns and adverbs.

—¿**Tienes algo?**	—*Do you have something?*
—**No, no tengo nada.**	—*No, I don't have anything.*
—**Siempre nos molestas.**	—*You always bother us.*
—**No los molesto nunca. (Nunca los molesto.)**	—*I never bother you.*
—¿**También lo conocéis?**	—*Do you also know him?*
—**No lo conocemos tampoco.**	—*We don't know him either.*

C. The pronouns **alguien** and **nadie** refer only to persons unknown or not previously mentioned. The personal **a** is required when they are the direct object of the verb, but not when they are the subject of the verb.

—¿**Viste a alguien?**	—*Did you see somebody?*
—**No, no vi a nadie.**	—*No, I didn't see anybody.*

BUT

Alguien perdió.	*Someone lost.*
Nadie me vio. (No me vio nadie.)	*No one saw me.*

D. **Alguno** and **ninguno** are used as adjectives or pronouns and refer to persons or things already thought of or mentioned. They are shortened to **algún** or **ningún** before masculine singular nouns.

Algunas veces leo novelas policíacas, pero nunca he leído ninguna de ciencia ficción.	*Sometimes I read detective novels, but I have never read any science fiction.*
No tiene ningún orgullo.	*He doesn't have any pride.*

E. Use the personal **a** with **alguno** and **ninguno** when they refer to persons and when they are the direct object of the verb.

—¿**Conoces a alguna de las muchachas rubias?**	—*Do you know any of the blonde girls?*
—**No, no conozco a ninguna.**	—*No, I don't know any.*

F. Do not express unemphatic *some* or *any*.

No tengo papel.	*I don't have any paper.*

G. Although the double negative is not used in English, it is correct usage in Spanish. When **no** is used before the verb, **nada, nadie, nunca,** and other negatives follow the verb. When **nada, nadie, nunca,** or other negatives appear before the verb, **no** must be omitted.

No tengo nada. Nada tengo.	*I don't have anything.*
No veo a nadie. A nadie veo.	*I don't see anyone.*
No tomo café nunca (jamás).	*I never drink coffee.*
Nunca (Jamás) tomo café.	

H. Use a negative after **que.** Notice that English uses an affirmative.

Él estudia más que nadie.	*He studies more than anyone.*

I. **O...o** and **ni...ni** require a plural verb.

O él o ella deben comprar el ron.	*Either he or she should buy the rum.*
Ni Elena ni Josefina comen carne.	*Neither Helen nor Josephine eats meat.*

J. To make a sentence negative in Spanish, place **no** before the verb.

Ella tiene el pelo rizado.	*She has curly hair.*
Ella no tiene el pelo liso.	*She doesn't have straight hair.*

K. In partial sentences, **no** precedes the unstated, but understood verb.

¿Has comido en La Zaragozana? Yo no. (he comido...)	*Have you eaten in La Zaragozana? I haven't. (eaten . . .)*

L. **Ningunos** and **ningunas** are used most frequently in the singular.

—¿Compras algunas faldas?	*—Are you buying some skirts?*
—No, no compro ninguna.	*—No, I'm not buying any.*

M. In a question, **jamás** means *ever* when a negative response will follow. In instances when either a negative or an affirmative answer can follow, use **alguna vez.**

—¿Has comido jamás un biftec tan crudo?	*—Have you <u>ever</u> eaten such a rare steak?*
—No, nunca.	*—No, never.*
—¿Han visitado alguna vez el Café del Puerto?	*—Have you ever visited the Cafe del Puerto?*

N. **Algo** and **nada** may also be used as adverbs to mean *somewhat, rather,* or *not at all.*

Ella tiene el pelo algo largo.	*She has somewhat long hair.*
Este vestido no es nada bonito.	*This dress is not at all pretty.*

O. **Alguno(a)** means *at all* in a negaive sentence after a noun.

No tengo tarea alguna.	*I don't have any homework at all.*

A. ¡El pesimista!

Los gemelos Giménez, Sancho y Pancho, son barberos. Sancho es pesimista. Siempre cambia frases afirmativas a negativas. Cambie estas frases al negativo, según la manera de Sancho.

1. Alguien quería una afeitada ayer.
2. Hoy un cliente quería algo nuevo.
3. Quería algún corte de pelo diferente.
4. Era algo creador.
5. Necesitaba o una manicura o una afeitada.
6. Es un hombre que siempre me paga al contado.

B. ¡El optimista!

Ahora, cambie estas frases al afirmativo a la manera de Pancho, el gemelo optimista.

1. Nadie visita la barbería por la tarde.
2. El Sr. Ortega no tiene el cabello ni rubio ni negro.
3. No corto nunca el pelo de mi hermano.
4. Tampoco me corta el pelo a mí.

C. Siempre negativo...

Ahora Ud. es el (la) pesimista. Conteste cada pregunta al negativo.

1. ¿Viene alguien a la clase a tiempo?
2. ¿Hay algunos textos interesantes para esta clase?
3. ¿Viste jamás un(a) profesor(a) tan amable?
4. ¿Ya terminó la clase?

D. ¡No!

Pregúntele a un(a) compañero(a) de clase. Su compañero(a) siempre contesta al negativo.

1. if (s)he eats something for lunch every day
2. if (s)he knows of a good restaurant near the university
3. if (s)he ever saw anything as easy as today's lesson
4. if (s)he always listens to the teacher
5. if (s)he knows anybody in another Spanish class

E.   Durante su visita a Puerto Rico, Ud. escribe en español en su diario personal. Hoy fue un día desagradable. Escriba estas frases en su diario.

10 de abril

1. I didn't see anyone on the beach.
2. It was rather cloudy.
3. I went neither to Ponce nor to El Yunque.
4. I didn't eat anything today.
5. I don't have any money at all.
6. I want to go to the cockfight more than anything.

F. Nilda y Nadia son amigas. Cuando habla, Nilda siempre usa dos negativos. Al contrario, Nadia usa sólo un negativo. Cambie estas frases de Nadia a la manera de su amiga, según el ejemplo.

> *Ejemplo*   Nada tengo.
> **No tengo nada.**

1. Nunca tiño mi pelo.
2. Nadie tiene el pelo rizado en mi familia.
3. Tampoco hay pelirrojos en mi familia.

Aquí tiene las frases de Nilda. Cámbielas a la manera de Nadia, según el ejemplo.

> *Ejemplo*   No está nadie aquí.
> **Nadie está aquí.**

1. No visité jamás El Morro.
2. No asiste ninguno de mis hermanos a la Universidad de Puerto Rico.
3. No pasó nada de interés en la playa hoy.

G. Ud. acaba de regresar de la peluquería o de la barbería. Describa su corte de pelo en los términos más negativos posibles.

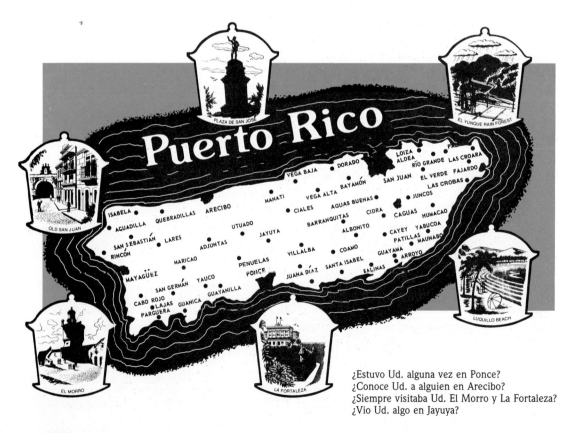

¿Estuvo Ud. alguna vez en Ponce?
¿Conoce Ud. a alguien en Arecibo?
¿Siempre visitaba Ud. El Morro y La Fortaleza?
¿Vio Ud. algo en Jayuya?

Lectura

EN AMERICANO

por Jaime Carrero

NOTA SOBRE EL AUTOR

Jaime Carrero (1931–   ) nació en Mayagüez, Puerto Rico. Estudió allí hasta 1949 cuando se mudó a Nueva York, donde estudió arte. Sirvió en el ejército americano en Corea y después volvió a Puerto Rico donde completó su bachillerato en el Instituto Politécnico de San Germán. Regresó otra vez a Nueva York para obtener su maestría en arte en el Pratt Institute en 1957. Desde ese año es profesor de arte de la Universidad Interamericana en San Germán. El cuento «En americano» se publicó en 1961. Es el primer capítulo de su novela *Raquelo tiene un mensaje.*

ANTES DE LEER

Considere las siguientes preguntas y busque las respuestas en los párrafos indicados.

1. ¿Cómo era Frank? ¿Qué era? [párrafos 1–2]
2. ¿Cómo se llamaba Frank verdaderamente? [párrafos 3–4]
3. ¿Cómo aprendió Frank el inglés? ¿Qué palabras siempre le serían difíciles? [párrafo 3]
4. ¿Qué le pasó a Frank mientras caminaba hacia su oficina? [párrafo 6]
5. ¿Qué quería el policía? ¿Por qué no lo ayudó Frank? [párrafos 6–9]
6. ¿Qué le pasó al hombre que se rindió? [párrafo 11]
7. ¿En qué idioma contestó Frank al final? Y después, ¿qué le pasó? [párrafo 13]

¡Ahora, leamos!

EN AMERICANO

1   How about that? You a Puerto Rican and you gotta blonde hair and blue eyes! Boy, that's somet'in!

2   Aquellas palabras de Pete el italiano sonaban en sus oídos como anillos de oro. "Blonde" y oro. Si doña Lola las hubiera escuchado se hubiera sentido la más feliz de las mujeres. Su hijo, aquel niño **famélico** y **enclenque,** el **hazmerreír** del barrio, **El Sabino,** como lo llamaban por mal nombre, era nada menos que un americano verdadero. Lo único que le faltaba era el acento y lo había salvado un **oído prodigioso.**

famished

sickly / laughing stock / Blondie

extraordinary ear

3   —¿Recuerdas, Francisco... Frank, tus primeros **intentos**? Pasabas las horas en aquel apartamiento **apestoso** a "mothballs," echando saliva entre los dientes mientras luchabas por decir esas malditas palabras... "things" . . . "thoughts" . . . ¡Y qué acento **herrumbroso** ése de los primeros momentos! «**La mancha del plátano**» de que hablaba doña Lola aún estaba **pegada** a ti como a la cara de los **jíbaros** de aquella plaza que tanto has aprendido a **odiar.** ¿Y te acuerdas de la palabra "world"? ¿Recuerdas cómo redondeabas la «r» y elevabas la lengua, terminando en el **chasquido** de una «d» seca, corta, **repentina**? Al final, la saliva, como un lago epiléptico, se filtraba por tus labios **apretados.** Frank, tu oído es genial. Podías haber estudiado música. **Desechaste** la palabra "depth" porque sabías que jamás aprenderías a decirla sin acento. Como "choir" . . . y como "freight." ¡Un oído genial, Frank, verdaderamente genial!

attempts
stinking

rusty / the speckle of the banana, i.e., the typical characteristics of the Puerto Rican, especially the country dweller
stuck / peasants, country persons
to hate
crack of a whip
sudden
tightened
You threw out

4   Frank Hernández, rubio de ojos azules, caminaba por la Avenida Madison hacia la agencia de publicidad en que trabajaba. No había sido difícil encontrar el puesto con su diploma de **escuela superior** y el curso de **maquinilla** que doña Lola le había pagado **a regañadientes.** Y luego sus conocimientos de español y aquel inglés casi sin acento...

high school
typing / unwillingly

5   —¿Recuerdas, Frank, la cara de aquel chileno cuando tratabas de explicarle cada una de las palabras que no comprendía? Las pronunciabas con **pulcritud,** claramente, «en americano». Después te llevabas el **pañuelo** a los labios y escuchabas el eco metálico de tu acento **desvaneciéndose** en el aire. «Perdone mi inglés» había murmurado el otro, «lo tomé por un americano». No sabrás mucho inglés, Frank, pero lo que sabes lo sabes bien. ¡Y cómo te gustaría verle la cara negra a aquella Miss Ortega de la clase de inglés! ¿Te acuerdas de su acento? ¡Peor que el tuyo cuando aprendías **a fuerza de echar** saliva por los dientes!

neatness
handkerchief
vanishing

by force of spitting

6   Frank Hernández caminaba **apresuradamente** tratando de **evitar** al grupo de curiosos que llenaba la **acera.** Eso también había sido parte de su **entrenamiento.** Era necesario aprender a caminar con prisa... "going places"... "Excuse me," se escuchó decir, mientras se hacía paso **a empujones.** Casi no tuvo tiempo de mirar el rostro oscuro, el cuchillo **resplandeciente,** en el aire. Alrededor, algunos corrían y **gesticulaban.** Ya en el suelo, **apretó** su estómago con manos nerviosas **mientras una gasa sonámbula se adhería a sus ojos.** El policía gigantesco se acercaba ahora, revólver en mano, y sus botones **relampagueantes** parecieron iluminar la escena. "Goddammit, one of them escaped! But I'll beat the hell out of this one. Anyone speaks Puerto Rican?"

hurriedly / to avoid
sidewalk
training

pushing and shoving
brilliant
were gesturing / he held tight
while he saw the world as if in a dream
flashing

7   —¿Oyes eso, Frank? ¿Recuerdas lo que quiere decir? Pregunta si alguien sabe hablar español. Usa tu oído. Contéstale, Frank.

8   Quería decir algo **soez,** brutal, para **compensar** el dolor que le estrangulaba las **entrañas,** como hacían los jíbaros de aquella isla

vile / to make up for
guts

olvidada. Pero nada podía articular. Muy cerca, el ruido de las **balas se volcaba** contra las paredes de los edificios.

bullets / rebounded

9   —No hables, Frank, no hables. No digas nada. Estás nervioso. No sabrías qué decir. El acento, puedes traicionar el acento. Te falta más saliva, tienes seca la boca. No hables, Frank.

10   De la esquina surgió entonces la cara **aceituna,** con la boca **temblorosa** y los ojos llenos de miedo.

olive-skinned
trembling

11   —**No disjpare, ejtoy desarmao, me rindo...** No tuvo tiempo de decir más. Una **andanada de balas aplastó** su cuerpo contra la pared y lo hizo **desplomarse** pesadamente.

[No dispare, estoy desarmado] *Don't shoot, I'm unarmed / I surrender . . .*
fusilade of shots / flattened
collapse

—Are you all right?— Oyó la voz del policía, perdido ya el eco de los últimos disparos.

12   —Di que estás bien, Frank, cuida de la entonación, usa tu oído genial, recuerda. Di algo como lo diría el irlandés de la calle Pulaski. Pulcramente, Frank.

13   **Se incorporó** débilmente con un "Yeah, I'm all right," lleno de saliva y cayó **de bruces** sobre el pavimento.

He sat up
face downward

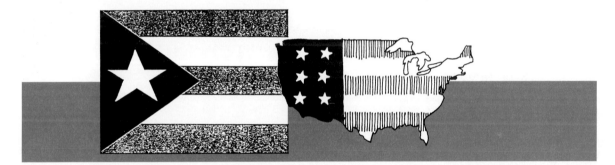

CONVERSACIÓN

1. Discuta el concepto estereotipado del puertorriqueño que tiene Pete, el italiano. ¿Cómo es o no es apropiado en cuanto a Frank?
2. Frank existe entre dos mundos. No es aceptado completamente ni por los puertorriqueños ni por los anglos. Comente.
3. En sus pensamientos, Frank describe el inglés como «seco» y «metálico». ¿Qué muestra su selección de palabras? ¿Es un comentario sobre su vida en los Estados Unidos? ¿Cómo?
4. ¿Qué significa, «Era necesario aprender a caminar con prisa... 'going places' ...»?
5. Para describir la escena en la calle, el autor usa palabras como «resplandeciente», «relampagueantes» e «iluminar». Psicológicamente, ¿por qué le molesta la iluminación a Frank Hernández?
6. Carrero llama a Puerto Rico, «aquella isla olvidada». Comente. Para tener éxito en los Estados Unidos, ¿es necesario que los inmigrantes se aculturen completamente?
7. Discuta la ironía en el cuento.

Para
AVANZAR

En 1898, al final de la guerra hispanoamericana, Puerto Rico se hizo parte de los Estados Unidos. Hoy día continúa siendo Estado Libre Asociado, aunque tiene su propia constitución y legislatura. Las leyes federales de los Estados Unidos se aplican también a los puertorriqueños y, en cambio, la isla recibe asistencia y protección. De vez en cuando, se considera la idea de hacerse estado de los Estados Unidos.

Por otra parte, con el tiempo se ha fortalecido la idea de que Puerto Rico debe ser una nación independiente. Desean la independencia total. Esta cuestión, muy polémica *(controversial)*, no se ha resuelto todavía.

En su clase tendrá lugar una conferencia. Ud. y sus compañeros de clase van a formar dos grupos. Un grupo representará a los Estados Unidos y el otro a Puerto Rico. Tocante a *(With reference to)* las ventajas o desventajas y al sentimiento popular, discutan el pro y el contra de por qué Puerto Rico debe hacerse estado de la Unión Americana.

¡Independencia! La cuestión del futuro de Puerto Rico queda sin solución.

VOCABULARIO[4]

la isla	*island*	**el gobierno**	*government*
		la representación	*representation*
la bandera	*flag*	**el senado**	*senate*
la cultura	*culture*	**ganar**	*to win*
		perder	*to lose*
el Estado Libre Asociado	*Commonwealth*	**votar**	*to vote*
la asistencia	*assistance*	**hacerse estado**	*to become a state*
los derechos	*rights*		
los privilegios	*privileges*	**el nacionalismo**	*nationalism*
el congreso	*congress*	**el orgullo**	*pride*
el gobernador	*governor*		

---

[4]También le ayudará el vocabulario del **Para avanzar** de **Destino 1.**

Destino

9

CONTENIDO

OBJETIVOS

☐ VOCABULARIO Y CONVERSACIÓN
You will be able to answer the phone, place a call, or ask an operator for assistance in a Spanish-speaking country.

☐ INFORMACIÓN Y CULTURA
You will become familiar with Spain, the land, the political system, and the economy and you will explore places of interest in Barcelona. You will also learn about the roles of men and women in Spanish society and you will be able to discuss the importance of communication.

ESPAÑA

Capital Madrid

Lengua oficial español
(castellano)

Geografía
  área aproximadamente
314.000 km^2 (195.000 millas^2);
casi tres cuartas partes (3/4)
del estado de Texas

  elevación lugar más alto:
Mulhacen, 3.478 m (11.411
pies). España tiene dos grupos
de islas **cercanas.** Son las Islas
Baleares (Mallorca, Menorca e
Ibiza), situadas en el Mar Mediterráneo, y las Islas Canarias
en el Océano Atlántico.

  España está divida en 17
regiones: Andalucía, Aragón,
Asturias, Baleares, Canarias,
Cantabria, Castilla-La Mancha,
Castilla y León, Cataluña, Extre-
madura, Galicia, La Rioja, Madrid, Murcia, Navarra, Comunidad Valenciana, País Vasco.

Población (en 1987)
39.000.000
Clima
  Madrid Por estar situada en
el centro de España, Madrid no
recibe mucha lluvia. Las temperaturas del verano se quedan
en los 70°F, pero el invierno
puede ser muy frío con temperaturas en los 30°F.
  Barcelona Barcelona tiene
veranos templados (75°F) e
inviernos frescos (40°–50°F). No
llueve mucho aquí.
  Granada Granada tampoco
recibe mucha lluvia. Sus veranos

ESPAÑA

son muy calientes (70°–80°F), pero en el invierno la temperatura baja a los 50°F.

Gobierno Monarquía Parlamentaria. Con la muerte del dictador Francisco Franco en 1975, Juan Carlos I, hijo del **destronado** rey Alfonso, se estableció como rey de España. Una de sus labores principales ha sido **restituir** la democracia en España. Hoy el gobierno consiste en el rey, el primer ministro y un parlamento llamado «Las Cortes».

El rey es el jefe de estado. También actúa como **consejero** en la estructuración de la política española. Además, representa a su país en **asuntos** diplomáticos y ceremoniales. El primer minis-tro es el líder del partido político que contiene la mayoría de los miembros en el parlamento.

Las Cortes consisten en una Cámara de Diputados de 350 miembros y un Senado de 208 miembros, todos eligidos por cuatro años. Los dos partidos políticos principales son el Partido Socialista Obrero Español (PSOE), que es liberal, y el más conservador, la Alianza Popular.

Hoy día España no es un país unido. Al norte, los **vascos** quieren separarse para formar su propia nación. Afirman que, con sus costumbres y lengua diferentes, no son españoles.

Moneda la peseta

Religión predominante Catolicismo

Productos
agricultura **aceitunas, corcho,** naranjas, trigo, uvas
fabricación acero, automóviles, barcos, cemento, productos químicos, ropa
minería hierro, plomo, zinc
pesca anchoas, **bacalao, merluza**

VOCABULARIO

las aceitunas *olives*
los asuntos *matters, affairs*
el bacalao *cod*
castellano *Castilian*
cercanas *nearby*
el consejero *advisor*
el corcho *cork*
destronado *dethroned*
la merluza *hake*
restituir *to restore*
los vascos *Basques*

Barcelona ha sido un centro comercial importante desde el siglo XII. Aquí, en la Plaza del Rey, Colón anunció el descubrimiento del Nuevo Mundo.

¿Pájaros, señor? Siempre hay algo interesante en el paseo de Las Ramblas.

1. ¿Cuál es la capital de España?
2. ¿De qué otra manera se llama la lengua española?
3. ¿Cuáles son las islas españolas que están situadas en el Mar Mediterráneo? ¿Le gustaría visitarlas algún día?
4. ¿En cuántas regiones está dividida España? ¿Cómo se llaman?
5. ¿Qué tipo de gobierno tiene España?
6. ¿Quién sucedió a Franco? ¿Cuál fue una de sus labores?
7. Hoy día, ¿en qué consiste el gobierno de España? ¿Quién es el jefe de estado?
8. ¿Quién es el líder de Las Cortes? ¿Cómo se elige?
9. ¿Qué quieren hacer los vascos? ¿Por qué? ¿Está Ud. de acuerdo con ellos?

REUNIRSE EN UN CAFÉ AL AIRE LIBRE EN BARCELONA

David y Consuelo han llegado a España. ¡Hay tanto que ver! Empiezan su visita en Barcelona, un puerto **alegre** e histórico en la región de Cataluña. Aquí visitan primero el **barrio gótico** donde se pueden ver murallas y columnas de la época romana. La Catedral, con sus 28 **capillas**, les fascina. Más tarde los Webster pasan por La Plaza de San Jaime I, hecha de **ladrillos** negros, y miran el **Ayuntamiento.** Cada edificio es una obra magnífica, ¡**aun** la Casa de Correos!

lively
Gothic section

chapels
bricks / Town Hall
even

El día siguiente David **tiene ganas de** ver el Pueblo Español, una atracción que tiene ejemplos de la vida **cotidiana** de cada región española. Allí se ven artesanos demostrando el arte de su región.

wants to
daily

Barcelona es también famosa por las obras del arquitecto Gaudí. A Consuelo le encanta el diseño fantástico e intricado del Templo de la Sagrada Familia. Igualmente fascinante es el Parque Güell donde ha creado el arquitecto un mundo fantástico de fuentes de cerámica en forma de dragones.

Por la tarde los Webster deciden llamar a un viejo amigo de David para invitarlo a un café.

(David habla con su amigo por teléfono.)

David	**He marcado** este número diez veces, y la línea está siempre ocupada. ¡Ah! Por fin alguien contesta.
Ernesto	**Dígame.**
David	¿Me permite hablar con Ernesto Ferrero, por favor?
Ernesto	**Al habla.** ¿Quién habla?
David	Hombre, ¿no me conoces? Soy David Webster.
Ernesto	¿David? ¿David Webster de Nueva York? ¡No puede ser! Hace tanto tiempo que no sé de ti. ¿Qué haces por aquí, amigo?
David	Estoy de vacaciones. Mi esposa y yo acabamos de llegar de Puerto Rico y pasamos algunos días en Barcelona.
Ernesto	**¡Qué casualidad!** Anoche miraba mis fotos de la universidad y pensaba en qué había sido de ti. Pues, debemos reunirnos. Tenemos mucho de que **charlar.**
David	Por eso te llamé. ¿Estás libre esta noche? Consuelo y yo pensamos ir a algún café al aire libre para tomar una copa y probar las famosas **tapas** españolas. Nos alegraríamos mucho si pudieras acompañarnos.
Ernesto	¡Excelente! Conozco un buen lugar en el Bulevar Las Ramblas. Sirven una merienda muy típica, con **pulpo** y papitas. De vez en cuando lo visitan las **tunas** para **amenizar** a los **concurrentes.** Se llama «La Pajarita». ¿Nos encontramos allí **como a las ocho y media**?

I've dialed

Hello.

Speaking.

What a coincidence!

to chat, talk about

appetizers

octopus
minstrels / to enliven, make happy
the audience
around 8:30

El arquitecto Antonio
Gaudí adoptó un diseño
de estalactitas y
estalagmitas en la
construcción del Templo
de la Sagrada Familia.

David Muy bien. ¿Y tu esposa también? **Nunca he tenido** el placer   *I've never had*
de conocerla. Se llama Marcela, ¿no?

Ernesto Ah, David. De veras ha pasado mucho tiempo. Hace un año
que estamos divorciados.

David Lo siento, Ernesto. No lo imaginaba.

Ernesto Tampoco yo, pero ya ves **cómo da vueltas la vida.** El   *how life has reversals*
horizonte es más amplio para la mujer moderna. Todas
siguen carreras. No son como en los días de nuestras madres.
Pues, hablamos más esta noche. ¿Hasta las ocho y media?

David Sí, Ernesto. Te esperamos. Hasta pronto.

Ernesto Adiós, David.

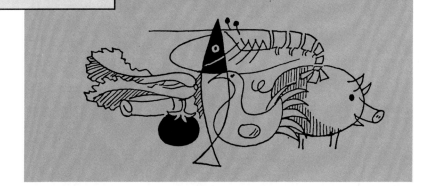

PALABRAS EN ACCIÓN

Ud. empieza a trabajar para una compañía que publica diccionarios. Su jefe le dice que escriba en español un sinónimo o una frase que explique el significado de cada palabra.

1. dígame
2. charlar
3. al habla
4. estar ocupado
5. casualidad
6. tapas
7. pulpo
8. tunas

PREGUNTAS SOBRE EL DIÁLOGO

1. ¿A quién llama David?
2. ¿Por qué tuvo que marcar el número diez veces?
3. ¿De dónde se conocen los amigos?
4. ¿Qué causó a Ernesto pensar en David antes de recibir su llamada?
5. ¿Qué quieren hacer David y Consuelo esta noche? ¿Qué quieren probar?
6. ¿Qué lugar les recomienda Ernesto? ¿Por qué?
7. ¿Por qué no vendrá la esposa de Ernesto?
8. ¿Qué piensa Ernesto de la mujer moderna?

Los bailadores forman un círculo para la Sardana, un baile tradicional.

UNA LLAMADA TELEFÓNICA

Un(a) cliente / Un(a) operador(a) / Un(a) amigo(a)

Ud. y dos compañeros(as) de clase van a hacer el papel de un(a) cliente, un(a) operador(a) y un(a) amigo(a) español(a). Uds. pueden usar el diálogo siguiente o pueden inventar una simulación original con el vocabulario.

Quiero hacer una llamada telefónica

Cliente	Dial the operator and say that you want to make a long-distance call.
Operador(a)	Say, "Yes, sir/madam. Person to person, station to station, or collect?"
Cliente	Say that you want to make a person-to-person call to your friend . . . in Barcelona, Spain.

Operador(a)	Say "All right. One moment, please." Then tell the client that the line is busy.	Amigo(a)	Say "Hello?"
Cliente	Say "Thank you, operator." Then say you are going to hang up and dial the number later.	Cliente	Say "Hello, ... This is . . . ." Then say that you are calling from the United States, and ask how your friend is.
Operador(a)	Ask if the client has the area code.	Amigo(a)	Say that you are fine, and ask how your friend is.
Cliente	Answer "Yes, thank you." Then dial the number and say the numbers as you dial: "012-35-46-875449."	Cliente	Say "Operator, operator! We've been cut off." Then ask if the operator can reconnect you.

Los vascos de San Sebastián, con sus boinas típicas, representan una cultura muy distinta del resto de España.

VOCABULARIO

la llamada telefónica

la llamada...	. . . call
de larga distancia	long-distance
persona a persona	person-to-person
por cobrar	collect
teléfono a teléfono	station-to-station
colgar (ue)	to hang up
marcar el número	to dial the number
el prefijo	area code

expresiones

¿Aló?, ¿Hola?, ¿Sí?	Hello?
¿Bueno?	Hello? (Mexico)
Diga., Dígame.	Hello. (Spain)
Hola, soy...	Hello, this is . . .
La línea está ocupada.	The line is busy.
más tarde	later
Nos han cortado.	We've been cut off.
¿Puede Ud. reconectarme?	Can you reconnect me?

Gramática

El participio pasado

A. To form the past participle of regular verbs, add **-ado** to the stem of **-ar** verbs and **-ido** to the stem of **-er** and **-ir** verbs. If the stem ends in **-a, -e,** or **-o,** the **-i** of **-ido** requires a written accent.

hablar	⟶	hablado
comer	⟶	comido
vivir	⟶	vivido
leer	⟶	leído

B. The following verbs have irregular past participles.

abrir	⟶	abierto
cubrir	⟶	cubierto
decir	⟶	dicho
escribir	⟶	escrito (also **describir, inscribir, prescribir, suscribir**)
freír	⟶	frito
hacer	⟶	hecho
ir	⟶	ido
morir	⟶	muerto
poner	⟶	puesto (also **imponer, proponer, suponer**)
romper	⟶	roto
satisfacer	⟶	satisfecho
ver	⟶	visto
volver	⟶	vuelto (also **devolver, envolver**)

C. The past participle may be used as an adjective. As an adjective it agrees in gender and number with the noun it modifies. This is also true when the past participle used as an adjective appears with **ser** to form the passive voice or with **estar** to show the resulting condition of a previous action (see **Preparación** pp. 17–19).

Adjective	Las sillas pintadas de rojo son muy alegres.	*The chairs painted red are very cheerful.*
Passive Voice	La esposa fue asesinada por su esposo loco.	*The wife was murdered by her crazy husband.*
Resulting Condition	La merienda está preparada. Pasen a la mesa, por favor.	*The snack is prepared. Come to the table, please.*

D. The regular past participle ends in *-en* or *-ed* in English. There are additional irregular forms.

eat<u>en</u>   liv<u>ed</u>   brought

Los tiempos perfectos: el presente perfecto, el pluscuamperfecto, el presente perfecto de subjuntivo, el pluscuamperfecto de subjuntivo

A. The verb **haber** is irregular in the present tense. It means *to have* as an auxiliary or helping verb, but not *to possess* (**tener**).

haber

he	*I have*	hemos	*we have*
has	*you have*	habéis	*you have*
ha	*he, she, it has, you have*	han	*they have, you have*

B. To form the present perfect tense ("perfect" from the Latin **perfectum** meaning *completed*), combine the present tense form of the helping verb **haber** with the appropriate past participle. The past participle always ends in **-o** when combined with **haber**.

he hablado	*I have spoken*
(no[1]) han vuelto	*they have (not) returned*
habéis estado	*you have been*
tú (no) te[1] has acostado	*you have (not) gone to bed*

C. The verb **haber** is regular in the imperfect tense.

haber

había	*I had*	habíamos	*we had*
habías	*you had*	habíais	*you had*
había	*he, she, it, you had*	habían	*they had, you had*

D. The verb **haber** is irregular in the preterite tense.

haber

hube	*I had*	hubimos	*we had*
hubiste	*you had*	hubisteis	*you had*
hubo	*he, she, it, you had*	hubieron	*they had, you had*

E. To form the pluperfect (past perfect) tense, combine the imperfect or preterit tense form of the helping verb **haber** with the appropriate past participle. The imperfect of **haber** is used more frequently to form this tense. It is helpful to use the subject pronouns for clarity in the first and third persons singular of the imperfect of **haber** because the verb forms are identical.

yo me había divorciado	*I had gotten divorced*
ella había bebido	*she had drunk*
hubimos dicho	*we had said*
Ud. había sido	*you had been*
ellos se habían escrito	*they had written to each other*

---

[1]Notice that the word **no** and direct, indirect, and reflexive pronouns precede the form of **haber** unless **haber** is not conjugated (**haberse sentado**—*to have sat down*).

F. The verb **haber** is irregular in the present subjunctive.

haber

haya	*(that) I (may) have*	hayamos	*(that) we (may) have*
hayas	*(that) you (may) have*	hayáis	*(that) you (may) have*
haya	*(that) he, she, it, you (may) have*	hayan	*(that) they, you (may) have*

G. To form the present perfect subjunctive, combine the present subjunctive form of the helping verb **haber** with the appropriate past participle.

    ...hayas creído   *...(that) you (may) have believed*

H. The verb **haber** is formed regularly in the past (imperfect) subjunctive using the third person plural preterit as its root **(hubieron)**.

haber

hubiera	*(that) I (might) have*	hubiéramos	*(that) we (might) have*
hubieras	*(that) you (might) have*	hubierais	*(that) you (might) have*
hubiera	*(that) he, she, it, you (might) have*	hubieran	*(that) they, you (might) have*

I. To form the pluperfect subjunctive, combine the past (imperfect) subjunctive form of the helping verb **haber** with the appropriate past participle.

    ...hubierais roto   *...(that) you (might) have broken*

J. For the future and conditional perfect tenses, combine the future or conditional forms of the helping verb **haber** with the appropriate past participle. Because these two tenses are not frequently used, we will not practice them in the exercises that follow. You may wish, however, to use them in class or in conversations and in written material.

    habré envuelto   *I will have wrapped*
    habría ido   *I/he/she would have gone*

EJERCICIOS

A. El primer día en Barcelona, Ud. asiste a una fiesta de bienvenida. Describa la fiesta, usando el presente perfecto, según el ejemplo.

> **Ejemplo** yo / llegar / temprano
> **Yo he llegado temprano.**

1. Carolina y yo / abrir / la botella de champaña
2. yo / pedir / una copa
3. mis amigos / sentarse / a la mesa
4. Martín / no / me / ver / en mucho tiempo
5. los invitados / hacer / mucho ruido

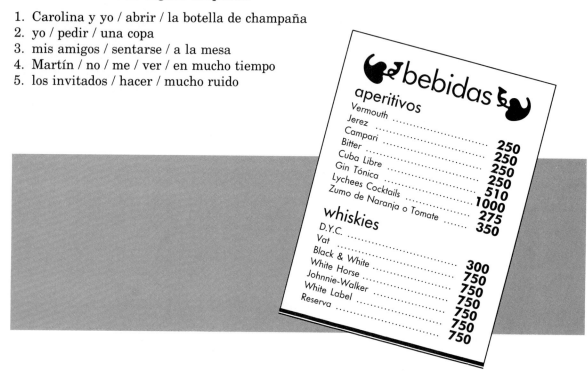

B. Dos semanas más tarde, Ud. habla por teléfono con su madre y le cuenta de la fiesta. Repita el Ejercicio A, usando el pluscuamperfecto.

C. El Sr. Santos Herrera es ingeniero para una compañía en Barcelona. Esta noche da una recepción para un ingeniero estadounidense. Ahora se preocupa por las preparaciones. Exprese sus pensamientos, empezando cada frase con **Ojalá que.**

1. La secretaria mandó todas las invitaciones.
2. La secretaria le dijo al Sr. Smith el nombre del hotel.
3. Le escribimos a nuestro jefe para invitarlo.
4. La secretaria puso el jerez en mi coche.
5. Mi esposa fue al almacén «El Corte Inglés» por mi camisa nueva.

D. Ahora, para descubrir los pensamientos de su secretaria, Xenia, empiece cada frase del ejercicio anterior con **Él esperaba que...,** y haga los cambios necesarios.

E. Describa oralmente o por escrito en una carta a su familia lo que Ud. ha hecho esta semana en Barcelona. Use los tiempos perfectos de los verbos siguientes y los lugares mencionados abajo.

hablar catalán   el Restaurante La Font del Gat en Montjuich
visitar   el Hotel Royal
ver   el Paseo de Gracia
volver   la Sagrada Familia de Gaudí[2]
registrarse   la Plaza de Cataluña
ser   el Parque Güell
ir   el Museo Picasso[3]
estar   el Pueblo Español
ponerse   la Santa María de Colón
comer
descubrir

[2]Spanish architect, 1852–1926
[3]Spanish painter, 1881–1973

BARCELONA

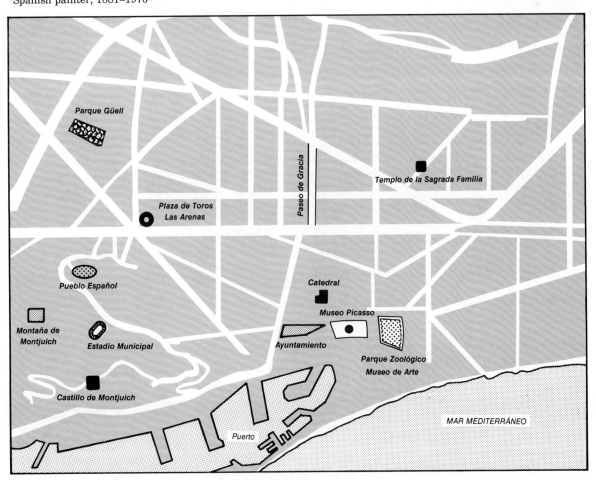

La tuna, un grupo de trovadores andantes, es una tradición medieval todavía conservada en la vida moderna española.

F. ¡Viajemos a California!

Pregúntele a un(a) compañero(a) de clase.

1. if (s)he has gone to California
2. if (s)he has made a trip to Hollywood
3. if (s)he has seen Universal Studios
4. if (her) his friends had heard anything about the tours to Beverly Hills
5. if (s)he had written to an actor/actress in Los Angeles

G. Dos parejas están en un café al aire libre. Complete su conversación con la forma apropiada de un tiempo perfecto.

1. (pedir) No creo que tu esposa _____ un aperitivo.
2. (probar) ¿_____ vosotros pulpo?
3. (poner) Quizás el mesero _____ nuestras cervezas en otra mesa.

Anoche Rafael González no regresó a casa. Su esposa, Rosa, estaba muy preocupada. Complete las frases con la forma apropiada de un tiempo perfecto para describir sus pensamientos.

4. (trabajar) Rosa dudaba que Rafael _____ tarde.
5. (salir) ¿_____ él anoche con otra mujer?
6. (volver) ¡Era imposible que Rafael no _____ a casa!

H. Diga dos cosas que Ud. no ha hecho todavía en su ciudad que le gustaría hacer. (Variaciones: en Hawaii; en Egipto; en el Japón; en Marte).

I. Ahora diga tres cosas que Ud. ha hecho en Barcelona que no le gustaron y tres cosas que le gustaron.

J. Adivinen Uds.

1. He comido una carne popular en los Estados Unidos. La he comido con pan, queso, salsa de tomate y cebolla. ¿Qué he comido?
2. Hemos viajado a la capital de un país. Hemos caminado por la calle principal, El Paseo de la Reforma. ¿Qué ciudad hemos visitado?
3. He ido al jardín zoológico. He visto un animal muy feroz parecido al gato que tiene rayas negras y pelaje amarillento. ¿Qué animal he visto?
4.–8. Ahora inventen Uds. por lo menos cinco adivinanzas para su compañero(a) de clase. Cada adivinanza debe usar un tiempo perfecto en sus descripciones. ¡Empiecen Uds.!

K. Inventen Uds. una pregunta y la respuesta a esa pregunta usando un tiempo perfecto. Otro estudiante tiene que hacer la pregunta.

> *Ejemplo*   He comido una manzana.
> **¿Qué has comido?**

L. Su amigo escribe una telecomedia para «Televisión española». Ayúdele a completar sus frases en español.

1. *has [not] seen*
   Elena espera que su esposo no la _____ con otro hombre.
2. *had talked*
   Ella _____ con su amante en un café al aire libre.
3. *had arrived*
   Su amante se alegraba de que ella _____ al café.
4. *has [not] said*
   Su esposo no _____ nada.

M. La historia continúa.

La clase se sienta en un círculo. La primera persona empieza una historia de su viaje a Barcelona con una frase usando un tiempo perfecto. Cada estudiante sigue con una línea más de la historia, también usando un tiempo perfecto.

N. ¿Verdadero o falso?

1. He viajado a Barcelona.
2. He patinado sobre el hielo.
3. Había pensado estudiar el español el año pasado.
4. Me he roto un hueso.
5. He hecho una llamada de larga distancia a Europa.
6. He mentido a veces en mi vida.
7. He comido pulpo.
8. He jugado al fútbol de estilo «soccer».
9. Habíamos aprendido el tiempo pretérito.
10. He volado en un avión.

Ud. y sus amigos han ido a «La Casa de Piedra», un restaurante chino en España. Ud. ha pedido el número 39. ¿Qué ha comido? ¿Cuántas pesetas le ha costado?

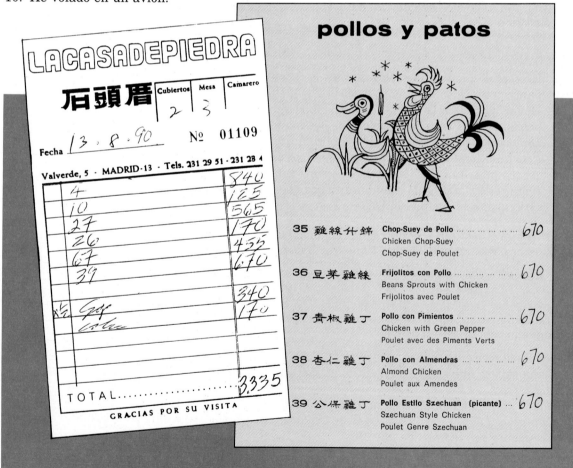

Lectura

CONVERSACIÓN
por Eduardo Mallea

NOTA SOBRE EL AUTOR

Eduardo Mallea (1903–1982) nació en Bahía Blanca, Argentina. Fue
diplomático, periodista y autor. Fundó revistas y dirigió el suplemento
literario de *La Nación*, un famoso periódico de Buenos Aires. Fue
nombrado embajador de la Argentina ante la Organización de las
Naciones Unidas para la Educación, la Ciencia y Cultura (UNESCO)
entre 1955 y 1958. Sus muchas obras incluyen dos tomos de cuentos y
doce novelas. En sus obras estudia la condición psicológica de los
personajes y, a través de ellos, la condición del hombre en general. Sus
temas principales son la alienación personal y el deseo de encontrar el
significado de la vida en un mundo superficial. Mallea murió en Buenos
Aires a la edad de 79 años, víctima de leucemia.

ANTES DE LEER

Considere las siguientes preguntas y busque las respuestas en las secciones
indicadas.

1. ¿Dónde tiene lugar el cuento? [sección 1]
2. ¿Quiénes entraron en ese lugar? ¿Cómo éstan vestidos? [sección 1]
3. ¿Qué le sirvió él? ¿Qué se sirvió a sí mismo? [sección 2]
4. ¿Cómo critica él a su mujer? [secciones 3–5]
5. ¿Adónde van el día siguiente? [sección 9]
6. ¿Quién es Ema? ¿Por qué causa tanta discusión? [secciones 11–12]
7. ¿Qué más compra el hombre? ¿Qué lee en él? [sección 14]
8. ¿Por qué no dice nada muchas veces la mujer? [secciones 15–16]
9. ¿Cómo son las calles en que caminan? ¿Cómo es el restaurante donde
   comen? [secciones 17–18]
10. ¿Por qué vuelven a casa después de comer? [sección 19]

¡Ahora, leamos!

CONVERSACIÓN

1   Él no contestó, entraron en el bar. Él pidió un whisky con agua;
ella pidió un whisky con agua. Él la miró; ella tenía un **gorro** de   *cap*
terciopelo negro apretándole la pequeña cabeza; sus ojos se abrían,   *velvet*
oscuros, en una zona azul; ella **se fijó** en la corbata de él, roja, con las   *stared*
pintas blancas sucias, con el nudo mal hecho... El mozo vino con la   *stains*

botella y dos vasos grandes y hielo; «Cigarrillos», le dijo él, «Máspero»;
el mozo recibió la orden sin mover la cabeza, pasó la servilleta por la
superficie manchada de la mesa, donde colocó después los vasos...

2   Él le sirvió whisky, cerca de dos centímetros, y luego le sirvió un
poco de hielo, y agua; luego se sirvió a sí mismo y probó en seguida un
trago corto y enérgico; **prendió** un cigarrillo y el cigarrillo le quedó *gulp / he lit*
colgando de un ángulo de la boca y tuvo que cerrar los ojos contra
el humo, mirándola; ella tenía su vista fija en la **criatura** que jugaba *child*
junto a la **tintorería;**... él tenía una voz autoritaria, viril, seca. *dry cleaner's*

3   —Ya no te pones el traje blanco— dijo.
—No— dijo ella.
—**Te quedaba mejor que eso**— dijo él. *It suited you better*
—Seguramente. *than that one*
—Mucho mejor.
—Sí.
—**Te has vuelto descuidada.** Realmente te has vuelto descuidada. *You've become unkempt.*

4   Ella miró el rostro del hombre, las dos **arrugas** que caían **a pico** *wrinkles / to a point*
sobre el ángulo de la boca pálida y fuerte; vio la corbata, **desprolijamente** *carelessly*
hecha, las manchas que la cubrían en diagonal, como **salpicaduras.** *splatters*

5   —Sí— dijo.
—¿Quieres hacerte ropa?
—Más adelante— dijo ella.
—El eterno «más adelante»— dijo él.—Ya ni siquiera vivimos. No
vivimos el momento que pasa. Todo es «más adelante».

6   Ella no dijo nada; el sabor del whisky era agradable, fresco y con
cierto **amargor** apenas sensible; el **salón** servía de refugio a la **huida** *bitterness / room /*
final de la tarde... *escape*

7   —Éste no es un buen whisky— dijo él.
—¿No es?— preguntó ella.
—Tiene un **gusto raro.** *strange flavor*

8   **Ella no le tomaba** ningún gusto raro; verdad que había tomado *She didn't notice*
whisky tan pocas veces; él tampoco tomaba mucho; algunas veces, al
volver a casa cansado, **cinco dedos,** antes de comer; otros alcoholes *five fingers (manner of*
tomaba, con preferencia pero nunca solo sino con amigos, al mediodía... *measuring alcohol)*

9   Le preguntó él:
—¿Qué me miras?
—Nada— dijo ella.
—Al fin, ¿vamos a ir o no, mañana, a lo de Leites?...
—Sí— dijo ella—por supuesto, si quieres. ¿No les hemos dicho que
íbamos a ir?
—**No tiene nada que ver**— dijo él. *That has nothing to*
—Ya sé que no tiene nada que ver, pero en caso de no ir habría *do with it*
que avisar ya.
—Está bien. Iremos.

10   Hubo una pausa.
—¿Por qué dices, **así,** que iremos?— preguntó ella. *like that*
—¿Cómo «así»?

—Sí, con un aire resignado. Como si no te gustara ir.

—No es de las cosas que más me entusiasman, ir.

11   Hubo una pausa.

—Sí. Siempre dices eso. Y, sin embargo, cuando estás allí...

—Cuando estoy allí, ¿qué?— dijo él.

—Cuando estás allí parece que te gustara de un modo especial...

—No entiendo— dijo él.

—Que te gustara de un modo especial. Que la conversación con
Ema te fuera una **especie** de respiración, algo refrescante, porque   *kind*
cambias...

—No seas tonta.

—Cambias— dijo ella. —Creo que cambias. O no sé. En cambio, no
lo niegues, **por verlo a él no darías un paso.**   *to see him you*
                                                            wouldn't take a
                                                            step (out of your
                                                            way)
—Es un hombre insignificante y gris, pero al que debo cosas—
dijo él.

—Sí. En cambio, no sé, me parece que dos palabras de Ema te
levantaran, te hicieran bien.

—No seas tonta— dijo él. —También me aburre.

12   —¿Por qué pretender que te aburre? ¿Por qué decir lo contrario de
lo que realmente es?

—Eres **terca.** Me aburre Leites y me aburre Ema, y me aburre   *stubborn*
todo lo que los rodea y las cosas que tocan.

—Te **fastidia** todo lo que los rodea. Pero por otra cosa— dijo ella.   *bothers*

—¿Por qué otra cosa?

—Porque no puedes soportar la idea de esa cosa grotesca que es
Ema unida a un hombre tan inferior, tan trivial.

—Pero es absurdo lo que dices. ¿Qué **se te ha metido** en la cabeza?   *has gotten into*
Cada cual crea relaciones en la medida de su propia **exigencia.** Si Ema   *need*
vive con Leites no será por una imposición divina, por una ley fatal, sino
tranquilamente porque no ve más allá de él.

—Te es difícil concebir que no vea más allá de él.

—Por Dios, basta; no seas ridícula...

—No soy ridícula— dijo ella.

Habría querido agregar algo más, decir algo más significativo que
echara una luz sobre todas esas frases vagas que cambiaban, pero no
dijo nada... ella sorbió la última gota del **aguardiente ámbar.**   *whiskey*

13   —En el fondo, Ema es una mujer bastante conforme con su suerte—
dijo él.

Ella no contestó nada.

—Una mujer fría de corazón— dijo él.

Ella no contestó nada.

—¿No crees?— dijo él.

—Tal vez— dijo ella.

—Y a ti, a veces, te da por decir cosas tan absolutamente fantásticas.

Ella no dijo nada.

—¿Qué crees que me puede interesar en Ema? ¿Qué es lo que
crees?

—Pero, ¿para qué volver sobre lo mismo?— dijo ella.—Es una cosa que he dicho al pasar. Sencillamente al pasar.

14   Los dos permanecieron callados; él la miraba, ella miraba hacia afuera, la calle que iba llenándose, muy lentamente, muy lentamente, de oscuridad, la calle donde la noche entraba en turno;... el hombre pidió otro whisky para él; ella no tomaba nunca más de una pequeña porción;... el hombre compró un diario, lo **desplegó** y se puso a leer los títulos; ella se fijó en dos o tres fotografías que había en la página postrera: una joven de la aristocracia que se casaba y un **fabricante** de automóviles británicos que acababa de llegar... en **gira comercial**;...ella preguntó al hombre si había alguna novedad importante y el hombre vaciló antes de contestar, y después dijo:

opened, unfolded

manufacturer
business trip

15   —La eterna cosa. No se entienden los rusos con los alemanes. No se entienden los alemanes con los franceses. No se entienden los franceses con los ingleses. Nadie se entiende. Tampoco se entiende nada. Todo parece que de un momento a otro se va a ir al diablo. O que las cosas van a **durar** así: todo el mundo sin entenderse, y el planeta andando.

to stay

    El hombre movió el periódico hacia uno de los **flancos,** llenó la copa con un poco de whisky y después le echó un **terrón** de hielo y después agua.

sides
cube

    —Es mejor no revolverlo. Los que saben tomarlo dicen que es mejor no revolverlo.

    —¿Habrá guerra, crees?— le preguntó ella.

    —¿Quién puede decir sí, quién puede decir no? Ni ellos mismos, yo creo. Ni ellos mismos.

    —Duraría dos semanas la guerra, con todos esos inventos...

    —La otra también; la otra también dijeron que iba a durar dos semanas.

    —Era distinto...

    —Era lo mismo. Siempre es lo mismo. ¿Detendrían al hombre unos gramos más de sangre, unos millares más de sacrificados? Es como la plata del **avaro.** Nada sacia el amor de la plata por la plata. Ninguna cantidad de odio saciará el odio del hombre por el hombre.

miser

    —Nadie tiene ganas de ser masacrado— dijo ella.—Eso es más fuerte que todos los odios.

    —¿Qué?— dijo él. —Una **ceguera** general todo lo nubla. En la guerra la **atroz plenitud de matar** es más grande que el **pavor** de morir.

blindness
atrocious frequency of killing / fear

    Ella calló; pensó en aquello; iba a contestar, pero no dijo nada; pensó que no valía la pena...

16   —**Me das rabia** cada vez que tocas el asunto de Ema— dijo él. Ella no dijo nada. Él tenía ganas de seguir hablando.

You infuriate me

    —Las mujeres debían callarse a veces— dijo.

Ella no dijo nada...

    —¿Quieres ir a alguna parte a comer?— preguntó él, con **agriedad.**

    —No sé— dijo ella —como quieras.

bitterness

Cuando hubo pasado un momento, ella dijo.

—Si uno pudiera dar a su vida un fin.

Seguía él callado.

17   Estuvieron allí un rato más y luego salieron; echaron a andar por esas calles donde rodaban la soledad, la pobreza y el templado aire nocturno; parecía haberse establecido entre los dos una atmósfera, una temperatura que no tenía nada que ver con el clima de la calle; caminaron unas pocas cuadras, hasta el barrio céntrico donde ardían los **arcos galvánicos,** y entraron en el restaurante.   *neon lights*

18   ¡Qué risas, **estrépito,** hablar de gentes! Sostenía la orquesta de diez hombres su extraño ritmo; comieron en silencio; de vez en cuando cruzaba entre los dos una pregunta, una **réplica;** no pidieron nada después del pavo frío; más que la fruta, el café; la orquesta sólo se imponía pequeñas pausas.   *noise*   *reply*

19   Cuando salieron, cuando los recibió nuevamente el aire nocturno, la ciudad, caminaron un poco **a la deriva** entre las luces de los cinematógrafos. Él estaba distraído, **exacerbado,** y ella miraba los **carteles** rosa y amarillo; habría deseado decir muchas cosas, pero no valía la pena; callaba.   *aimlessly*   *irritated*   *billboards*

—Volvamos a casa— dijo él. —No hay ninguna parte adonde ir.

—Volvamos— dijo ella. —¿Qué otra cosa podríamos hacer?

CONVERSACIÓN

1. ¿Por qué es irónico el título del cuento? ¿Cuál es la diferencia entre conversar y comunicar?
2. ¿Por qué no tienen nombres los protagonistas? ¿Con qué palabras los identifica el autor?
3. Hay mucha soledad en el cuento. Comente.
4. ¿Cómo relaciona lo que lee él en el periódico sobre la posibilidad de la guerra y la imposibilidad de entenderse entre las naciones con la relación entre él y ella? ¿Cómo universaliza esta técnica el tema del cuento?
5. El poema «Ruptura» por el mexicano Jaime Torres Bodet trata el mismo tema que «Conversación». Lea el poema y compare. ¿Hay otras obras que Ud. ha leído que se pueden comparar con este cuento? ¿Ha tenido Ud. una experiencia parecida? Descríbala.

Para AVANZAR

El Movimiento Feminista ha llegado también a España. Hoy día más mujeres se gradúan de las universidades y deciden seguir carreras. Ganan su propia vida, y las que se casan tienden a posponer el tener familia hasta que se establezcan en un buen puesto. Esta independencia ha creado muchos cambios en la sociedad española tradicional. Con más frecuencia las parejas *(couples)* optan por la convivencia *(living together)* sin el matrimonio, y el divorcio es más común.

Como en todos los países, el matrimonio español se enfrenta con la presión de la vida moderna.

¿Qué piensa Ud.?

1. ¿Qué cambios en la vida familiar resultan de la «liberación» de la mujer?
2. ¿Cómo se han adaptado los hombres?
3. ¿Ha sido el proceso más difícil para los hombres españoles que para los hombres de los EE.UU.? ¿Por qué? ¿Por qué no? ¿Y en otras partes del mundo hispánico?
4. ¿Cree Ud. que el divorcio sea una opción buena para un matrimonio fracasado?
5. ¿Y la convivencia? ¿Cuáles son las ventajas o desventajas de esta relación?
6. ¿Es importante la planificación familiar? ¿Qué problemas presenta esta situación en un país católico?

20 Preguntas

Haga el papel de una mujer famosa, contemporánea o histórica, y presente
una biografía de tres frases a la clase—¡sin decir el nombre de su personaje!
Sus compañeros harán hasta veinte preguntas del tipo «sí o no» para
adivinar su identidad. La persona que la adivine correctamente puede
entonces presentar otra biografía a la clase para adivinar.

Y después...

Cuando todos hayan presentado sus biografías, la clase se dividirá en grupos
de cuatro. Los grupos discutirán las preguntas sobre el matrimonio y el
divorcio. Cada persona contesta como si fuera la mujer de su biografía.

El movimiento feminista les
ha dado más libertad a las
mujeres de España.

VOCABULARIO

el matrimonio	*marriage*	**el Movimiento Feminista**	*Feminist Movement*
el amor	*love*		
la promesa	*promise*	la carrera	*career*
los votos	*vows*	ganar la vida / mantenerse	*to support oneself*
el divorcio	*divorce*	la guardería	*day care center, nursery*
el abogado	*lawyer*	la soltera	*single woman*
el adulterio	*adultery*		
el (la) amante	*lover*	**la planificación familiar**	*family planning*
el conflicto	*conflict*		
la custodia	*custody*	los anticonceptivos	*contraceptives*
fracasar	*to fail*	la convivencia	*living together*
el odio	*hate*	el hijo ilegítimo	*illegitimate child*

Destino

10

CONTENIDO

OBJETIVOS

☐ VOCABULARIO Y CONVERSACIÓN
You will be able to buy stamps and to mail letters, postcards, and packages at a post office in a Spanish-speaking country.

☐ INFORMACIÓN Y CULTURA
You will become acquainted with Granada, its history and places of interest, and you will explore the Moorish fortress, La Alhambra. You will also learn about gypsy traditions and religious attitudes.

Datos

GRANADA

Granada está situada en el sur de España en la región de Andalucía. Es una ciudad antigua, con mucha historia. Los **moros,** quienes controlaron el sur de España desde 711 hasta 1492, construyeron fortalezas y palacios de una belleza increíble. En Granada se ve La Alhambra, considerada la fortaleza más famosa de España. Dicha fortaleza también fue asiento del palacio del Sultán.

El nombre **Granada** significa una fruta exótica, de **cáscara** dura, pero dulce por dentro. Dicen que así es la ciudad. Granada, por su configuración geográfica, se parece a la fruta, y de allí viene su encanto y su misterio.

Puntos de interés en Granada

La Alhambra hecha de **terracota,** tiene 13 torres y está situada en una colina

El Generalife su nombre significa «jardín del arquitecto». Con sus jardines y fuentes bellísimos, sirvió como residencia de verano para el Sultán. Para los moros el agua abundante significaba la prosperidad. Por eso aún se oye el agua corriendo dentro de las **barras** de las escaleras.

La Catedral con la Capilla Real fue comisionada por el rey Carlos V, nieto de los monarcas Fernando e Isabel. Terminada en 1667, la Catedral representa una **obra maestra** del Renacimiento. En la Capilla, se encuentran las tumbas de Fernando e Isabel, su hija, Juana la Loca y el esposo de ésta, Felipe el Hermoso.

GRANADA

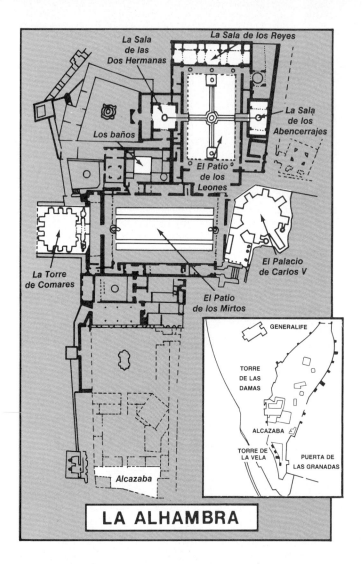

LA ALHAMBRA

Las Cuevas del Sacromonte aquí viven los **gitanos** que bailan y cantan para los turistas. A veces se puede ver el flamenco, un baile tradicional representado por un **tablado** flamenco que consiste en **bailadores,** cantores y músicos.

VOCABULARIO

los bailadores *dancers*
ias barras *handrails*
la cáscara *shell, peel*
los gitanos *gypsies*
la granada *pomegranate*
los moros *Moors*
la obra maestra *masterpiece*
el tablado *flamenco group*
la terracota *clay*

PREGUNTAS SOBRE LOS DATOS

1. ¿En qué región está situada Granada? ¿En qué parte de España?
2. ¿Quiénes controlaron el sur de España por 783 años, casi ocho siglos?
3. ¿Qué es La Alhambra? ¿Para qué servía en la época de los moros?
4. ¿Qué significa el nombre «Generalife»?
5. Para los moros, ¿qué era un símbolo de la prosperidad? En el Generalife, ¿dónde se encuentra este símbolo?
6. ¿Quién era Carlos V? ¿Qué comisionó?
7. ¿Qué hay en la Capilla?
8. ¿Dónde viven los gitanos?
9. ¿Por qué tipo de baile son famosos los gitanos? ¿Ha visto Ud. este baile?
10. ¿A Ud. le gusta la música? ¿Toca Ud. un instrumento musical?

Doce leones de alabastro vigilan la famosa fuente del Patio de los Leones de La Alhambra.

Diálogo COMPRAR SELLOS EN GRANADA

Para los Webster, La Alhambra parece un palacio de las «**Noches árabes**». En cada **rincón** hay algo maravilloso—mosaicos, **azulejos,** puertas y techos de cedro y baños de **mármol.** Es un lugar impenetrable donde dicen que cada piedra tiene **grabado** un nombre secreto o una **gota** de sangre. El escritor **Washington Irving** pasó mucho tiempo aquí intentando descubrir sus misterios.

"Arabian Nights"
corner / glazed, hand-painted tiles
marble
engraved
drop / American writer, 1783–1859

David y Consuelo pasan por el Patio de los Leones para ver la famosa fuente guardada por 12 leones de alabastro. De allí pasan por los salones del **harén** donde vivían las mujeres del Sultán. En esta parte hay dos **losas** de mármol tan **parecidas** que se llaman «Las Dos Hermanas».

harem
slabs / similar

Otro lugar que les intriga es el Salón de los Secretos, construido con tanta precisión que lo que **se murmura** en un rincón se oye por todas partes.

is whispered

El día siguiente los Webster deciden visitar a los gitanos del Sacromonte. Pero primero quieren comprar **sellos** para sus tarjetas postales. Entran en la **casa de correos.**

stamps
post office

David	Creo que debemos hacer cola aquí. En aquella ventanilla venden **giros postales.** Nosotros vamos a comprar sólo sellos.	*postal money orders*
Consuelo	Tienes razón. ¡Qué suerte que haya menos gente aquí! No tenemos mucho tiempo. El taxi está esperándonos. (a la empleada) Buenos días. Quisiera unos sellos para postales a los Estados Unidos.	
Empleada	¿Cómo quiere **enviarlas**? **Por avión** o express?	*to mail them / Air mail*
Consuelo	De veras no es nada urgente. Por avión. ¿Cuánto tiempo tarda en llegar **por superficie**?	*by surface mail*
Empleada	No puedo decirle exactamente, pero a los Estados Unidos es mejor **mandarlas** por avión.	*to send them*
Consuelo	Bien. Y también deme cinco aerogramas, por favor. Creo que, después del flamenco, **tendremos ganas de** escribir más.	*we will feel like*
Una mujer	¿Van al Sacromonte?	
David	Sí. Nunca hemos visto a los bailadores del flamenco, y oímos que lo están presentando hoy los gitanos.	
La mujer	Tiene razón. Pero Uds. deben ir a Sevilla. Allí se ve el flamenco más auténtico. El baile de los gitanos con el sonido de las **castañuelas** y el **zapateo** es algo inolvidable. Yo lo sé porque mi hermana baila con un **conjunto** sevillano.	*castanets / foot stomping group*
Consuelo	¡Qué bueno! Me gustaría mucho ver Sevilla. Ojalá que haya tiempo.	
Empleada	Bien, señora. Aquí están sus sellos y aerogramas. Para enviar tarjetas **al extranjero,** hay que pagar el **franqueo doble.**	*abroad / double postage*
Consuelo	Sí. Lo sé. Con tanta familia, siempre nos resulta algo cara la correspondencia. ¿Y dónde está el **buzón**?	*mailbox*
Empleada	Allí enfrente, señora, saliendo, a la izquierda.	
Consuelo	Gracias. Vámonos, David. Porque pronto empieza el flamenco.	

¡Veinte sellos, por favor! Hay que ir temprano a la casa de correos. De costumbre está cerrada durante dos horas por la tarde.

El escritor norteamericano Washington Irving pasó mucho tiempo estudiando los secretos de la Alhambra. Esta placa conmemora su visita.

¿SABE UD. QUE...?

If you're buying postcards, you'll need to shop early in the day or late in the afternoon. Many Spanish stores and businesses close for lunch from 2–4 p.m. Since lunch is often a large meal, this schedule allows families to eat together at home and to avoid working through the hottest hours of the day.

PALABRAS EN ACCIÓN

¡Cuentos favoritos!

Cuando Consuelo era niña, le gustaba mucho leer. Escriba frases completas de las palabras siguientes para describir uno de sus libros favoritos.

1. cuando / yo / ser / joven / leer / «Noches árabes»
2. sultán / vivir / en / palacio / mármol / con / azulejos
3. su / mujeres / quedarse / en / harén
4. moros / comer / granadas / en / jardín
5. agua / murmurar / en / cada / rincón / del / palacio / de / terracota

PREGUNTAS SOBRE EL DIÁLOGO

1. ¿Adónde hay que ir para echar una tarjeta postal?
2. ¿Es más rápido mandarla por avión o por superficie?
3. ¿Por qué quiere Consuelo aerogramas?
4. ¿Adónde van los Webster para ver el flamenco?
5. ¿Qué dice la mujer sobre el flamenco de Sevilla?
6. ¿Por qué tiene esa opinión?
7. ¿Qué hay que pagar para enviar tarjetas al extranjero?

EN LA CASA DE CORREOS

Un(a) cliente / Un(a) empleado(a)

Ud. y un(a) compañero(a) de clase van a hacer el papel de un(a) cliente y un(a) empleado(a) de la casa de correos. Uds. pueden usar el diálogo siguiente o pueden inventar una simulación original con el vocabulario.

Necesito comprar sellos y...

Empleado(a) Say "Good morning," and ask how you can be of service.

Cliente Say that you need to buy stamps for this letter to the United States.

Empleado(a) Say "Air mail, 60 pesetas, please." Then ask if the client wants anything else.

Cliente Say that yes, you want to mail this fragile package to Madrid.

Empleado(a) Say "It isn't heavy. Surface mail, 350 pesetas, please. Anything else?"

Cliente Say that yes, you have to send this postcard to your Spanish class in. . . . Then ask where the mailbox is.

Empleado(a) Say "Over there, near that letter carrier." Then ask if there is anything else.

Cliente Say that yes, you need to mail this certified letter to New York.

Empleado(a) Say "Registered mail, 290 pesetas, please." Then ask "Anything else?"

Cliente Answer no. Then explain that you should buy a money order for 900 pesetas, but that you do not have any money left.

V O C A B U L A R I O

el correo	*mail*	**por avión**	*air mail*
		por superficie	*surface mail*
la carta	*letter*	**pesado**	*heavy*
el paquete	*package, parcel*	**pesar**	*to weigh*
la (tarjeta) postal	*postcard*	**la estampilla**	*stamp* (Mexico,
frágil	*fragile*		Central America)
la casa de	*post office*	**el sello**	*stamp* (Spain)
correos		**el giro postal**	*money order*
		el cartero	*letter carrier*
echar / mandar /	*to mail, send*	**expresiones**	
enviar			
certificado	*certified*	**¿Algo más?**	*Anything else?*
con acuse de	*registered mail*	**No me queda**	*I don't have any*
recibo		**(más) dinero.**	*money left.*

Gramática

El participio presente

A. The present participle, which in English ends in *-ing (eating, speaking),* is formed in Spanish by adding **-ando** to the stem of regular **-ar** verbs, and **-iendo** to the stem of regular **-er** and **-ir** verbs.

(-ar) **hablando**	*speaking*
(-er) **comiendo**	*eating*
(-ir) **viviendo**	*living*

B. There are several verbs in Spanish with irregular present participles. Some common ones are:

decir	**diciendo**
ir	**yendo**
poder	**pudiendo**
venir	**viniendo**
vestir	**vistiendo**
servir	**sirviendo**

C. **-Ir** verbs that are "double stem-changers" use the second stem change for the present participle as well as for the third person preterit. Below are some examples.

sentir (ie, i)	**sintiendo** (sintió, sintieron)
dormir (ue, u)	**durmiendo** (durmió, durmieron)
pedir (i, i)	**pidiendo** (pidió, pidieron)

-Ar and **-er** verbs do not change their stem in the present participle.

D. When the stem of the infinitive of **-er** and **-ir** verbs ends in a vowel, the **i** of the present participle ending **-iendo** becomes a **y**, making the ending **-yendo**.

leer (stem **le-**)	**leyendo**
traer (stem **tra-**)	**trayendo**
oír (stem **o-**)	**oyendo**

E. The present participle may be used alone to express manner or means.

Estudiando, se puede aprender mucho.	*By studying, one can learn a lot.*

El tiempo progresivo

A. Normally, the present participle is used with a helping verb such as **estar** (common substitutes are **ir, venir, seguir, andar**) to form the progressive tenses. The progressive forms are less-frequently used than in English. They show action in progress.

Present Progressive	estoy enviando	I am sending
Imperfect Progressive	estaba escribiendo	I was writing
Preterit Progressive	estuve sirviendo	I was serving
Future Progressive	estaré comprando	I will be buying
Conditional Progressive	estaría nadando	I would be swimming
Present Perfect Progressive	he estado viviendo	I have been living
Pluperfect Progressive	había estado mintiendo	I had been lying
Subjunctive Progressive	(Ojalá) esté trabajando	(I hope) he is working

B. The verb **cantar** is conjugated as follows in the present progressive.

estoy cantando	I am singing
estás cantando	you are singing
está cantando	he, she, it is, you are singing
estamos cantando	we are singing
estáis cantando	you are singing
están cantando	they, you are singing

C. The progressive forms of **ir (yendo)** and **venir (viniendo)** are rarely used. Instead the simple present is used to show imminent future.

| Él viene a las seis. | He's coming at 6 o'clock. |
| ¿Vas? | Are you going? |

D. As previously mentioned, some other verbs may substitute for **estar** as helping verbs in the progressive.

El canguro va saltando calle abajo.	The kangaroo goes jumping down the street.
Sigo mandando las tarjetas postales.	I keep sending the postcards.
Vienen platicando de La Alhambra.	They are (come) chatting about the Alhambra.

E. Object pronouns may be attached to the present participle. (They may also precede the conjugated form of **estar**.) When attaching an object pronoun to the present participle, preserve the stress of the original word by placing a written accent over the vowel of the originally stressed syllable.

| Está echándola en el buzón. ⎫ | She is mailing it in the mailbox. |
| (La está echando en el buzón.) ⎭ | |

EJERCICIOS

A. Una visita a Granada...

Ud. está en su cuarto del hotel, mientras que la camarera lo está limpiando. Ud. y la camarera están charlando. Conteste sus preguntas con frases completas.

1. ¿Está Ud. leyendo la poesía de García Lorca?
2. ¿Estaba Ud. tomando un café cuando limpié su cuarto ayer?

3. ¿Ha estado Ud. comiendo en el Restaurante «Los Geranios»?
4. ¿Estaban sirviendo su especialidad?
5. ¿Estará Ud. visitando el Generalife mañana?

B. ¡Conozcámonos!
Usando el tiempo progresivo, pregúntele a un(a) compañero(a) de clase.

1. what (s)he was reading when you asked (her) him this question
2. if (s)he is speaking Spanish or English now
3. if (s)he was having a good time in class yesterday
4. if (s)he was laughing in class
5. how (s)he was feeling after the exam
6. if (s)he is always repeating the same errors
7. if (s)he is telling the truth now
8. what (s)he would be doing if (s)he were at home now

Las cuevas sirven de casas para algunas familias gitanas.

C. Las cuevas del Sacromonte...
Un grupo de muchachos granadinos va cada sábado al Sacromonte. Hoy celebran el cumpleaños de Raquel y deciden hacer cosas especiales. Para saber cómo es *diferente* esta noche, complete cada frase con el presente progresivo del verbo.

1. Usualmente pedimos cervezas, pero esta noche _____ vino.
2. Generalmente no traigo nada, pero hoy _____ un regalo.
3. Normalmente Luis no dice mucho, pero esta noche _____, «¡Feliz cumpleaños!»
4. Frecuentemente nuestros amigos se divierten en «La Gitana», pero hoy _____ en esta cueva.
5. Usualmente nos despedimos a las once, pero esta noche _____ después de medianoche.

D. Imagínese que está en la oficina de Correos. Describa todas sus actividades allí usando el tiempo progresivo y el vocabulario siguiente.

entrar en Correos	acercarse al buzón
comprar estampillas / sellos	buscar una carta perdida
hablar con el (la) empleado(a)	pedir una pluma
echar la(s) tarjeta(s) / carta(s)	pagar con pesetas
escribir el telegrama	pesar el paquete
enviar (mandar) por correo aéreo	cerrar el sobre

PANORÁMICA Y TOROS

EN DÍAS DE CORRIDA

Salida de nuestra TERMINAL, Plaza de Oriente, 8, dos horas antes del comienzo de la corrida.

Amplio recorrido por los típicos barrios de Madrid para contemplar sus inconfundibles monumentos, así como las modernas áreas de la ciudad, con sus bellas fuentes y jardines. Se terminará en la Plaza de Toros para presenciar la corrida, que, una vez finalizada, será objeto de un juicio crítico por parte del guía.
Regreso a los hoteles.

• **Se precisa reserva previa.**

Precios especiales durante la Feria de San Isidro y corridas extraordinarias.

PRECIO POR PERSONA 5.000

¿Qué está Ud. leyendo aquí? ¿Cuánto cobran por persona por esta excursión? ¿Qué se precisa?

El tablado flamenco—la bailadora y cuatro músicos—presenta este baile, famoso por su ritmo y color.

E. Escenas de Granada...

Durante su visita a Granada, Carlos y su esposa sacaron muchas fotos.
Ahora Carlos está poniéndolas en un álbum. Termine Ud. las descripciones
que empezó su esposa.

1. *were talking*
   Nosotros _____ con el cura cerca de la Catedral.
2. *is playing*
   Esta gitana _____ las castañuelas.
3. *had been taking*
   Yo _____ fotos en el Patio de los Leones.
4. *are coming*
   Los burros _____ por la Gran Vía.
5. *was sleeping*
   El gitano _____ cerca de la puerta de la cueva.
6. *traveling*
   De esta foto se ve que, _____ por España, se aprende mucho.

F. Escoja una foto con alguna actividad de una revista. Tráigala a la clase
y descríbala a la clase usando el tiempo progresivo.

G. Describa usando el progresivo.

1. tú

2. ella

3. él

4.

5. yo

6. ellas

7. Martín

8.

9. nosotros

10. el niño

11. la gitana

Comparación de adjetivos: los comparativos de igualdad y de desigualdad

A. There are three degrees of the adjective when making comparisons: the positive, the comparative, and the superlative. For regular comparisons, in English we add -er and -est or *more* and *most* or *less* and *least* to the positive degree to form the comparative and superlative degrees.

Positive	Comparative	Superlative
big	bigger	biggest
important	more important	most important
innovative	less innovative	least innovative

B. In Spanish, to form comparisons of inequality we use **más** or **menos** for the comparative and **el (la, los, las) más** or **menos** for the superlative.

Positive	Comparative	Superlative
bonito	**más (menos) bonito**	**el (la, los, las) más (menos) bonito(a, os, as)**

Rudolfo es guapo.	*Rodolfo is handsome.*
Álvaro es más guapo <u>que</u> Rodolfo.	*Álvaro is more handsome <u>than</u> Rodolfo.*
Carlos es el más guapo <u>de</u> la clase.	*Carlos is the most handsome <u>in</u> the class.*

C. Use **que** for *than* in comparisons of inequality.

D. Use **de** for *in* after the superlative degree of the adjective.

E. Before numbers use **de** rather than **que** for *than* when making comparisons.

Tengo menos <u>de</u> veinte pesetas.	*I have less <u>than</u> twenty pesetas.*

F. Some adjectives have irregular forms when being compared.

Positive	Comparative	Superlative
bueno (good)	**mejor** (better)	**(el) mejor** (best)
malo (bad)	**peor** (worse)	**(el) peor** (worst)

G. Grande and **pequeño** are compared regularly when referring to size and irregularly when referring to age.

Positive	Comparative	Superlative
grande (big) — size / age	**más grande** (bigger) / **mayor** (older)	**(el) más grande** (biggest) / **(el) mayor** (oldest)

Positive	Comparative	Superlative
pequeño (small) — size / age	**más pequeño** (smaller) / **menor** (younger)	**(el) más pequeño** (smallest) / **(el) menor** (youngest)

H. The following Spanish structures express comparisons of equality.

tan...como   as . . . as

La Sierra Nevada es tan hermosa como La Sierra Madre Oriental.   *The Sierra Nevada is as beautiful as the Sierra Madre Oriental.*

tanto(a, os, as)...como   as (so) much (many). . .as

Hay tantas monjas como curas aquí.   *There are as many nuns as priests here.*

tanto como   as (so) much as

¡El cartero trabaja tanto como el Papa!   *The letter carrier works as much as the Pope!*

tanto(a, os, as)   so much (many)

¿Por qué hay tantos rabinos en Correos?   *Why are there so many rabbis in the post office?*

tanto   so much

No bailes tanto.   *Don't dance so much.*

tan   so

¡Nunca he visto un elefante tan grande!   *I have never seen an elephant so big!*

EJERCICIOS

A. ¡Adivine quién!
Conteste en español.

1. Elisa recibe una **A** en computadores, Marisela recibe **C +** y León recibe **B**. ¿Quién es el mejor de la clase? ¿Quién es el peor?
2. Yo me despierto a las nueve y media. Mi hermana se despierta a las siete y media y su esposo a las seis y media. ¿Quién se despierta más temprano? ¿Quién más tarde?
3. Raquel tiene tres mil pesetas. Marco tiene setecientas cuarenta y cinco. Germán tiene mil quinientas y Enrique tiene dos mil novecientas treinta y una. ¿Quién tiene menos pesetas? ¿Quién tiene más, Germán o Marco?
4. Victoria ganó un premio de belleza. Ana María ganó el primer premio. Catalina quedó en segundo lugar. ¿Quién es la más bella? ¿Quién es más bella, Catalina o Victoria?

B. ¿Falso o verdadero?

1. Andrés empieza a aprender a tocar el piano. Elisa ya toca música clásica. Andrés toca mejor que Elisa.
2. Miguel es campeón de fútbol. Esteban juega muy bien al béisbol. Tomás es el peor estudiante de deportes de su clase. Miguel y Esteban son mejores deportistas que Tomás.

3. Esta planta nochebuena necesita más agua. Aquélla que trajimos del jardín está bien regada. Ése es un cactus de Arizona. Ese cactus está más seco que la planta que trajimos del jardín.
4. Ayer me acosté muy tarde, después de medianoche. Anteayer me acosté a las diez de la noche y esta noche me voy a acostar a las diez y media. Esta noche voy a acostarme más tarde que anteayer.
5. La bomba atómica es muy peligrosa. La bomba nuclear es la más peligrosa. La dinamita es peligrosa. La bomba atómica es menos peligrosa que la dinamita.

C. ¡Conozcámonos!
Pregúntele a un(a) compañero(a) de clase.

1. if (her) his Spanish class is smaller or bigger than (her) his other classes
2. if (her) his grade in Spanish is better or worse than in English
3. who the most intelligent student in (her) his language class is
4. if there are as many girls as boys in this class
5. if (s)he has an older brother
6. who the most important person in (her) his life is
7. if (s)he has more or less than twenty dollars right now

D. La familia Vasconcelos...
Cada vez que Noemí empieza a describir a su familia, suena el teléfono. Ud. tiene que terminar sus descripciones.

1. *so intelligent*
   ¡Mi hermano es _____!
2. *younger sister*
   Ruth es mi _____.
3. *more religious than*
   Mis padres son _____ yo.
4. *the tallest in*
   Débora es _____ la familia.
5. *faster than*
   Eva corre _____ Natán.
6. *so much*
   ¡Adán estudia _____!

E.   En setenta y cinco palabras describa dos bailadoras de flamenco, María Rosita y Josefina. Invente varias comparaciones entre ellas usando adjetivos en el comparativo y en el superlativo.

F.   Cada estudiante trae dos objetos a la clase y no se los muestra a nadie. En grupos de dos personas los estudiantes intercambian los objetos y comparan los objetos del (de la) otro(a) estudiante. Con una señal del (de la) profesor(a), los grupos pasan los objetos a otro grupo hasta que se hayan comparado todos los objetos en todos los grupos.

†

EXCELENTÍSIMO SEÑOR

DON ANTONIO RODRÍGUEZ RODA

ABOGADO

CENSOR JURADO DE CUENTAS

FALLECIÓ EN TORRELODONES

EL DÍA 8 DE AGOSTO DE 1990

Habiendo recibido los Santos Sacramentos

Su esposa, excelentísima señora doña Amalia Robles Soldevilla; hijos, Antonio, Mabel, Eduardo y Alicia; hijos políticos, María Victoria Arce Gómez, Elena Román Rafel, Antonio Morales Fernández; hermanos políticos, nietos, bisnietos y demás familia.

RUEGAN una oración por su alma.

Por expresa disposición del finado el entierro se celebró en la más estricta intimidad.

(5)

---

†

NOVENO ANIVERSARIO
DEL ILUSTRÍSIMO SEÑOR

DON FRANCISCO REYES PÉREZ ACOSTA

QUE FALLECIÓ

EL DÍA 14 DE AGOSTO DE 1981

D.E.P.

Su esposa, doña Mercedes Junquera Butler; hermana, hermanos políticos y sobrinos

RUEGAN una oración por su alma.

(2)

---

†

JOSÉ ANTONIO SALCEDA MARTÍNEZ

ABOGADO, CAPITÁN DEL CUERPO DE INTERVENCIÓN MILITAR

SU ESPOSA

MARÍA TERESA PAGE PAVÓN

ABOGADA, INSPECTORA DEL TRANSPORTE TERRESTRE

FALLECIERON EN ACCIDENTE

EL DÍA 14 DE AGOSTO DE 1990

a los treinta y dos y veintiocho años, respectivamente

D. E. P.

Sus hijas, María Teresa y Beatriz; padres, don José Page Fernández y doña Carmen Pavón Villena y demás familia

RUEGAN una oración por sus almas.

(4)

---

†

ROGAD POR EL ALMA DE

DON ANTONIO PUERTA SORDO

FALLECIÓ EN GRANADA

EL DÍA 9 DE AGOSTO DE 1990

Habiendo recibido los Santos Sacramentos y la bendición de Su Santidad

D. E. P.

Su esposa, Amelia; hijos, Javier, María Amelia, María del Mar, Carlos, Paloma, Kika; hijos políticos, Marisa, Paco, José María, Pili, Fernando; nietos, hermanos, hermanos políticos, sobrinos, primos y demás familia

RUEGAN una oración por su alma.

El funeral por su eterno descanso se celebrará el día 16 de agosto, a las diez horas de la mañana, en la parroquia de la Encarnación, de Almuñecar (Granada).

(4)

¿Tenía Don Antonio Rodríguez Roda tantos hijos como Don Antonio Puerta Sordo?
¿Era José Antonio Salceda Martínez mayor o menor que su esposa, María Teresa, cuando murieron en el accidente?
¿Hace más de diez años que está muerto Don Francisco Reyes Pérez Acosta?

El superlativo absoluto

A. The absolute superlative is the way that Spanish expresses *very*, *extremely*, or *exceedingly* and an adjective. In English, the word *very* or its substitutes would be underlined in writing and orally emphasized in speech. The absolute superlative ending **-ísimo(a, os, as)** is a substitute for **muy** or its equivalents. The ending is added to the adjective by dropping the final vowel (if there is one) or it is added directly to an adjective ending in a consonant.

muy importante	$\longrightarrow$	**importantísimo**
muy difícil	$\longrightarrow$	**dificilísimo**
sumamente bueno	$\longrightarrow$	**buenísimo**

B. Some absolute superlatives are irregular.

amable	$\longrightarrow$	**amabilísimo**	(ble	$\longrightarrow$	**bil**)
poco	$\longrightarrow$	**poquísimo**	(c	$\longrightarrow$	**qu**)
largo	$\longrightarrow$	**larguísimo**	(g	$\longrightarrow$	**gu**)
feliz	$\longrightarrow$	**felicísimo**	(z	$\longrightarrow$	**c**)

C. When adding the absolute superlative ending to adverbs ending in **-mente,** add **-ísima** to the adjective stem (dropping the vowel when necessary) and reattach **-mente** at the end.

			STEM		
(drop vowel)	rápidamente	$\longrightarrow$	**rápid-**	$\longrightarrow$	**rapidísimamente**
(no vowel)	fácilmente	$\longrightarrow$	**fácil-**	$\longrightarrow$	**facilísimamente**
(drop vowel)	claramente	$\longrightarrow$	**clar-**	$\longrightarrow$	**clarísimamente**

EJERCICIOS

A. Ud. trabaja en una agencia de publicidad. Su proyecto es escribir descripciones de varios coches. Para cada coche haga una frase comparativa y, después cámbiela al superlativo absoluto, según el ejemplo.

> *Ejemplo*   Fiat / pequeño / Cadillac
> **El Fiat es más pequeño que el Cadillac.**
> **El Fiat es pequeñísimo.**

1. este Jaguar / rápido / ese Chevrolet
2. este Honda / barato / ese Mercedes
3. este Ford / tradicional / ese Toyota
4. este Porsche / bello / ese Buick

B. ¡El nuevo jefe!
Paloma le describe su nuevo jefe a su esposo. Cambie sus adjetivos al superlativo absoluto.

1. El señor Menéndez es extremadamente guapo.
2. También es muy simpático.
3. Su mujer es notablemente rica.
4. Pero sus niños son muy malos.
5. Sus dos hijas son extremadamente hermosas.
6. Pero sobre todo, es un señor muy amable.

C. Describa a un miembro de su familia o de su clase de español usando por lo menos cinco formas diferentes del superlativo absoluto.

D. Describa una experiencia real o imaginaria, usando el superlativo absoluto lo más posible. Luego los estudiantes de la clase van a hacerle preguntas para determinar si la experiencia es real o imaginaria. Después, la clase, en grupo, tiene que decidir si es un hecho verdadero o imaginado.

Este hombre español es importantísimo. ¿Quién es?

Los adjetivos posesivos: formas cortas y largas

A. The short forms of the possessive adjectives agree with the nouns they modify in gender and number. They precede the noun. They agree with the thing possessed *not* the possessor. The possessive adjectives are:

mi(s)	my	**nuestro(a, os, as)**	our
tu(s)	your	**vuestro(a, os, as)**	your
su(s)	his, her, its, your	**su(s)**	their, your

Mi coche Seat es viejo.
My Seat car is old.

Mis coches Seat y Renault son buenísimos.
My Seat and Renault cars are <u>very</u> good.

Notice that when the thing possessed ends in **-s,** the possessive adjective also will end in **-s** even though the possessor is still singular.

B. Because the possessive adjective **su(s)** has six possible meanings, it is often clarified by a **de** construction.

El pecado de él
El pecado de ella
El pecado de Ud. **Su pecado fue malísimo.**
El pecado de ellos *His (Her, Your, Their, Your) sin was exceedingly bad.*
El pecado de ellas
El pecado de Uds.

C. Remember that the possessive adjective is not usually used with a part of the body or an article of clothing; the definite article is used instead.

Los dientes me duelen.	*My teeth ache.*
Tengo que ponerme los guantes porque hace frío.	*I have to put on my gloves because it's cold.*

D. The long forms of the possessive adjectives also agree with the noun they modify in gender and number. They follow the nouns they modify. The forms are:

mío(a, os, as)	*my, of mine*	**nuestro(a, os, as)**	*our, of ours*
tuyo(a, os, as)	*your, of yours*	**vuestro(a, os, as)**	*your, of yours*
suyo(a, os, as)	*(of) his, hers, its, yours*	**suyo(a, os, as)**	*their, of theirs, your, of yours*

Querido amigo mío...	*My dear friend . . .*

E. The pronouns for the above are formed by placing the appropriate definite article before the adjective.

las mías	*mine*
los nuestros	*ours*
etc.	

Encontró las cartas mías.	*He (She) found my letters.*
Encontró las mías.	*He (She) found mine.*

F. Again, the forms of **suyo** are often clarified by a **de** phrase.

Es una cueva suya (de ellos).	*It is a cave of theirs.*

EJERCICIOS

A. Dos grupos de estudiantes comparan sus experiencias en Granada. Complete las frases con la forma apropiada del adjetivo posesivo (largo o corto) o con el pronombre posesivo.

1. *ours, theirs*
   _____ hotel es el Hotel Meliá Granada; _____ es el Hotel Almuñecar.
2. *of mine, his*
   Yo fui con unos amigos _____ a ver la Puerta de la Justicia en la Alhambra; Roberto fue con _____ al Patio de los Leones.
3. *of yours* [familiar singular]
   Una amiga _____ nos llevó al Sacromonte a ver el flamenco.
4. *her, your* [familiar plural]
   Elena cree que el cuarto _____ es más grande que _____ cuartos.

B. Algunos compañeros de cuarto en la universidad hablan de sus diferentes maneras de estudiar. Termine sus comentarios, usando la forma apropiada del adjetivo posesivo.

1. Marta nunca prepara los ejercicios suyos, pero yo siempre preparo los ejercicios _____.
2. Yo no puedo leer mi novela con música y Susana y Judit no pueden leer _____ novela con la televisión.
3. Tu profesor te da mucho trabajo, pero _____ profesor nos da poco.
4. Yo hago mis lecciones antes de dormir, pero vosotros hacéis _____ lecciones por la mañana.

C. Haga una descripción de su apartamento, condominio o casa (la suya o la que Ud. sueña con comprar), usando los adjetivos y pronombres posesivos y las siguientes preguntas como guía.

¿Cómo es su sala? ¿Su alcoba?
¿Qué muebles hay en su hogar?
¿Dónde está su casa?
¿Cuántos cuartos hay en su casa?
¿Cómo son su comedor y su cocina?
¿Hay plantas suyas? ¿aparatos eléctricos suyos?
¿Los vecinos suyos le gustan?
¡etc.!

D. Indique cómo se siente Ud. en cuanto a las siguientes cosas. Use las expresiones de la lista.

Me encanta(n)   No me gusta(n)
Me gusta(n) mucho   Odio esta(s) cosa(s)
Me gusta(n) un poco

1. mi(s) coche(s)
2. nuestros senadores en Washington
3. mi religión
4. la ropa suya [de su profesor(a)]
5. mi novio(a) o esposo(a)
6. mis amigos
7. nuestra clase de español
8. sus cartas (las de sus conocidos)
9. nuestras bombas nucleares
10. nuestra CIA o FBI
11. su KGB

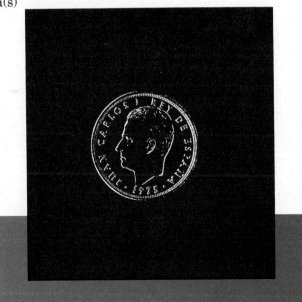

Su cara es muy conocida. ¿Es nuestro presidente? ¿Es un pariente suyo? Los españoles tienen una monarquía constitucional. ¿Es su rey?

E. El (La) profesor(a) divide la clase en grupos de dos. Los estudiantes cortan una foto de una revista. Usando los adjetivos o pronombres posesivos, describen la foto a su compañero(a) de clase. Éste(a) dibuja lo que su compañero(a) describe. Él (La) estudiante que dibuja le puede hacer preguntas también.

Ejemplo   (Ud. ha cortado una foto de una mujer fumando.)
                 Ud. **Mi hermana es una mujer alta y rubia. Su pelo es corto y rizado. Sus aretes son triangulares. Está fumando un cigarrillo. Su cigarrillo es blanco y de marca Camel....**
                 Compañero(a) **¿De qué color son sus ojos? ¿Son de oro o de plata sus aretes?** etc.

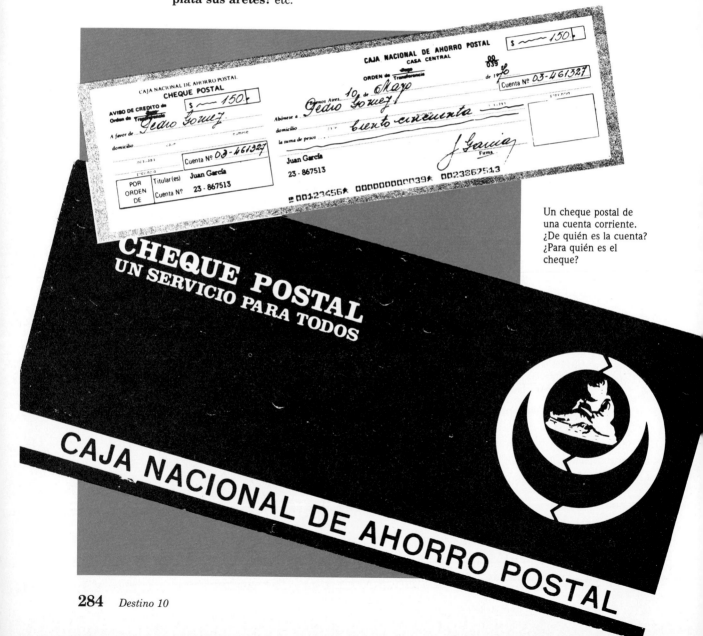

Un cheque postal de una cuenta corriente. ¿De quién es la cuenta? ¿Para quién es el cheque?

Los demostrativos: adjetivos y pronombres

A. Demonstrative adjectives point out, demonstrate (hence "demonstrative"), or show the noun with which they appear. They precede the noun, and agree with it in gender and number. The demonstrative is repeated before each noun in a series.

Singular			Plural		
Masculine	**Feminine**		**Masculine**	**Feminine**	
este	esta	*this*	estos	estas	*these*
ese	esa	*that* (near)	esos	esas	*those* (near)
aquel	aquella	*that* (far)	aquellos	aquellas	*those* (far)

Esta cámara es una Minolta. *This camera is a Minolta.*
Aquellos árabes construyeron *Those Arabs built the Alhambra.*
La Alhambra.

B. The demonstrative pronouns use the same forms as the adjectives with the addition of a written accent over the first letter **e** on all forms to show that the noun is absent and the demonstrative stands in its place. They still agree in gender and number, now with the *understood* noun.

Singular			Plural		
Masculine	**Feminine**		**Masculine**	**Feminine**	
éste	ésta	*this one*	éstos	éstas	*these*
ése	ésa	*that one* (near)	ésos	ésas	*those* (near)
aquél	aquélla	*that one* (far)	aquéllos	aquéllas	*those* (far)

Ésta es una Minolta. *This (one) is a Minolta.*
Aquéllos construyeron *Those built the Alhambra.*
La Alhambra.

C. The demonstrative pronoun forms **éste (ésta, éstos, éstas)** mean *the latter* while the forms **aquél (aquélla, aquéllos, aquéllas)** mean *the former.*

Cervantes escribió <u>Don Quixote</u> *Cervantes wrote <u>Don Quixote</u>*
y Shakespeare escribió *and Shakespeare wrote*
<u>Macbeth</u>; éste fue inglés y *<u>Macbeth</u>; the latter was*
aquél español. *English and the former Spanish.*

D. There are three neuter pronouns which refer to a general idea or statement. These do not need accents because there are no neuter demonstrative adjectives.

esto	*this*
eso	*that*
aquello	*that*

Eso no me importa. *That doesn't matter to me.*

EJERCICIOS

A. Usando los adjetivos y pronombres demostrativos, compare las personas o cosas en los dibujos.

Ejemplo   *this*
> **Este señor es más alto que éste.**
> **Este señor es más bajo (gordo) que éste.**
> **Este señor no es tan bajo como éste.**

1. *that* (near)

2. *that* (far)

3. *this*

4. *these*

5. *that* (near)

6. *those* (far)

Un guitarrista muy conocido, Andrés
Segovia, estableció la importancia
de la guitarra en la música clásica y
romántica.

B. Ud. va de compras en Granada. Dé el precio en pesetas (135 pesetas =
$1) usando un adjetivo demostrativo para describir cada cosa.

> *Ejemplo*   Los zapatos de cuero *(these)*.
> **Estos zapatos de cuero cuestan mil quinientas pesetas.**

1. el computador Apple II nuevo *(this)*
2. las maletas azules *(those,* near)
3. la jarra de cerámica *(that,* far)
4. la blusa bordada para mi madre *(this)*
5. las guitarras españolas *(these)*
6. los gemelos *(these)*
7. el libro sobre La Alhambra *(that,* near)
8. las cámaras fotográficas Nikon *(those,* far)
9. los objetos de arte de Toledo *(these)*

C. Ud. va a la casa de correos en Granada. Use estas frases para formar
oraciones completas que describen su visita.

estas cartas express   éste, aquélla
aquellos paquetes frágiles   este telegrama
esos sellos españoles   esa tarjeta postal

D. Algunos turistas visitan un tablado flamenco. Aquí están sus reacciones. Exprésalas completamente en español.

1. *Those* [near]
   _____ bailadores son muy talentosos.
2. *This*
   _____ músico toca muy bien.
3. *The former, the latter*
   La bailadora del vestido azul baila más rápido que la del vestido rojo.
   _____ es de Granada y _____ es de Sevilla.
4. *This*
   ¡_____ es fantástico!

E. ¿Le gusta(n) o no le gusta(n)?

1. este vino de jerez fino
2. esa cerveza cara
3. estas calculadoras
4. aquel periódico, «El País», de España
5. aquellas piñatas
6. esos mariscos frescos
7. esta papaya
8. este pescado frito en aceite de oliva
9. esos comunistas en Polonia
10. ese rey de España, Juan Carlos
11. aquella bomba atómica en Hiroshima

Éstos son anuncios de tablados flamencos. ¿Qué hace la bailadora? Ese restaurante con tablado flamenco se llama «El Corral de la Morería». ¿Es éste «El Fuerte»? Ése está en Madrid. ¿Dónde está este club?

ROMANCE DE LA LUNA, LUNA

por Federico García Lorca

NOTA SOBRE EL AUTOR

Federico García Lorca nació en 1898 en Fuentevaqueros, cerca de
Granada. Murió asesinado por la Guardia Civil en 1936 durante la
Guerra Civil en España, y su cuerpo fue enterrado en un lugar
desconocido. «Romance de la luna, luna» viene de su *Romancero gitano*
publicado en 1928. Esta obra contiene 18 romances, o poemas tradicionales
épico-líricos con métrica fija de ocho sílabas. En su poesía, Lorca utiliza
el sabor de Andalucía, su gente, su música y su color. Por ejemplo,
nuestra selección describe a los gitanos, gente muy supersticiosa y
orgullosa. Como las fuentes de su poesía son canciones infantiles, el
cante jondo, el romance tradicional, los toreros y la Guardia Civil, Lorca
se considera todo un poeta español.

ANTES DE LEER

Considere las siguientes preguntas y busque las respuestas en las estrofas
indicadas.

1. ¿Cómo parece la luna al principio del poema? ¿De qué color es? [estrofa 1]
2. ¿Qué otros personajes hay en el poema? [estrofas 1–5]
3. Describa a los gitanos. [estrofa 3]
4. ¿Qué le pasa al niño? ¿Quién lo lleva? [estrofa 4]
5. ¿Por qué lloran los gitanos en la última estrofa? [estrofas 2–5]

¡Ahora, leamos!

ROMANCE DE LA LUNA, LUNA

1   La luna vino a la **fragua**   *forge* (furnace to heat metal)
con su **polisón** de **nardos.**   *bustle / nards* (spiked, fragrant, white flowers)
El niño la mira mira.
El niño la está mirando.
En el aire **conmovido**   *stirred up*
mueve la luna sus brazos
y enseña, **lúbrica** y pura,   *slippery*
sus **senos** de duro **estaño.**   *breasts / tin*
Huye luna, luna, luna.   *Flee*
Si vinieran los gitanos,
harían con tu corazón
collares y anillos blancos.   *necklaces*

Niño, déjame que baile.
Cuando vengan los gitanos,
te encontrarán sobre el **yunque** *anvil*
con los **ojillos** cerrados. *little eyes*
Huye luna, luna, luna,
que ya siento sus caballos.
Niño, déjame, **no pises** *don't tread on*
mi **blancor almidonado.** *whiteness / starched*

2   El **jinete** se acercaba *horseman*
tocando el tambor del llano. *playing the drum on*
Dentro de la fragua el niño *the plain* (refers to
tiene los ojos cerrados. the sound of
  horses' hoofbeats
  on the plain)

3   Por el **olivar** venían, *olive grove*
bronce y **sueño,** los gitanos. *bronzed / sleepy*
Las cabezas levantadas
y los ojos **entornados.** *half-closed*

4   ¡Cómo canta **la zumaya,** *tawny owl*
ay cómo canta en el árbol!
Por el cielo va la luna
con un niño de la mano.

5   Dentro de la fragua lloran,
dando gritos, los gitanos.
El aire la **vela,** vela, *watches over* (holds a
el aire la está velando. wake over)

CONVERSACIÓN

1. Discuta el uso extendido del color blanco en el poema. ¿Qué simboliza el color?
2. Hay muchos metales en el poema. ¿Cuáles son? ¿Por qué los hay? ¿Que sensación dan, de calor, de frío o de los dos? ¿Por qué?
3. Para describir la luna, usa el poeta palabras como «senos de duro estaño», «lúbrica» y «pura». Con estas palabras, ¿qué podemos concluir sobre la personalidad de la luna?
4. En la religión de los romanos, Diana, la diosa de la luna, fue cazadora *(huntress)*. ¿Qué caza la luna en este poema?
5. Lorca usa la técnica de mucha repetición. Coméntela especialmente en cuanto al lirismo del poema.
6. El poema rima en **a-o.** Diga muchas veces estos vocales en voz alta y luego analice por qué Lorca crea tal rima en el poema. (**frag__ua__ / nard__os__ / mir__a__ / mir__ando__**)
7. Los gitanos son muy supersticiosos. ¿Qué superstición de ellos representa Lorca en este poema? ¿Cuál es el tema del poema?
8. ¿Qué representa(n) o simboliza(n) la luna? ¿el niño? ¿los gitanos?

Para AVANZAR 1

A través de la historia la religión ha desempeñado un papel significante. Crea sentimientos fuertes entre las personas. Para muchas, su religión forma una parte integral de su ser. Para los españoles medievales, el cristianismo fue la «religión verdadera», y por eso lucharon para expulsar a los moros de su tierra.

Piensen en el mundo de hoy. ¿Todavía nos influye tanto la religión? Comparen las varias doctrinas. ¿En qué se parecen? ¿Qué diferencias se ven?

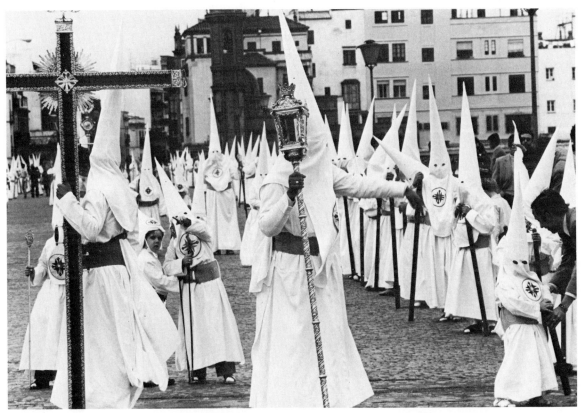

La Semana Santa en Sevilla se caracteriza por procesiones religiosas.

Composición I
(100 a 150 palabras; seria o humorística)
Invente una religión nueva y descríbala contestando las siguientes preguntas.

1. ¿Cómo se llama su religión?
2. ¿En qué consiste su religión? ¿Cuál es su dogma?
3. ¿Quiénes pueden ser miembros de su congregación? ¿Cuáles son los requisitos para ser aceptados?
4. ¿Qué ritos tiene? ¿Cómo se celebran?
5. ¿Cómo afecta su religión al resto del mundo?

Composición II
(100 a 150 palabras)

Escriba su opinión sobre el papel de la religión en nuestra sociedad. ¿Es necesaria? ¿Debe ser más o menos importante? ¿Pueden coexistir muchas religiones? ¿O hay lugar sólo para una? ¿Cómo resolvemos las diferencias?

V O C A B U L A R I O

la religión	religion	**el cura / sacerdote**	priest
agnóstico	agnostic	**el monje / la monja**	monk / nun
ateo	atheist		
budista	Buddhist	**el Papa**	Pope
católico	Catholic	**el rabino**	rabbi
hindú	Hindu	**la culpa**	blame
judío	Jewish	**el diablo**	devil
musulmán	Moslem	**Dios**	God
protestante	Protestant	**el infierno**	hell
los árabes	Arabs	**el paraíso**	heaven
el indio	Indian	**el pecado**	sin
		el prejuicio	prejudice

Para AVANZAR 2

La poesía concreta

La poesía concreta usa un dibujo como poema. El movimiento empezó en los años 1920 con el manifiesto de De Stijl en Holanda, quien dijo que la palabra estaba muerta y que quería crear un nuevo significado para la palabra, tratando especialmente de unir la forma y el contenido. El movimiento se extendió por Europa hasta llegar en los años 1950 al Brasil y después a todas partes. Fue esencialmente una poesía experimental que consideró muy importante la estructura y el espacio visual—el poema es una metáfora visual. Hay tres clases de poemas concretos: visual (óptico), fonético (sonido) y kinético (movimiento). Aquí tiene Ud. algunos ejemplos de la poesía concreta. Después de analizarlos, invente Ud. su(s) propio(s) poema(s) concreto(s), usando color si quiere.

Temas sugeridos

1. el baile flamenco
2. Granada
3. el divorcio
4. La Alhambra
5. un café al aire libre
6. una tuna
7. los gitanos
8. García Lorca

9. cartas / correos
10. la muerte
11. la vida
12. el amor
13. la universidad
14. el clima
15. ¡etc.! (¡Use su imaginación!)

BESOOƧƎB

BES ƧƎB

BEƎB

Bꓭ

kinético

COMER

Cᴍᴇʀ

Cᴇʀ

Cʀ

C

kinético

BORRAR

BORRA _

BORR _ _

BOR _ _ _

BO _ _ _ _

B _ _ _ _ _

_ _ _ _ _ _

visual / kinético

NERVIOSO

visual

visual

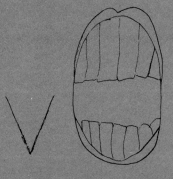

fonético / visual

Destino 11

OBJETIVOS

☐ VOCABULARIO Y CONVERSACIÓN
You will be able to rent a car, to ask for and to give directions, and to converse with a service station attendant in a Spanish-speaking country.

☐ INFORMACIÓN Y CULTURA
You will become familiar with the history of and places of interest in Madrid and its surrounding area. You will also learn about the importance of the bullfight in Spanish society.

Datos

MADRID

Madrid está situada en el centro de España. Tiene un clima caluroso y seco durante el verano y hace frío en el invierno. Hay un dicho: «Seis meses de invierno y seis meses de infierno». Madrid se convirtió en la capital de España en 1561, cuando el rey Felipe II mudó su corte de Valladolid a Madrid. Durante los siglos XVI al XIX, la ciudad fue un centro intelectual para artistas y escritores como **Cervantes, Lope de Vega, Velázquez** y **Goya.**

Puntos de interés en Madrid

El Prado un museo magnífico que tiene numerosas obras de Goya, Velázquez, **El Greco, Rubens** y **Tiziano**

La Plaza Mayor en 1619 fue un centro de comercio para la ciudad. Hoy día hay algunos cafés al aire libre y algunas tiendas.

El Palacio Real un gran palacio de 1.500 salas. Se completó en 1764 para el rey Carlos III. Tiene **candelabros** brillantes y **lujosos tapices.** Hay también una **armería** real, donde se ve una gran colección de **armaduras,** y un museo de **carruajes** reales. Se puede andar por la Casa de Campo, un lugar de recreo para la corte, que tiene un parque y un zoológico.

La Puerta del Sol una plaza situada en el centro de Madrid. Parece que todas las calles de la ciudad se dirigen hacia esta plaza.

El Buen Retiro un parque muy popular con un lago y un jardín zoológico

La Gran Vía un bulevar de muchos cafés y tiendas

La Universidad Complutense de Madrid situada en el noroeste de la ciudad, ofrece un buen museo de arte contemporáneo

El Rastro un mercado muy grande que **se pone** todos los domingos. Allí se vende toda clase de ropa, artesanías y comida. Muchos gitanos vienen al Rastro a vender sus **mercancías.**

De Madrid, se puede viajar 33 km (20 millas) al este para

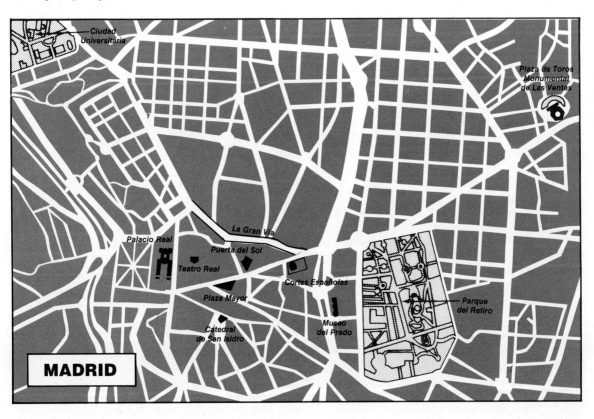

MADRID

ver la casa natal de Cervantes en la ciudad de Alcalá de Henares. Catalina de Aragón, la primera esposa del rey inglés, Enrique VIII, nació también en Alcalá.

Otra excursión interesante es el viaje a Segovia para ver el acueducto romano y el Alcázar, un castillo magnífico donde fue coronada la reina Isabel. También se puede visitar Toledo, la capital original de España. Es una ciudad medieval que se considera un monumento nacional donde no se pueden construir edificios modernos. Aquí vivió El Greco y se puede ver su gran **lienzo** «El **entierro** del Conde de Orgaz» en la Iglesia de Santo Tomé. También vale la pena visitar la sinagoga del Tránsito.

VOCABULARIO

la armadura   *armor*
la armería   *armory*
los candelabros   *chandeliers*
los carruajes   *carriages*
Cervantes   *Miguel de Cervantes Saavedra (1547–1616), author of Don Quixote de la Mancha*
El Greco   *Domenikos Theotoko- poulos (1541–1614), painter, fa- mous for his elongated figures and contrasting colors*
el entierro   *burial*
Goya   *Francisco de Goya y Lucientes (1746–1828), famous for his portraits of the Spanish Court. One of his well-known works is «El Quitasol» ("The Parasol").*

el lienzo   *canvas*
Lope de Vega   *Félix Lope de Vega Carpio (1562–1635), dramatist, author of more than 1,500 plays*
lujosos   *luxurious*
las mercancías   *wares*
ponerse   *to take place*
Rubens   *Peter Paul Rubens (1577–1640), Flemish painter*
los tapices   *tapestries*
Tiziano   *Tiziano Vecellio (~1485–1576), Venetian painter and leading Renaissance artist, known for his use of rich color*
Velázquez   *Diego Rodríguez de Silva y Velázquez, (1599–1660), great Spanish painter*

El rey Juan Carlos, aquí con la reina Sofía, ha intentado unir las varias facciones políticas de España.

Acabado en el siglo XVIII, el Palacio Real es famoso por sus 1.500 salas e inmensos jardines.

El caballero de La Mancha, Don Quijote, y su escudero, Sancho Panza, creados por Miguel de Cervantes Saavedra, vigilan la Plaza de España.

PREGUNTAS SOBRE LOS DATOS

1. ¿Dónde está situado Madrid? ¿Cómo son los veranos allí? ¿Cómo son los veranos en su ciudad?
2. ¿Quiénes fueron los artistas y escritores famosos en Madrid entre los siglos XVI y XIX? ¿Quién es su artista favorito? ¿Su escritor favorito?
3. ¿Qué es El Prado? ¿Qué tiene?
4. ¿Cuántas salas tiene el Palacio Real? ¿Qué más se puede ver al visitar el Palacio?
5. ¿A qué plaza parecen dirigirse todas las calles de Madrid?
6. ¿Qué es el Rastro? ¿Quiénes vienen a vender mercancías? ¿Cuándo se pone? ¿Hay algo parecido en su ciudad?
7. ¿Por qué es famosa la ciudad de Alcalá? ¿A cuántos kilómetros queda de Madrid?
8. ¿Qué se puede ver en Segovia? ¿en Toledo?

Diálogo

IR A LA CORRIDA EN UN COCHE ALQUILADO

Después de tres días en Madrid los Webster deciden **alquilar** un coche para viajar mañana a Alcalá. Esta tarde van a ir a la **corrida de toros** en coche. Rumbo a la agencia de **coches de alquiler,** Consuelo le explica a su esposo algo de la **tauromaquia.**

Para los españoles, la corrida es un drama que combina el valor, el arte y la técnica. Está dividida en «**tercios**». Después del paseo de las **cuadrillas,** el primer **torero se enfrenta con** su toro. Usa una **capa** grande, haciendo **pases** para **atraer** y **dirigir** el toro. Siguen los «picadores» con sus largas **picas.** Montados a caballo, se acercan al toro y **clavan** las picas en el **lomo.**

El segundo tercio empieza con los «banderilleros», que clavan las **banderillas** en el lomo del toro. Tanto la pica como las banderillas tienen por objeto restar la fuerza del toro y prepararlo para el último tercio.

El último tercio se llama «la **faena de la muerte**». Aquí, el torero **lidia** al toro con la **muleta** que oculta una **espada.** Usa ésta para matar al toro, idealmente de una **estocada.** Si el torero tiene suerte, el toro no sufre. Por eso, el presidente de la plaza tal vez le **otorgue** una o dos orejas. El premio máximo para una gran faena consiste en dos orejas y la **cola.**

to rent
bullfight
car rental
bullfighting

thirds
groups of four (or more: bullfighter and his assistants) / bullfighter confronts / cape
passes (made with cape) / to attract / to direct
lances
they stab / shoulder
decorated darts
work of death
fights / short cape / sword
sword thrust
may award

tail

Según Ernest Hemingway, Madrid es la ciudad más «española» de España. Situada a una altura de 2.150 pies, es la capital más alta de Europa.

La **temporada** de corridas en Madrid es de marzo a octubre. Generalmente tienen lugar los domingos a las seis en una de las dos plazas de toros. David y Consuelo van a la más grande, la Plaza de Toros Monumental de las Ventas. Compran **boletos de sol,** porque, como hace fresco en marzo, en la localidad de **sombra** haría frío. Ahora llegan a la agencia de coches de alquiler....

Empleado	Muy bien, Sr. Webster. Aquí tiene su coche, un **cupé de marchas.** Funciona muy bien. Tiene las **llantas** nuevas, el tanque lleno y buena **calefacción.** No creo que quieran aire acondicionado en marzo.	*coupé with manual shift* *tires* *heater*
David	Gracias. Se parece mucho al coche que tenía hace unos diez años en la universidad. Era un coche muy **seguro.** Siempre **arrancaba** el motor, aun en el invierno.	*dependable* *started*
Consuelo	¡Qué nostalgia, hombre! ¿No te acuerdas de los problemas con el **embrague?** ¿Y los **frenos** que no servían para nada? **Arriesgábamos** la vida en cada viaje.	*clutch / brakes* *We risked*
David	Exageras, mujer. **Concedo** que no servían ni los **faros** ni la **bocina,** y que tenía el **parabrisas estrellado.** Pero me costó sólo $150.	*I'll admit / headlights* *horn / cracked windshield*
Consuelo	De veras, una ganga. Perdón, señor. ¿Tenemos que poner sólo la gasolina **sin plomo?**	*unleaded*
Empleado	No. Éste funciona con los dos tipos—con o sin plomo.	
David	Muy bien. Estamos listos. Nos cobra 2.600 pesetas al día y hay que devolverlo con el tanque lleno, ¿verdad?	
Empleado	Eso es, Sr. Webster.	
David	Bueno. Vamos a la corrida. ¿Puede decirnos cómo se llega a la Plaza de Toros Monumental?	
Empleado	Con mucho gusto. En el mapa ve que estamos aquí en la Avenida de América, cerca de las Torres Blancas. Hay que ir **todo seguido** hasta la Calle Cartagena.	*straight ahead*
David	Aquí la veo. ¿**Doblamos a la izquierda** después?	*Do we turn left*
Empleado	Sí, a la izquierda, y vaya todo seguido hasta llegar a la Avenida de los Toreros. Allí en el **semáforo,** doble otra vez a la izquierda y **siga derecho** hasta la calle Julio Camba. Usualmente se puede doblar **a la derecha** y encontrar fácilmente el **estacionamiento.** Pero esta mañana vi una **señal** de «OBRAS EN LA CARRETERA». Es posible que ahora esté cerrado el camino. En ese caso, tendrá que obedecer las señales de «**DESVÍO**».	*traffic light* *continue straight ahead* *right* *parking* *traffic sign / "Work Zone"* *"Detour"*
David	A ver. **De todos modos** no parece muy lejos.	*Anyway*
Empleado	Unos pocos kilómetros, no más. Llévese el mapa si quiere. Tenemos más adentro. Tal vez le ayude en otros viajes. Y si se confunde, nuestras **reglas de tránsito** están al otro lado.	*traffic rules*
David	Muy amable, señor.	
Consuelo	Y muchas gracias. Ahora me siento más segura. ¡Manejar aquí no puede ser más peligroso que en Nueva York!	

¿SABE UD. QUE...?

The Spaniard generally is not a "do-it-yourself" mechanic. While North American car owners will often tune their own engines and change tires, a Spaniard of the upper or middle class considers these menial jobs and prefers to hire a mechanic. This attitude originated with the nobility of the Middle Ages, who believed that manual labor should be performed only by those too poor to do anything else.

PREGUNTAS SOBRE EL DIÁLOGO

1. ¿Qué tipo de coche alquilan los Webster?
2. ¿Cómo son las llantas?
3. Según David, ¿cómo era el coche que compró durante sus años en la universidad?
4. Según Consuelo, ¿qué problemas tenía el coche?
5. ¿Qué tipo de gasolina requiere el coche?
6. ¿Adónde van los Webster esta tarde?
7. Al llegar a la Calle Cartagena, ¿adónde hay que doblar?
8. ¿En qué calle hay un semáforo?
9. ¿Dónde vio el empleado la señal de «OBRAS EN LA CARRETERA»?
10. Si está cerrado el camino, ¿qué tendrá que hacer David?
11. Si se confunde David, ¿qué hay al otro lado del mapa?
12. ¿Qué piensa Consuelo del tráfico en Madrid?

PALABRAS EN ACCIÓN

¿Es Ud. buen chofer?

Mire el dibujo del coche y las señales de tránsito en la página 301 y el vocabulario en la página 302. Después de leer las frases siguientes, diga si cada frase es verdadera o falsa.

1. El volante tiene la forma de un triángulo.
2. Los frenos hacen parar el coche.
3. Es fácil manejar con un parabrisas sucio.
4. Para manejar un carro con transmisión a palanca, hay que pisar el embrague.
5. Cuando hace frío, a veces es difícil arrancar un coche.
6. Cuando hace calor, se necesita una buena calefacción.
7. Manejar con una llanta desinflada es peligroso.
8. La señal «OBRAS EN LA CARRETERA» nos advierte *(warns)* manejar más despacio.

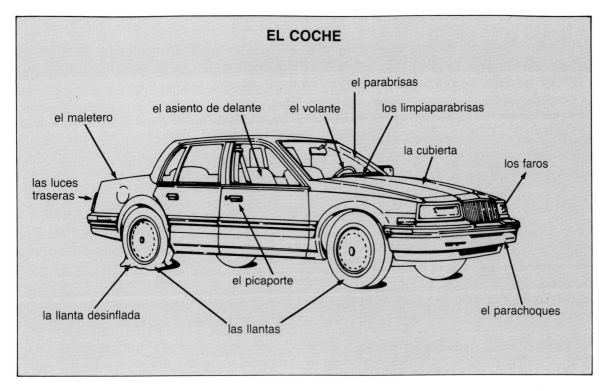

EL COCHE

- el maletero
- el asiento de delante
- el volante
- el parabrisas
- los limpiaparabrisas
- la cubierta
- los faros
- las luces traseras
- el picaporte
- la llanta desinflada
- las llantas
- el parachoques

9. Al ver «CAMINO CERRADO», hay que tomar otro camino.
10. «ALTO» significa «Pare Ud.».
11. La señal redonda con las letras «FC» significa que se acerca a un aeropuerto.
12. Hay que reducir la velocidad al acercarse a la señal «CEDA EL PASO».
13. «DESVÍO» nos ofrece otro camino.

SEÑALES DE TRÁNSITO

OTRAS SEÑALES

CAMINO CERRADO

OBRAS EN LA CARRETERA

VOCABULARIO

el automóvil, el carro (Latin America), **el coche** (Spain)	car	**el pedal**	pedal
		el acelerador	accelerator
		el freno (de emergencia)	brake (emergency)
la camioneta	station wagon	pisar	to press, step on
el convertible (descapotado)	convertible	**la velocidad**	speed
el cupé	coupé	los kilómetros (las millas) por hora	kilometers (miles) per hour
el sedán	sedan	el odómetro	odometer
el apoyabrazos	armrest	el velocímetro	speedometer
el cinturón de seguridad	seat belt	**la transmisión automática (manual)**	automatic (standard) transmission
el espejo	mirror		
la visera	visor	el coche de marchas	standard transmission (Spain)
la bocina	horn		
tocar la bocina	to blow the horn		
la placa	license plate	el embrague	clutch
las ruedas	wheels	la palanca	gear shift
el tablero	dashboard	**el motor**	engine
el botón	button	el alternador	alternator
el aire acondicionado	air conditioning	la batería	battery
la calefacción	heater (heating)	el carburador	carburator
el cenicero	ashtray	el carter	crankcase
la guantera	glove compartment	el radiador	radiator
la radio	radio		
el reloj	clock		

Simulación 1

PEDIR Y DAR DIRECCIONES

Un(a) español(a) / Un(a) extranjero(a)

Ud. y un(a) compañero(a) de clase van a hacer el papel de un(a) español(a) y un(a) extranjero(a).

Van a usar el mapa para pedir y dar direcciones. Uds. pueden usar el diálogo siguiente o pueden inventar una simulación original con el vocabulario.

Perdone, ¿dónde está...?

Extranjero(a)   Ask how to go from the post office to the San Isidro Church.

Español(a)   Tell the foreigner to go straight four blocks on José Ortega Street until Isidro Boulevard. Then tell him/her to turn right at the traffic light and go straight for two blocks.

Extranjero(a)   Say "Thank you very much." Then add "Also, how do you go from the gas station to the car-rental agency?" Ask how many miles it is.

Español(a)   Tell the foreigner to go straight for three blocks until Diego de León Avenue, near the parking lot. Then add that it is approximately one kilometer. Say "Turn left and cross the street. Go straight for three blocks to Maldonado Street. Turn right near the YIELD sign. You'll see it."

Extranjero(a)   Say "Thank you, sir/madam." Then add "Also, how do you go from the park to the Royal Palace? Ask if it is far.

Español(a)   Say "Sir/Madam, no, it's near." Add "Go straight one block on Maldonado Street, and turn right. Go straight three blocks, and there is the Royal Palace."

Extranjero(a)   Say "Thank you, sir/madam." Then ask how to go from the Royal Palace to the bullring.

Español(a)   Say "Sir/Madam, please. Let's not go to the bullring. We've already had a very full day!"

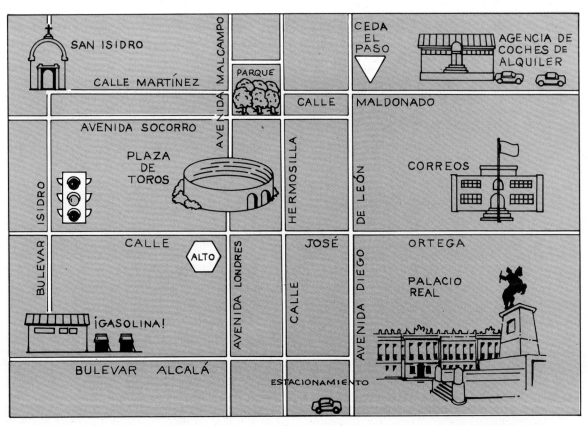

V O C A B U L A R I O

las direcciones *directions*

cruzar la calle *to cross the street*

doblar a la derecha / izquierda *to turn right / left*

seguir (i) derecho hasta la Calle... *to go straight until . . . Street*

ir seguido (por) *to go straight (for)*

la señal *traffic signal (sign)*

el semáforo *traffic light*

cerca *near*

lejos *far*

la cuadra *block*

el kilómetro / la milla *kilometer / mile*

los lugares / sitios *places*

la estación de servicio *gas station*

la agencia de coches de alquiler *car-rental agency*

el estacionamiento *parking lot*

la Iglesia de San Isidro *San Isidro Church*

el Palacio Real *Royal Palace*

el parque *park*

la plaza de toros *bullring*

expresiones

aproximadamente *approximately*

ceda el paso *yield*

¿Cómo se va...? *How do you go . . . ?*

La verá. *You'll see it.*

No vayamos... *Let's not go . . .*

¡Ya hemos pasado un día muy lleno! *We've already had a very full day!*

¿Perdido? Sólo hay que pedir direcciones.

VARIACIÓN

Usen el mapa del Metro madrileño para pedir y dar direcciones a los lugares siguientes.

1. de la estación Esperanza a la estación Portazgo
2. de la estación Carabanchel a la estación Herrera Oria
3. de la estación Ópera a la estación Callao
4. de la estación Torre Arias a la estación Menéndez Pelayo
5. inventen su propia situación

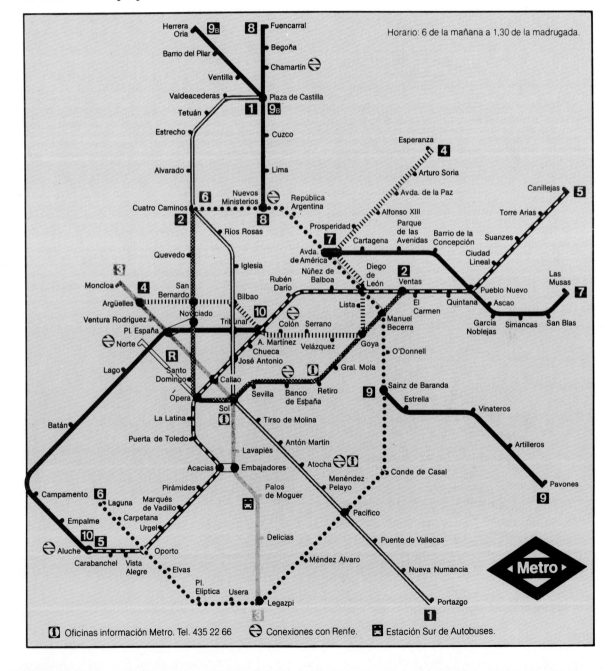

V O C A B U L A R I O

siga por la línea número...	*continue on the number . . . line*
cambie a la línea número...	*change to the number . . . line*
baje / suba en la estación...	*get off / on at station . . .*
(#1) la línea número 1	*the number 1 line*
(#2) la línea número 2	*the number 2 line*
(#3) la línea número 3	*the number 3 line*
(#4) la línea número 4	*the number 4 line*
(#5) la línea número 5	*the number 5 line*
(#6) la línea número 6	*the number 6 line*
(#7) la línea número 7	*the number 7 line*
(#8) la línea número 8	*the number 8 line*
(#9) la línea número 9	*the number 9 line*
(#10) la línea número 10	*the number 10 line*

El metro excelente de Madrid facilita una excursión por las varias partes de la ciudad.

EN UNA ESTACIÓN DE SERVICIO

Un(a) conductor(a) / Un(a) empleado(a)

Ud. y un(a) compañero(a) van a hacer el papel de un(a) conductor(a) y un(a) empleado(a) en una estación de servicio. Uds. pueden usar el diálogo siguiente o pueden inventar una simulación original con el vocabulario.

Mi coche no funciona bien.

Conductor(a)	Say "Excuse me, sir," and explain that your car is not working well.
Empleado(a)	Ask what the problem is. Then ask if the tank is empty.
Conductor(a)	Answer that yes, the tank is almost empty. Then say that the motor does not start, the brakes are not very good, and the car has a flat tire.
Empleado(a)	Tell the driver that you will fill the tank at that pump. Then ask

	"It uses unleaded gas, doesn't it? About 45 liters?"
Conductor(a)	Say yes. Then ask where the restroom is.
Empleado(a)	Answer "Right here." Then add that you will repair the tire and you will put in air, and that the other mechanic will do the repairs on the motor and the brakes.
Conductor(a)	Tell the employee politely to change the oil and lubricate the car.
Empleado(a)	Say that the rack does not work, and the grease gun needs repairs. Then say "By the way, how old is your car?"
Conductor(a)	Say that it is (brand) new, and ask "And your grease gun?"
Empleado(a)	Answer that you just bought it yesterday.

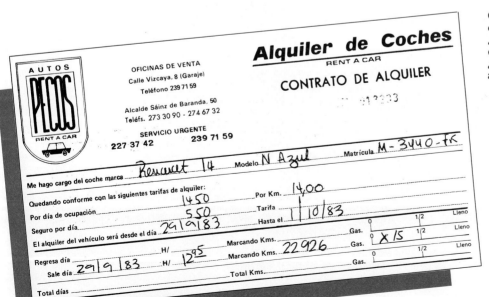

Contrato de alquiler del coche Renault.
¿Cuánto es el seguro por día?
¿Desde qué día será el alquiler del coche?

el coche	*car*
el motor	*motor*
arrancar	*to start*
el freno	*brake*
la goma / llanta / el neumático	*tire*
desinflado	*flat (tire)*
el tanque	*tank*
vacío	*empty*
casi	*almost*

la estación de servicio	
llenar	*to fill*
la bomba / el surtidor	*pump*
la gasolina con / sin plomo	*leaded / unleaded gas*
el litro	*liter (3.7 litros = 1 galón)*
el servicio	*restroom*
reparar	*to repair*

echar / poner aire / gasolina	*to put in air / gas*
el mecánico	*mechanic*
la reparación	*repair*
cambiar el aceite	*to change the oil*
engrasar	*to lubricate*
la plataforma	*platform, rack*
la pistola de engrase	*grease gun*

expresiones	
Perdóneme.	*Excuse me.*
funcionar	*to work*
¿Cuál es el problema?	*What's the problem?*
como	*about*
aquí mismo	*right here*
a propósito	*by the way*
Es nuevo.	*It's (brand) new.*
Acabo de comprarla ayer.	*I just bought it yesterday.*

Gramática

Modismos y verbos con preposiciones: haber que, haber de, tener que, deber, ir a, volver a, acabar de, hace

A. Haber que + infinitive is used in the third person singular of the various tenses to express impersonal obligation or necessity.

Hay que hacer una reservación para Casa Botín[1] en Cuchilleros.	*One must (It is necessary to) make a reservation for Casa Botín's on Cuchilleros Street.*
Había que alquilar un coche para visitar El Escorial[2] y El Valle de los Caídos[3].	*It was necessary to rent a car to visit the Escorial and the Valley of the Fallen.*

B. Haber de + infinitive is used in the various persons and tenses to mean *to be supposed to.* It expresses very mild obligation.

He de comprar los billetes para la corrida en «sol», no en «sombra»; son más baratos.	*I'm supposed to buy the bullfight tickets in the "sun," not in the "shade;" they're less expensive.*
Habíamos de llenar el tanque.	*We were supposed to fill the tank.*

C. Tener que + infinitive is used to express strong personal obligation. It means *to have to* or *must.*

Tengo que estudiar esta lección para un examen.	*I have to (must) study this lesson for a test.*
Tuvieron que acostarse temprano en preparación para la excursión a Aranjuez.	*They had to go to bed early in preparation for the excursion to Aranjuez.*

D. Deber + infinitive indicates duty and strong moral obligation. It means *must* or *ought to.* Using the imperfect subjunctive form softens the statement.

Debo visitar a mi madre en la casa de ancianos.	*I must visit my mother in the old age home.*
Tú debieras escoger el menú del día.	*You (really) ought to select the meal of the day.*

---

[1]Oldest restaurant in Madrid, dating from 1725
[2]Monastery near Madrid, formerly royal summer palace
[3]Spanish Civil War (1936–1939) Monument near El Escorial

E. Ir a + infinitive means *to be going to*. It is frequently used in the present to express the future.

Voy a cambiar esta llanta desinflada.	*I am going to change this flat tire.*
¿Vais a comer la paella⁴ y el gazpacho⁵?	*Are you going to eat the paella and the gazpacho?*

F. Volver a + infinitive means *to (do something) again*.

Si me gusta la horchata⁶, vuelvo a tomarla.	*If I like the horchata, I'll drink it again.*

G. Acabar de + infinitive means *to have just* (done something). It is used only in the present or imperfect tenses (*had just*).

Acabo de ver al banderillero.	*I have just seen (just saw) the man who places the banderillas.*
Él acababa de poner aceite al motor.	*He had just put the oil in the motor.*

H. Hace + preterit means *ago*.

Hace tres horas que visité El Prado. **Visité El Prado hace tres horas.**	*I visited the Prado Museum three hours ago.*

I. Hace and the present means *have been . . . for* + an expression of time.

Estamos en Madrid hace dos días. **Hace dos días que estamos en Madrid.**	*We <u>have been</u> in Madrid <u>for</u> two days.*
¿Cuánto tiempo hace que Uds. están de vacaciones?	*(For) How long <u>have</u> you <u>been</u> on vacation?*

---

⁴**paella**   a saffron rice, vegetable, seafood, and chicken casserole
⁵**gazpacho**   a cold vegetable soup
⁶**horchata**   a drink made in Spain from almonds and water and in Mexico from rice, water, and cinnamon

EJERCICIOS

A. Ud. y su familia van a la corrida de toros en un coche alquilado. Describa su experiencia, haciendo diferentes combinaciones con las frases siguientes.

yo	tener que	poner en marcha	el coche
él	deber	practicar	la verónica
nosotros	volver a	limpiar	el maletero
Ud.	acabar de	perder	la llave
tú	ir a	cerrar	el toro
vosotros	haber de	ver	el parabrisas
Uds.			la corrida

B. Lo (La) invitan a una fiesta, pero realmente Ud. no quiere ir. Invente varias mentiras para no ir, usando **tener que, deber, acabar de, hace, ir a** y **haber de.**

C. Diga siete cosas que **hay que** hacer para llegar a tiempo a las clases en la universidad.

D. Diga cinco cosas que Ud. **ha de** hacer esta semana.

E. Escríbale una carta a su profesor(a) de español desde Madrid, diciéndole por lo menos seis cosas que Ud. **va a** hacer durante su visita en la capital de España.

¿Qué tenía que hacer David Webster para arreglar esta excursión?

¿A qué hora tiene que estar en la puerta principal del hotel? ¿Qué cartel ha de llevar el bus?

En su opinión, ¿a qué hora deben levantarse David y Consuelo?

En su «Vista de Toledo» el Greco representó la antigua capital de España.

F.   Ud. ha visitado el Museo del Prado y está hablando por teléfono con otro estudiante de su grupo en el mismo hotel, pero en una habitación diferente. Dígale lo que Ud. **acaba de** ver en el famoso museo.

G.   Ud. es un(a) estudiante extranjero(a) en Madrid y vive con una familia madrileña. La familia quiere saber mucho de Ud. Invente seis preguntas que la familia le hace y seis respuestas que Ud. da, usando **hace** y el pretérito, **hace** y el presente, **haber de, tener que** y **volver a.**

H. ¡Conozcámonos!
Pregúntele a un(a) compañero(a) de clase.

1. what (s)he has just done
2. what (s)he is supposed to do tomorrow
3. what (s)he will never do again
4. for how long (s)he has been studying Spanish
5. what (s)he had to do for the lesson
6. what (s)he is going to do this week
7. what (s)he was doing three years ago.

I. ¿Qué planea Ud.?
Complete cada frase de una manera original.

1. Hoy día hay que...
2. Yo debiera...
3. Mañana para mis clases yo he de...
4. También tengo que...
5. Por eso, a las once de la noche debo...
6. En 2001 voy a ...

Hace una hora que Ud. fue a este lugar. ¿Qué acaba de ver? ¿Iba Ud. a cambiar el billete para «sol»? ¿Volverá Ud. a ver una corrida?

La formación de adverbios derivados de los adjetivos

A. To form adverbs from adjectives, add **-mente** to the feminine form of the adjective. This corresponds to the *-ly* adverb ending in English. Retain the accent of the adjective.

Adjective		Feminine Form		Adverb	
(clear)	claro	⟶ **clara**	⟶	**claramente**	(clearly)
(easy)	fácil	⟶ **fácil**	⟶	**fácilmente**	(easily)
(possible)	posible	⟶ **posible**	⟶	**posiblemente**	(possibly)

B. The ending **-mente** may also be added to the feminine absolute superlative to form an adverb.

(exceedingly rapid) **rapidísima** ⟶ **rapidísimamente** (exceedingly rapidly)

C. If two adverbs are joined by **y,** the first drops the **-mente** ending.

Ella habla lenta y sinceramente.   *She speaks slowly and sincerely.*

EJERCICIOS

A. ¡Mi primera corrida!
Use los siguientes adverbios en un párrafo, describiendo la corrida de toros que Ud. vio ayer.

fácilmente	perfectamente
agresivamente	profesionalmente
perezosamente	fervorosamente
tristemente	violentamente
horriblemente	frecuentemente

B. ¡Todo con *-mente*!

Su amigo le habla con frases, pero Ud. le contesta con adverbios que terminan en **-mente**.

> ***Ejemplo*** Te lo digo en serio.
> **Me lo dices seriamente.**

1. Te la muestro con cuidado.
2. Te los explico por completo.
3. Te visito con regularidad.

4. Rezo con fervor.
5. Me voy de repente.

C.

Su coche no funciona y le describe al mecánico los problemas usando el vocabulario siguiente.

el motor	la palanca	desgraciadamente	diligentemente
la batería	las ruedas	irregularmente	frecuentemente
el velocímetro	el maletero	inmediatamente	totalmente
las ventanas	las puertas	súbitamente	lentamente
el carburador			

D.

Mi padre tiene un coche muy viejo. Según mi madre, lo trata como su mejor amigo. Aquí ella describe a mi padre y a su «amigo». Complete sus frases en español.

1. *constantly*
   Él maneja _____ ese coche.
2. *affectionately*
   Siempre le habla _____.
3. *noisily*
   Pero el motor funciona _____.

4. *Frequently*
   _____ no arranca.
5. *easily*
   No lo venderá _____.

E. ¡La visita!

Su compañero(a) de clase es un(a) viajero(a) espacial del año 3001. Hágale cinco preguntas sobre su vida, escogiendo de estos adverbios.

intensamente	metódicamente
plácidamente	gradualmente
amablemente	prudentemente
tranquilamente	

¿Cómo resisten las gomas de Good-year? ¿Está escrito claramente este anuncio? ¿Necesita Ud. gomas nuevas para su coche?

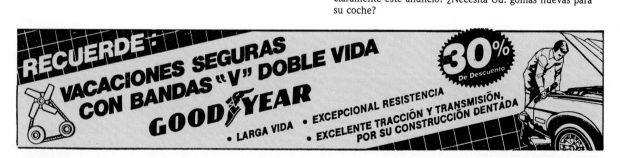

Lectura

EL MATADOR
por Rafael Alberti

NOTA SOBRE EL AUTOR

Rafael Alberti nació en 1902 en Cádiz, España, en la provincia de
Andalucía. Fue pintor, miembro de la «Generación del '27» y buen
amigo del gran poeta García Lorca, liberal, comunista y defensor de
Madrid en la Guerra Civil. Ha vivido muchos años en el exilio en
lugares como la Argentina, México e Italia. Más intelectual en su poesía
que Lorca, Alberti crea una perfección formal con destreza técnica en
sus poemas. Fue vanguardista y **surrealista** y su poesía contiene
brillantes imágenes. Entre sus obras figuran *Marinero en tierra* (1925)
con el tema del mar, *Cal y canto*, el surrealista *Sobre los ángeles* (1929),
Poesía (1943) y *Retornos de lo vivo lejano* (1948–1956). Como lo indica
su nombre, es en parte italiano y vive actualmente en Italia. La corrida
de toros es un tema que aparece en muchas de sus obras.

artist using fantastic imagery

ANTES DE LEER

Considere las preguntas siguientes y busque las respuestas en las líneas
indicadas.

1. ¿Quiénes hablan en el poema? [líneas 1–2]
2. ¿Quién habla primero? ¿Quién tiene la última palabra? [línea 1; línea 18]
3. ¿En qué persona está escrita la conversación, familiar o formal? ¿Por qué? [líneas 3–4]
4. Contando el título, ¿cuántas veces aparece en el poema una forma de las palabras «matar» o «morir»? ¿Por qué?
5. ¿Por qué torea el matador? ¿O **para** qué? [líneas 9, 13]
6. ¿Qué le advierte el toro al matador? [líneas 15–18]

¡Ahora, leamos!

EL MATADOR (abreviado)

1 —Yo soy el matador.
2 —Yo soy el toro.
3 —Vengo a matarte.
4 —**Inténtalo,** si puedes.
5 —**Me luciré** contigo.
6 —Inténtalo, si puedes.

Try it
I'll look good

MADRID **315**

7	—Has sido noble en toda la corrida.	
8	—Has **toreado** bien hasta ahora. Veremos...	*fought*
9	—Serás mi gloria de esta tarde. Vamos.	
10	—He dicho que «veremos».	
11	—Oye el silencio de la plaza. Espera.	
12	—Un silencio de muerte.	
13	—Morirás **entre palmas y pañuelos.**	*amid applause and (waving white) handkerchiefs*
14	—¿Sabes tú, matador, si eso me gusta?	
15	—El toro muere peleando. **Cuádrate.**	*Prepare yourself.*
16	—Y el matador, a veces.	
17	—¿Cómo dices?	
18	—Que el matador, a veces, también muere.	

CONVERSACIÓN

1. ¿En qué tercio tiene lugar esta conversación?
2. ¿Por qué habla primero el matador y por qué se titula el poema «El matador» y no «El toro»?
3. ¿Por qué tiene el toro la última palabra?
4. Alberti une forma y contenido al hacer del poema una conversación entre dos enemigos. ¿Cómo es paralela esta técnica a la corrida verdadera?
5. ¿Cuál es el tono del poema? Describa el sarcasmo en el poema.
6. En vez de rima, el poeta usa repetición en el poema. Comente.
7. ¿Cuál es el tema del poema?
8. ¿Es posible «oír el silencio» (línea 11)? Esta técnica poética se llama «sinestesia», o mezclar los sentidos: saborear una palabra, por ejemplo. ¿Puede Ud. crear más ejemplos de sinestesia? ¿Qué efecto crea el poeta con esta técnica?

Una combinación de valor, de arte y de técnica, la corrida presenta un drama muy español.

Lectura   LA CASA DE ASTERIÓN

por Jorge Luis Borges

NOTA SOBRE EL AUTOR

Jorge Luis Borges (1899–1986) nació en la Argentina y murió de cáncer
en Ginebra, Suiza. Fue bibliotecario, profesor de inglés y escritor muy
premiado durante su larga carrera. Al final de su vida quedó completamente ciego. Escribió poemas, ensayos y cuentos que le dieron gran
fama internacional. Uno de los temas principales de Borges es la
búsqueda del hombre de su propia identidad. Borges también trata el
problema de los límites de la realidad. «La casa de Asterión» refleja los
temas mencionados, comparando el universo a un **laberinto** donde el   *maze*
personaje central intenta descifrar el misterio de su existencia, su
relación con los otros hombres, el fondo de su soledad y su eventual
redención.

ANTES DE LEER

Considere las preguntas siguientes y busque las respuestas en los párrafos
indicados.

1. ¿Quién es el narrador del cuento? [título]
2. ¿Cómo es su casa? [párrafo 1]
3. ¿Por qué no sale frecuentemente Asterión? [párrafo 1]
4. ¿Cuáles son algunos de las distracciones y juegos de Asterión? [párrafo 3]
5. ¿Con quién juega Asterión a veces? [párrafo 3]
6. ¿Qué cosas del mundo están solas? [párrafo 4]
7. ¿Qué pasa cada nueve años? [párrafo 5]
8. ¿Qué opinión tiene Asterión del sacrificio? ¿Qué profetizó una de sus
   víctimas? [párrafo 5]
9. Al encontrarse con Teseo, ¿se defendió el minotauro? ¿Por qué sí o no?
   [párrafo 6]

¡Ahora, leamos!

LA CASA DE ASTERIÓN

El mito: (historia griega) Asterión es el **minotauro** de la obra de   *Minotaur* (half man,
Apolodoro, historiador griego del siglo II. En el mito, la esposa de Minos,   half bull)
el rey de Creta, **se enamoró de** un toro y dio a luz un monstruo con un   *fell in love with*
cuerpo humano y la cabeza de un toro. Minos lo encerró en un enorme

y complicado laberinto. Porque el minotauro necesitaba comer carne
humana para vivir, Minos ordenó a la gente de Atenas, conquistada por
Creta, que enviara nueve jóvenes cada nueve años para alimentar al
monstruo. Una vez Teseo, de Atenas, entró en el laberinto y mató
al minotauro con la ayuda de Ariadna, la hija de Minos.

A Marta Mosquera Eastman

Y la reina dio a luz un hijo que se llamó Asterión.

—Apolodoro: *Biblioteca*, III, 1.

1   Sé que me acusan de **soberbia,** y tal vez de **misantropía,** y tal vez
de locura. Tales acusaciones (que **castigaré** a su debido tiempo) son
irrisorias. Es verdad que no salgo de mi casa, pero también es verdad
que sus puertas (cuyo número es infinito) están abiertas día y noche
a los hombres y también a los animales. **Que entre él que quiera.** No
hallará **pompas mujeriles** aquí ni el **bizarro** aparato de los palacios
pero sí la quietud y la soledad. **Asimismo** hallará una casa como no hay
otra en la **faz** de la tierra. (Mienten los que declaran que en Egipto hay
una parecida.) Hasta mis detractores admiten que no hay un solo
mueble en la casa. Otra **especie** ridícula es que yo, Asterión, soy un
prisionero. ¿Repetiré que no hay una puerta cerrada, añadiré que no hay
una cerradura? Por lo demás, algún **atardecer** he **pisado** la calle; si
antes de la noche volví, lo hice por el temor que me **infundieron**
las caras de la **plebe,** caras descoloridas y **aplanadas,** como la mano
abierta. Ya se había puesto el sol, pero el **desválido llanto** de un niño y
las **toscas plegarias** de la **grey** dijeron que me habían reconocido. La
gente **oraba,** huía, **se prosternaba,** unos **se encaramaban** al **estilóbato**
del templo de las **Hachas,** otros **juntaban** piedras. Alguno, creo, se
ocultó bajo el mar. No en vano fue una reina mi madre; no puedo
confundirme con **el vulgo,** aunque mi modestia lo quiera.

2   El hecho es que soy único. No me interesa lo que un hombre pueda
trasmitir a otros hombres; como el filósofo, pienso que nada es comunicable
por el arte de la escritura. Las **enojosas** y triviales **minucias** no tienen
cabida en mi espíritu, que está **capacitado** para lo grande; jamás he
retenido la diferencia entre una letra y otra. Cierta impaciencia
generosa no ha consentido que yo aprendiera a leer. A veces lo deploro,
porque las noches y los días son largos.

3   Claro que no me faltan distracciones. Semejante al **carnero** que va
a **embestir,** corro por las galerías de piedra hasta **rodar** al suelo,
mareado. Me agazapo a la sombra de un **aljibe** o a la vuelta de un
corredor y juego a que me buscan. Hay **azoteas** desde las que me dejo
caer, hasta **ensangrentarme.** A cualquier hora puedo jugar a estar
dormido, con los ojos cerrados y la respiración poderosa. (A veces me
duermo realmente, a veces ha cambiado el color del día cuando he
abierto los ojos.) Pero de tantos juegos el que prefiero es el de otro
Asterión. Finjo que viene a visitarme y que yo le muestro la casa. Con
grandes reverencias le digo: Ahora volvemos a la **encrucijada** anterior

*pride / misanthropy
(hatred of mankind)
I will punish
insignificant*

*Let him who wishes
enter.
feminine pomp /
splendid
Also
face*

rumor

*late afternoon /
stepped into
instilled
populace / flat
helpless cry
crude pleas /
congregation,
people
prayed / prostrated
themselves /
climbed / pedestal
Axes / gathered
mingle / common
people*

*annoying / details
room / empowered
retained*

*ram
to charge, attack / I
roll
dizzy / I hide / cistern
flat roofs
I become stained with
blood*

intersection

o Ahora **desembocamos** en otro patio o Bien decía yo que te gustaría la **canaleta** o Ahora verás una cisterna que se llenó de arena o Ya verás como el **sótano se bifurca.** A veces **me equivoco** y nos reímos buenamente los dos.

we emerge
small canal
basement / forks / I make a mistake

4   No sólo he imaginado esos juegos; también he meditado sobre la casa. Todas las partes de la casa están muchas veces, cualquier lugar es otro lugar. No hay un aljibe, un patio, un **abrevadero,** un **pesebre;** son catorce (son infinitos) los pesebres, abrevaderos, patios, aljibes. La casa es del tamaño del mundo; mejor dicho, es el mundo. Sin embargo, a fuerza de **fatigar** patios con un aljibe y **polvorientas** galerías de piedra gris he alcanzado la calle y he visto el templo de las Hachas y el mar. Eso no lo entendí hasta que una visión de la noche me reveló que también son catorce (son infinitos) los mares y los templos. Todo está muchas veces, catorce veces, pero dos cosas hay en el mundo que parecen estar una sola vez; arriba, el intricado sol; abajo, Asterión. Quizá yo he creado las estrellas y el sol y la enorme casa, pero ya no me acuerdo.

trough / manger

hunting through / dusty

5   Cada nueve años entran en la casa nueve hombres para que yo los libere de todo mal. Oigo sus pasos o su voz en el fondo de las galerías de piedra y corro alegremente a buscarlos. La ceremonia dura pocos minutos. Uno **tras** otro caen sin que yo me ensangrente las manos. Donde cayeron, quedan, y los cadáveres ayudan a distinguir una galería de las otras. **Ignoro** quiénes son, pero sé que uno de ellos profetizó, en la hora de su muerte, que alguna vez llegaría mi **redentor.** Desde entonces no me duele la soledad, porque sé que vive mi redentor y al fin **se levantará** sobre el polvo. Si mi oído alcanzara todos los **rumores** del mundo, yo percibiría sus pasos. Ojalá me lleve a un lugar con menos galerías y menos puertas. ¿Cómo será mi redentor?, me pregunto. ¿Será un toro o un hombre? ¿Será tal vez un toro con cara de hombre? ¿O será como yo?

after

I don't know
redeemer

he will rise up / rumblings

6   El sol de la mañana reverberó en la espada de bronce. Ya no quedaba ni un **vestigio** de sangre.

trace

—¿Lo creerás, Ariadna?— dijo Teseo. El minotauro apenas se defendió.

CONVERSACIÓN

1. Según Borges, el laberinto representa el caos del hombre y el orden de los dioses, porque para los hombres no hay solución y para los dioses sí la hay. Discuta lo que simboliza el laberinto, teniendo en cuenta lo anterior.
2. Borges frecuentemente usa imágenes de bibliotecas o del juego de ajedrez como el laberinto. ¿Se ha perdido Ud. alguna vez en una biblioteca entre los miles de libros? Discuta sus emociones en aquella situación o en cualquier situación parecida a la de Asterión.
3. Discuta la soledad de Asterión. ¿Qué tiene que ver con el hecho de que es hombre-monstruo?

4. Compárese a sí mismo con Asterión y al mundo (o al universo) con la casa de Asterión. Después decida cuál es el tema del cuento.

5. Asterión dice que juega con otro Asterión. ¿Dónde está su «otro» realmente? Compare esta idea con lo que Ud. ve cuando se mira en el espejo. ¿Ve Ud. a su doble o su doble lo ve a Ud.?

6. Borges escribió mucho de personajes duplicados, como el que sueña y el soñado, el matador y el matado, el creador y lo creado, siendo realmente uno. Creía que Dios quiere ser hombre y el hombre quiere ser Dios, que el héroe es el malvado y que el que persigue es el perseguido. Comente.

7. En la religión cristiana, Jesús es El Redentor que trae la vida eterna. ¿Qué trae el redentor de Asterión? ¿Por qué es irónico el término «redentor»? ¿Quién o qué es el redentor de Ud.? ¿Lo (La) va a llevar «a un lugar con menos galerías y menos puertas» como espera Asterión?

8. Después de leer «El matador» y «La casa de Asterión», ¿ha cambiado su opinión de los toros? ¿Cuál es su opinión de la corrida?

La corrida es una parte integral de la cultura hispánica. Más que un deporte y más que un arte, tiene una calidad espiritual que simboliza la lucha y el dominio del hombre sobre las fuerzas poderosas de la naturaleza. Sin embargo, en otras partes del mundo la tauromaquia se ve como un espectáculo cruel e injusto.

¿Qué piensa Ud.?
Escriba dos cartas a su familia.

1. Escriba desde el punto de vista de un(a) extranjero(a) que, después de ver su primera corrida, está describiéndola.

2. Escriba desde el punto de vista de un torero nuevo que mañana se enfrentará con su primer toro.

V O C A B U L A R I O

saludos	greetings
Querido(a) _____,	Dear _____,
Cariñosamente /	Love
Con afecto /	
Un abrazo	
Posdata (P.D.)	Postscript (P.S.)

la tauromaquia	bullfighting
el(la) arte	art
el coraje	courage
el dominio	dominance
el peligro	danger
simbolizar	to simbolize
la técnica	technique
la arena	arena; sand
la corrida	bullfight
la plaza de toros	bullring
la fiera	beast
el toro	bull
el paseo	procession at beginning of bullfight
los tercios	acts (thirds)

la cuadrilla	matador and assistants
el matador / torero	bullfighter
el traje de luces	suit of lights
los caballos	horses
las lanzas	lances
montado a caballo	on horseback
los picadores	men on horseback with lances
los banderilleros	men on foot with darts
los dardos	darts

el pase	pass (with the cape)
la capa	cape
la muleta	short cape
la «verónica»	a type of pass

la faena de la muerte	death of the bull, third act
la espada	sword
la estocada	sword thrust
la sangre	blood

el premio	prize
la cola	tail
las orejas	ears
las palmadas	applause

La poesía colaborativa

En grupos de cinco o seis, o con la clase entera, escriba un poema en español o en español e inglés. Use la pizarra, una grabadora o papel. Cada miembro(a) del grupo debe contribuir por lo menos dos líneas, o más si es necesario, en orden circular. Es decir, la persona A empieza; la persona B contribuye la línea dos; la persona C la línea tres; etc., hasta terminar el poema. Lea el poema a los otros grupos. Temas sugeridos (o escoja su propio tema):

1. la corrida de toros
2. la primavera
3. Madrid
4. la muerte

5. la vida
6. la felicidad
7. la soledad
8. el amor

Destino

CONTENIDO

OBJETIVOS

☐ VOCABULARIO Y CONVERSACIÓN
You will be able to converse with a Spanish-speaking customs agent, asking and answering questions about import duties and restricted items.

☐ INFORMACIÓN Y CULTURA
You will learn about Hispanic influences in the United States and you will be able to discuss ways to cross cultural barriers.

Datos

LOS HISPANOS EN LOS ESTADOS UNIDOS

Hoy día, hay más de 15.000.000 de hispanos en los Estados Unidos. Se pronostica que, después del año 2000, este grupo compondrá la mayoría de la población de los Estados Unidos. En todas partes de los Estados Unidos, se encuentra gente de descendencia hispánica. La mayoría se ha establecido en California, Nueva York, Chicago, la Florida y los estados del Sudoeste: Arizona, Texas y Nuevo México. En estos lugares se ve más claramente la influencia hispana.

Según los censos, después de la revolución en Cuba en 1959, emigró a los EE.UU. un nueve por ciento de la población cubana. A fines de 1971, había 608.000 cubanos en los EE.UU. y Puerto Rico. Desde la Segunda Guerra Mundial, han inmigrado muchos puertorriqueños. El 90 por ciento fueron a Nueva York. Fueron **en busca de** mejores condiciones económicas. El censo de 1980 calculó la población hispánica de esta ciudad en unos 1.406.389.

Los inmigrantes de México han influido profundamente en la textura étnica de las poblaciones de Texas y California. Se calcula que un 20 por ciento de los tejanos son de descendencia mexicana. En 1980 había 4.540.000 hispanos en California, con **la mitad** establecida en Los Ángeles.

Muestras de la influencia hispánica

Desde muy temprano, la cultura hispánica ha enriquecido la de los Estados Unidos. Hoy día, los nombres de muchos estados y ciudades, como Colorado, Arizona (zona **árida**), Montana (montaña), San Francisco y Santa Fe, **atestiguan el legado** de los colonizadores españoles. Otras palabras también se han adaptado del español, como *critter* (criatura), *hurricane* (huracán), *alligator* (el lagarto) y *cigar* (cigarro).

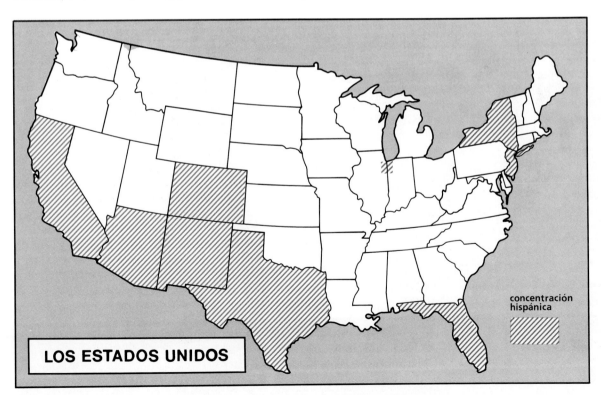

LOS ESTADOS UNIDOS

concentración hispánica

El tabaco, el chocolate y el plátano son contribuciones de los exploradores españoles que los trajeron de sus colonias del sur. El primer pueblo permanente en los EE.UU. fue fundado por los colonizadores en San Agustín, Florida en 1565. La **Carretera** Pacífica corre hoy día de San Diego a San Francisco, paralela al antiguo Camino Real, construido entre 1542–1821 para **ligar** las 21 misiones y los cuatro **presidios** españoles fundados entre San Diego y Sonoma.

Hoy la población hispánica desempeña un papel importante en la vida política y social de muchas regiones. En 1981, un méxico-americano, Henry Cisneros, fue elegido **alcalde** de San Antonio; y en Miami, la población cubana ejerce mucha influencia en el gobierno de la ciudad.

Otras muestras de la cultura hispánica se ven en los supermercados y restaurantes latinos, los murales que adornan las ciudades de San Diego y Los Ángeles, los deportes como el jai-alai en la Florida y Connecticut y la celebración de fiestas étnicas. Actualmente, muchos grupos hispánicos trabajan para que el resto del país se haga más consciente de su cultura. **Realizan** parte de su objetivo con el establecimiento de programas bilingües en las escuelas donde se da énfasis a la preservación y apreciación de su historia y tradición cultural.

VOCABULARIO

el alcalde *mayor*
árida *dry, arid*
atestiguan *testify to*
la carretera *highway*
en busca de *in search of*
el legado *legacy*

ligar *to link*
la mitad *half*
las muestras *signs*
los presidios *forts*
realizan *they achieve*

Legado de los frailes franciscanos, el Camino Real de California empezó aquí con esta misión de San Diego de Alcalá.

1900 Lasuen Road
Santa Bárbara, California 93103
(805) 687-5000

Los inmigrantes cubanos hacen papeles activos en la vida social y cultural de Miami.

PREGUNTAS SOBRE LOS DATOS

1. ¿De qué países vino la mayoría de los inmigrantes hispánicos a los EE.UU.?
2. ¿Dónde se encuentra la mayoría de la población hispánica en los EE.UU.? ¿Vive Ud. en una ciudad con una población hispánica?
3. ¿Qué palabras españolas se han adaptado al inglés? ¿Hay otras palabras nuestras que muestran la influencia española?
4. ¿Qué plantas trajeron los españoles a los EE.UU.?
5. ¿Para qué servía el Camino Real? ¿Qué carretera moderna corre paralela? ¿Ha visitado Ud. una de las misiones?
6. ¿Cómo participan los hispanos en la vida política y social de sus ciudades?

Diálogo

VOLVER A NUEVA YORK

Rumbo a Nueva York, Consuelo y David conversan con su nuevo amigo, Emiliano Santos, un dentista español que planea visitar a su hermano en Nueva Jersey. Es un viajero hábil y les informa a los Webster cómo funciona la aduana con respecto a los que regresan a los Estados Unidos.

Consuelo Emiliano, como has hecho este viaje muchas veces, ¿qué piensas? ¿Tendremos que pasar mucho tiempo en la aduana?

Emiliano No puedo decirte exactamente, porque sois ciudadanos de los Estados Unidos. Vuestra situación es diferente de la mía. Sin embargo, he oído decir que normalmente se pasa un **rato** cortito. *while*

David ¿**Revisarán** todo nuestro equipaje? *Will they search*

Emiliano Creo que no. Primero os preguntarán si tenéis algo que declarar.

David ¿Qué debemos declarar?

Emiliano Hay límites **impuestos** sobre la cantidad de ciertas cosas que se pueden traer **del extranjero.** Por ejemplo, no se permite traer a los EE.UU. más de uno o dos litros de **jerez** o coñac. Pero no estoy seguro del número exacto. *imposed* *from abroad* *sherry*

Consuelo ¿De veras? ¿Y si tenemos más de la cantidad permitida?

Emiliano Tendréis que pagar un **impuesto.** También hay reglas con respecto a traer plantas y **semillas.** Al Departamento de Agricultura le preocupa la protección de vuestra **flora.** *duty, tax* *seeds* *native vegetation*

David **Nunca nos dimos cuenta de** todas las cosas que se deben considerar mientras se viaja. Siempre hay preocupaciones cuando uno va de vacaciones. *We never realized*

Consuelo De acuerdo. Pero vale la pena, ¿no, David? Piensa en todas las experiencias de los meses pasados, en toda la gente que **conocimos,** en todas las oportunidades para practicar el español. Ya lo sabes hablar casi mejor que yo. *we met*

David No te contradigo, querida. El viajar por supuesto enriquece la vida. Nunca se me olvidarán estas experiencias. Y todavía nos queda una más, la de explicar las seis botellas de coñac que traes en tu maleta.

¿SABE UD. QUE...?

Don't be surprised if your Hispanic friends aren't at the airport "on time" to meet your flight. The North American preoccupation with punctuality is not so important in Spanish-speaking countries, where time is a more relaxed, "fluid" concept. Work is finished and appointments are kept, but not according to a rigid schedule. When something unexpected occurs, the Hispanic easily accommodates it and adjusts by putting off planned activities until later.

PALABRAS EN ACCIÓN

Con dos compañeros(as), escriba un cuento corto sobre las aventuras de un espía *(spy)* intentando pasar por aduana. Cada estudiante debe agregar una frase al cuento hasta que se hayan usado todas las palabras de la lista. Después, cada grupo lee su cuento de espías a la clase.

hábil	extranjero
aduana	jerez
ciudadano	darse cuenta de
revisar	semillas
rato	botellas
impuesto	conocer

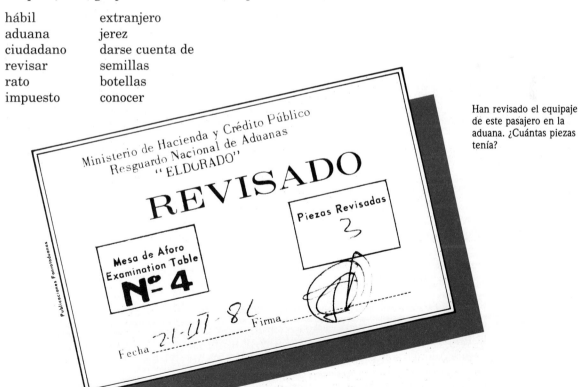

Han revisado el equipaje de este pasajero en la aduana. ¿Cuántas piezas tenía?

Las calles del barrio puertorriqueño de Nueva York reflejan la mezcla de culturas.

PREGUNTAS SOBRE EL DIÁLOGO

1. ¿Por qué viaja Emiliano a Nueva York?
2. Según Emiliano, ¿cuánto tiempo se pasa normalmente en la aduana?
3. ¿Por qué es diferente la situación de Emiliano de la de los Webster?
4. ¿Qué reglas impone la aduana con respecto a las cosas traídas del extranjero?
5. ¿Qué ocurre si un pasajero tiene más jerez del que se permite?
6. ¿Por qué hay restricciones sobre la introducción de plantas y semillas en los EE.UU.?
7. ¿Por qué está preocupado David?

EN LA ADUANA

Un(a) viajero(a) / Un(a) agente de aduana

Ud. y un(a) compañero(a) de clase van a hacer el papel de un(a) viajero(a) y un(a) agente de aduana. Uds. pueden usar el diálogo siguiente o pueden inventar una simulación original con el vocabulario.

¿Tiene Ud. algo que declarar?

Agente Say "Hello," and ask if the traveler has anything to declare.

Viajero(a) Say that no, you only have one bottle of sherry.

Agente Say that it is not necessary to pay duty for one bottle, and ask if the traveler has any plants or seeds.

Viajero(a) Say that no, because you know that is not permitted.

Agente Ask how the traveler traveled.

Viajero(a) Say that you arrived by plane, on Flight 612. Add that you are returning home after one month in Spain.

Agente Say that you will have to search the traveler's luggage. Ask him/her politely to open his/her suitcase.

Viajero(a) Say "Oh, I'm in a hurry. I'm with the student excursion." Then add that your teacher is waiting for you at the exit.

Agente Say "Very well." Then laugh and say that you do not believe the traveler is a spy, and that s(he) has permission to pass without a search.

Viajero(a) Say "Thank you very much." Then add that you will tell your teacher that at least you can pass *customs*.

V O C A B U L A R I O

la aduana	*customs*
declarar	*to declare*
la botella	*bottle*
el jerez	*sherry*
pagar el impuesto / la multa	*to pay duty / fine*
la planta	*plant*
la semilla	*seed*
revisar	*to search*
el equipaje	*luggage*
la maleta	*suitcase*
la revisión	*search*

expresiones

¿Tiene algo que declarar?	*Do you have anything to declare?*

solamente	*only*
no se permite	*is not permitted*
¿Cómo viajó?	*How did you travel?*
el vuelo	*flight*
volver a casa	*to return home*
Favor de abrir...	*Kindly open . . .*
tener prisa	*to be in a hurry*
la excursión estudiantil	*student excursion*
la salida	*exit*
el espía	*spy*
Tiene permiso de pasar.	*You have permission to pass.*
por lo menos	*at least*
pasar por aduana	*to go, pass through customs*

Gramática

Diferentes maneras de expresar *to know,* *to work, to realize, to become* y *to ask*

Saber y conocer

Both **saber** and **conocer** mean *to know.* **Saber** is used to know facts or information, and to mean *to know how to.* **Conocer** is used to know in the sense of being acquainted with persons or things.

Sé que el agente de aduana va a revisar mi equipaje.	*I know the customs agent is going to inspect my baggage.*
¿Sabes hablar coreano?	*Do you know how to speak Korean?*
¿Conoces un chofer que maneje bien?	*Do you know a driver who drives well?*
Conozco muy bien la ciudad de Buenos·Aires.	*I know the city of Buenos Aires very well.*

EJERCICIOS

A. Indique cinco cosas que Ud. sabe hacer bien y cinco cosas que Ud. no sabe hacer.

B. Dígales a sus compañeros(as) de clase algo nuevo que haya sabido hoy / ayer / el mes pasado.

C. Escriba o recite un poema que Ud. sabe de memoria.

D. Conteste **lo sé (lo sabía)** o **no lo sé (no lo sabía)** a estas frases.

1. El Presidente Kennedy fue asesinado.
2. El portugués es la lengua del Brasil.
3. El Brasil es más grande que los Estados Unidos.
4. México, D.F. es la ciudad más poblada del mundo.
5. El español es la segunda lengua de los Estados Unidos.

E. Ud. está en la aduana y tiene problemas. Dígale al (a la) agente de aduana que Ud. conoce a muchas personas famosas e importantes que pueden ayudarle. Mencione por lo menos cinco personas a quienes Ud. conoce.

F. ¿Conoces tú?

Pregúntele a su compañero(a) de clase si conoce a estas personas o si conoce estos lugares.

1. Cervantes, el autor de *Don Quixote*
2. Puerto Vallarta, un lugar de recreo en México
3. Antonio Buero Vallejo, un dramaturgo contemporáneo español
4. Jimmy Carter, uno de los presidentes pasados estadounidenses
5. San Juan, Puerto Rico, la capital de la isla
6. Disneymundo, un parque de atracciones en la Florida

Cada punto en el mapa representa un lugar en los EE. UU. con un nombre español.

¿Sabía Ud. que hay tantos lugares en los EE. UU. con nombres españoles? ¿Conoce Ud. a alguien en Lima, Ohio? ¿en Madrid, Maine? ¿en Toledo, Oregon? ¿en Santiago o Montevideo, Minnesota? ¿en Malaga, California?

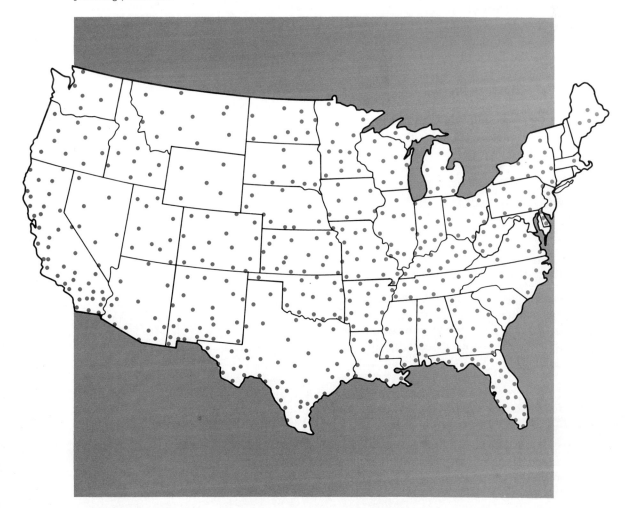

Trabajar, funcionar y obrar

Trabajar, funcionar, and **obrar** mean *to work.* The nouns **trabajo, obra,** and **tarea** also mean *work.* **Trabajar** and **trabajo** refer to jobs or tasks. **Funcionar** means *to work* in the sense of *to run (function)* and is used with machines and appliances. **Obrar** and **obra** refer to constructing or executing tasks, architectural or moral "works" as well as works of art. **Tarea** refers to homework or school assignments.

Él trabaja en la aduana en Nueva York.	He works in customs in New York.
Mi trabajo me aburre muchísimo.	My work (job) bores me a lot.
Su motocicleta ya no funciona bien.	His motorcycle no longer works well.
La tierra es la gran obra de Dios.	Earth is the great work of God.
«Las Meninas» es una obra de Velázquez.	"Las Meninas" is a work of Velázquez.
Se debe obrar bien y ser bueno.	One ought to work well (do good works) and be good (morally).
Clase, su tarea para el lunes es escribir una composición en español de cien palabras sobre «El valor de viajar».	Class, your homework for Monday is to write a one-hundred word composition in Spanish on "The Value of Travel."

EJERCICIOS

A. Vicente Rojas es empleado en un museo de arte. Complete esta descripción de sus actividades con la palabra apropiada para *work.*

1. Vicente Rojas _____ cada día en el museo municipal.
2. De vez en cuando, examina las _____ de arte.
3. Si una luz no _____, tiene que cambiar la bombilla.
4. Cuando llegan grupos de estudiantes, les ayuda con sus _____.
5. Al señor Rojas le gusta mucho su _____.

B. Ud. es reportero(a) para un periódico español. Haga una entrevista corta con su compañero(a) de clase usando las siguientes palabras en sus preguntas: **trabajar, trabajo, funcionar, obra.** Sus compañeros de clase son:

1. un(a) artista de la corte española en el siglo XVI
2. un mecánico en una estación de gasolina
3. Ud. mismo(a)

¿Le interesa a Ud. trabajar en la aduana?

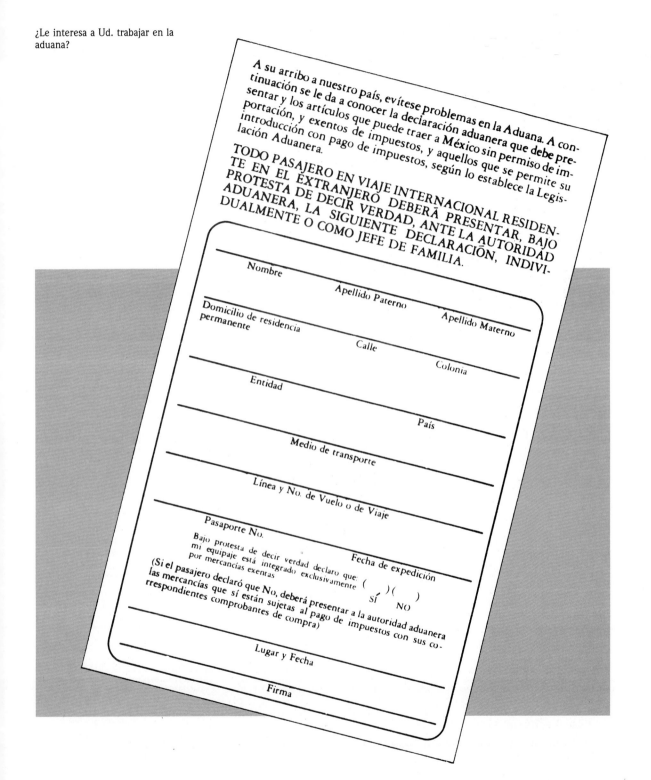

A su arribo a nuestro país, evítese problemas en la Aduana. A continuación se le da a conocer la declaración aduanera que debe presentar y los artículos que puede traer a México sin permiso de importación, y exentos de impuestos, y aquellos que se permite su introducción con pago de impuestos, según lo establece la Legislación Aduanera.

TODO PASAJERO EN VIAJE INTERNACIONAL RESIDENTE EN EL EXTRANJERO DEBERĀ PRESENTAR, BAJO PROTESTA DE DECIR VERDAD, ANTE LA AUTORIDAD ADUANERA, LA SIGUIENTE DECLARACIÓN, INDIVIDUALMENTE O COMO JEFE DE FAMILIA.

Nombre

Apellido Paterno

Apellido Materno

Domicilio de residencia permanente

Calle

Colonia

Entidad

País

Medio de transporte

Línea y No. de Vuelo o de Viaje

Pasaporte No.

Fecha de expedición

Bajo protesta de decir verdad declaro que:
mi equipaje está integrado exclusivamente
por mercancías exentas   (   )   (   )
                             SÍ   NO

(Si el pasajero declaró que No, deberá presentar a la autoridad aduanera las mercancías que sí están sujetas al pago de impuestos con sus correspondientes comprobantes de compra)

Lugar y Fecha

Firma

Darse cuenta de que y realizar

Darse cuenta de que means *to realize* intellectually. **Realizar** means *to realize* by carrying out an assignment or project or achieving a goal.

Me di cuenta de que iba a tener que pagar una multa.	*I realized that I was going to have to pay a fine.*
Realicé mi esperanza de viajar a Europa en avión.	*I realized (fulfilled) my hope of traveling to Europe by plane.*

La influencia hispánica se ve ilustrada en este mural de Los Ángeles.

EJERCICIOS

A. Días escolares...
Complete cada frase de una manera original para describir su carrera académica.

1. Cuando entré en el kinder a los cinco años, me di cuenta de que...
2. Después de graduarme de la escuela secundaria, realicé mi sueño de...
3. Estudiando el español, me he dado cuenta de que una lengua extranjera...
4. Algún día realizaré mi esperanza de ser...

B. Seleccione Ud. cuatro anuncios o artículos con fotos de personas famosas de un periódico o una revista y describa qué sueños realizaron.

> *Ejemplo* **Aquí ven Uds. a Corazón Aquino. Ella realizó su sueño de ser Presidenta de las Filipinas y traer la democracia a su gente.**

C. Reaccione Ud. usando una de estas exclamaciones: **¡Dios mío!, ¡Ojalá!, ¡Qué lástima!, ¡Caramba!, ¡Qué lío!, ¡Qué barbaridad!**.

1. Te das cuenta de que estás perdido(a) en una ciudad desconocida.
2. Te das cuenta de que has ganado la lotería.
3. Ud. se da cuenta de que algo no funciona bien en su bicicleta.
4. La clase se da cuenta de que la profesora va a darle un examen de sorpresa sobre la tarea de anoche.
5. Al pasar por aduana en Nueva York, su familia se da cuenta de que tiene semillas y plantas consigo que trajo de España.

¿Se da cuenta Ud. de que los que entraron ilegalmente a los Estados Unidos pueden realizar su sueño de ser ciudadanos estadounidenses por medio de la amnistía?

Las expresiones *hacerse, llegar a ser, ponerse, volverse, convertirse*

Spanish has various expressions for *to become*. They and their meanings are as follows.

hacerse   voluntary effort of individual

Nacho se hizo maestro.	*Nacho became a teacher.*

llegar a ser   gradual result over time

Ella llegó a ser presidenta de la universidad.	*She became president of the university.*

ponerse   emotional or physical change

Se pusieron furiosos al perder el autobús.	*They became furious at missing the bus.*

volverse   a sudden, violent change

La hija de Fernando e Isabel, Juana, se volvió loca por la muerte de su esposo, Felipe el Hermoso.	*Fernando and Isabel's daughter, Juana, became (went) insane because of the death of her husband, Felipe el Hermoso.*

convertirse   change in the nature of a person or thing

El esqueleto se convirtió en polvo.	*The skeleton became (turned into) dust.*

EJERCICIOS

A. José Pedro es un chicano que vive en los Estados Unidos. Usando varias combinaciones de las palabras siguientes, invente una historia original de este hombre y su familia.

Este(a)	viajero(a)	ponerse	médico(a)
El año pasado	niño(a)	volverse	pálido(a)
Cuando	José Pedro	llegar a ser	en hielo
El día siguiente	chicano(a)	hacerse	rico(a)
El (La)	yo	convertirse	presidente(a)
	hombre de negocios		gordo(a)
	agua		persona triste

B. A Ud. no le gusta su compañero(a) de cuarto en la universidad. Diga o escriba cinco frases sobre esta persona usando las diferentes maneras de traducir *to become* en español.

C. Diga si Ud. ya se ha hecho o si va a hacerse:

rico(a) lingüista
gobernador(a) médico(a)
ingeniero(a) enfermero(a)
matemático(a)

D. Empiece cada frase con **Me puse rojo(a) cuando...** o **Me puse pálido(a) cuando....**

1. Me enojé con mi novio(a).
2. El ladrón entró en el banco.
3. Mi hermano me descubrió con su camiseta.
4. ...
5. ...
6. ...

E. Escriba una disculpa diciéndome por qué no puede venir a la fiesta. Use las expresiones **ponerse, volverse, convertirse.** (Variación: Escriba una carta a su tía abuela informándole de la graduación de la universidad de su hijo mayor. Use **hacerse, llegar a ser.**)

"UNA APASIONANTE AVENTURA HUMANA."
—Juan Rodríguez Flores, LA OPINIÓN

LA BAMBA

Una historia de triunfos.

LA BANDA SONORA ORIGINAL ESTÁ DISPONIBLE EN L.P.'s Y CASSETTES DE SLASH/WARNER BROS. RECORDS.

PG-13 DOLBY STEREO

AHORA EXHIBIÉNDOSE EN ESPAÑOL.

Voces hispanas en el cine norteamericano

¿Fue Ud. a ver la película «La Bamba»?
¿Cómo se hizo famoso Richie Valens?
¿Se puso furioso el padre de Donna cuando ella se enamoró de Richie?
¿Se volvería Ud. loco(a) si muriera un amor suyo?
A propósito, ¿sabe Ud. que «La Bamba» es un baile mexicano?

Preguntar y pedir

Both **preguntar** and **pedir** mean *to ask.* **Preguntar** means *to ask questions* and **pedir** means *to ask for.* Variations of **preguntar** are **hacer una pregunta** (*to ask a question*) and **preguntarse** (*to wonder,* that is, *to ask oneself*).

El agente de aduana me preguntó si hablaba una lengua extranjera.	The customs inspector asked me if I spoke a foreign language.
Mi hijo me pidió permiso para volver a casa.	My son asked me for permission to return home.
Yo pedí un sándwich de atún.	I asked for a tuna sandwich.

EJERCICIOS

A. Ud. recibe una invitación de un amigo rico a un restaurante español de cinco tenedores (equivalente a cinco estrellas en los Estados Unidos). El lugar es muy elegante. ¿Qué pide Ud.? Nombre cinco platos y dos bebidas y empiece cada frase con **Pido....**

B. Ud. está ahora en McDonald's en Nueva York. Empiece tres frases con **Cuando voy a McDonald's siempre pido...**

C. ¡Preguntas y más preguntas!
Conteste en español.

1. ¿Quiénes le hacen preguntas en su clase de español?
2. ¿Qué le pregunta su profesor(a) cuando Ud. llega tarde a clase?
3. ¿Se pregunta Ud. si va a graduarse?

D. ¡Conozcámonos!
Pregúntele a un(a) compañero(a) de clase.

1. what (s)he asks for (orders) when (s)he eats in a Mexican restaurant
2. what (s)he orders when (s)he eats in a Spanish restaurant
3. whom (s)he asks for the bill in the restaurant
4. if (s)he wonders what (s)he will order to drink
5. who asked her (him) these questions

«La Golondrina» es un restaurante mexicano en Calle Olvera en Los Ángeles. ¿Qué pediría Ud. para comer allí? ¿Le pregunta la mesera de dónde es Ud.? ¿Le pregunta Ud. a ella qué significa la palabra «golondrina»?

OHMING INSTICK

por Ernie Padilla

NOTA SOBRE EL AUTOR

Ernie Padilla nació en 1944. Es un escritor chicano (méxico-americano) contemporáneo.

ANTES DE LEER

Considere las preguntas siguientes y busque las respuestas en las secciones indicadas.

1. ¿Dónde tiene lugar el poema? [secciones 1–4]
2. ¿Quién habla primero en el poema? [sección 1]
3. ¿En qué lengua habla?
4. ¿Quién está pensando silenciosamente en un diálogo interior en español? [secciónes 2–4]
5. ¿Qué significa «homing instinct»? [sección 3]
6. ¿Quién es Lenchita? ¿Qué hizo después de las olimpiadas? [sección 3]
7. ¿Qué piensa la maestra de Armando? ¿Es verdaderamente tonto él? [sección 4]
8. ¿Qué decide hacer Armando? [sección 5]

¡Ahora, leamos!

Estos niños de Chicago aprenden la historia de sus antepasados mexicanos.

OHMING INSTICK

1 «The Peacock
as you see in Heidi's drawing here,
is a big colorful bird.
it belongs to the same family as...»

2 ...Habla de **Pavos**   *Peacocks*
    ya yo sueño
        de pavos magníficos
con
    plumas azules;
como el cielo
    cuando él se esconde **tras** las nubes   *behind*
a mediodía,
    plumas rojas;
que se hacen **anaranjosas**   *orange-colored*
como en la tarde
    al caer bajo
las **sierras,**   *mountain range*
    el sol **tira** para todo   *casts*
el cielo rayos
anaranjándose
    con tiempo...

3 «...and the pigeon, which all of you should already know what it looks
like. The pigeon can be trained to return to his home, even if it is taken
far away...»

    ...¡Ahora habla de **palomas!**...   *pigeons, doves*
    «...This is called the Pigeon's 'homing instinct,' and...»
    ...Mi palomita, Lenchita,
        que me quitaron
        porque iba a volar en las **olimpiadas**   *Olympics of 1968*
        ¡lloré entonces!   *(which took place in Mexico and began with the release of thousands of white doves)*

    y lloré también
    cuando entre las miles de palomas que
    enseñaron en la televisión
    el primer día
    de las olimpiadas,
    ¡Yo miré a mi Lenchita!

    y después Lenchita volvió a casa
    ya lo sabía...

4 «ALRIGHT!»
«Are you kids in the corner paying attention?»
«Armando, what is a Peacock? What does homing instinct mean?...»

¿A MÍ ME HABLA?
¡SOY MUY TONTO!

«Aohming instick eis...eis...como Lenchita...»

«Armando haven't I told you not to speak Spa...»

  ¡Caramba
  me van a **pegar**!...   *hit*

«It's bad for you...Go see Mr. Mann».

5 ...Manaña
  sí iré con papá.

Piscaré mucho algodón...   *I'll pick*

CONVERSACIÓN

1. ¿Cuál es el tema del poema? Relacione esto con el título, con las aves y con piscar el algodón. ¿Por qué es irónico el tema en este poema?
2. «The pigeon can be trained to return to his home, even if it is taken far away...» Relacione esta frase con la situación en que se halla Armando. ¿Cómo se parece Armando a su paloma, Lenchita?
3. Hay muchos colores en el poema—azul, rojo, anaranjado, blanco. Discuta el simbolismo de cada uno, relacionándolos al tema del poema.
4. Armando quiere escaparse de la escuela e irse con su papá. Discuta la alienación que siente Armando. ¿Se ha sentido Ud. alienado alguna vez? Comente.
5. Discuta la actitud de la maestra. ¿Por qué no se relaciona el diálogo exterior de ella con el diálogo interior de Armando?
6. Piense en la experiencia que tiene Armando al enfrentarse con la educación pública norteamericana. ¿Cómo se puede convertir en una experiencia mejor?

 WELLESLEY
por Elba López

NOTA SOBRE LA AUTORA

Elba López nació en 1939 en Cuba. Vive en los Estados Unidos desde 1962. Escribió este poema en Wellesley, Massachusetts en 1963.

Considere las siguientes preguntas y busque las respuestas en las estrofas indicadas.

1. ¿Cómo es el clima en Wellesley? ¿en Cuba? [estrofas 1–2]
2. ¿Por dónde pasea la poetisa? ¿Qué ve? [estrofa 3]
3. ¿Cómo son las casas? [estrofa 3]
4. ¿De qué denominación es la iglesia? ¿De qué denominación será la poetisa? [estrofa 3]
5. ¿Qué se pregunta la poetisa? ¿Cómo se siente al haber mirado la tierra, el cielo y los edificios de Wellesley? [estrofa 4]

¡Ahora, leamos!

WELLESLEY

1 Camino por una tierra fría
Blanca de nieve
Insensible y extranjera.

2 Sobre mi cabeza
Un cielo que no es azul
Ni **ardiente** ni cubano.   *burning*

3 Paseo por el lago
Tranquilo y **congelado.**   *frozen*
Miro las casas
de **ladrillos** rojos   *bricks*
Y la **torre** lejana   *tower*
De una iglesia anglicana.

4 Y me pregunto:
¿Exilada o **desarraigada**?   *uprooted*

CONVERSACIÓN

1. Tanto «Ohming instick» como «Wellesley» usan el color blanco simbólicamente al mencionar las nubes y especialmente el algodón y la nieve. Comente.
2. ¿Qué simboliza Wellesley para la poetisa?
3. En ambos poemas hay una sensación de aislamiento y alienación. ¿Por qué? Comente.
4. ¿Cuál es la diferencia entre «exilada» y «desarraigada»? En su opinión, ¿cuál es peor?
5. Discuta la nostalgia en el poema. ¿Cómo es diferente Wellesley, Massachusetts de la isla de Cuba?
6. ¿Por qué saldría Elba López de Cuba? Investigue la historia de la revolución cubana y Fidel Castro y comente.

Para AVANZAR

Acabado nuestro viaje, piense en lo que dijo Consuelo sobre el valor de viajar. ¿Qué nos enseña un viaje al extranjero? ¿Cómo nos ayuda a desarrollar más el entendimiento con respecto a culturas diferentes? ¿Cómo es distinta la experiencia práctica de lo que aprendemos de nuestros libros?

Anuncie un viaje.

Pensando en un lugar que ha visitado (o que quisiera visitar), haga un folleto «turístico» que lo describe. Luego, trate de convencer a un(a) compañero(a) que viaje allí. Recuerde los folletos que tienen las agencias de viajes. Siempre describen el clima, las diversiones, el valor de visitar el lugar—y tienen muchas fotos. Puede usar el modelo en **Destino 7** para organizar su presentación. También les puede ayudar el vocabulario de las secciones **Datos** desde el capítulo **Preparación** hasta **Destino 11**. **¡Ojo!** *(Notice!)*—Su lugar no tiene que existir en este mundo. Puede ser otro planeta o un lugar completamente imaginario.

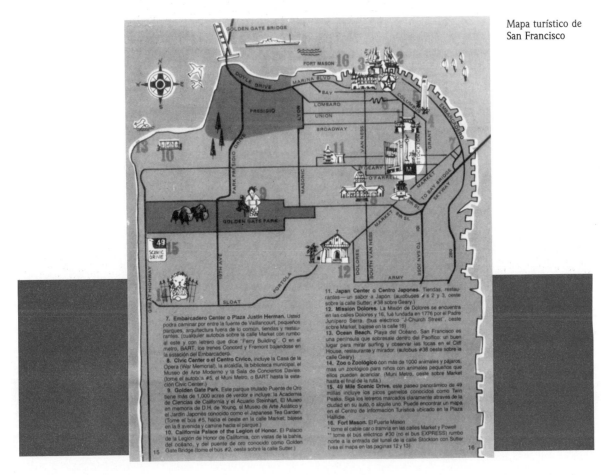

Mapa turístico de
San Francisco

SUPLEMENTARIA

QUE HAY OTRA VOZ

por Tino Villanueva

NOTA SOBRE EL AUTOR

Tino Villanueva nació en 1941 en Texas. Es un poeta chicano, de una familia de trabajadores migratorios. Es actualmente profesor de español en la Universidad de Boston. Ha contribuido poesías y ensayos a muchas revistas. Publicó *Hay otra voz poems* en 1972.

QUE HAY OTRA VOZ

*"God prepares those who have to
suffer and take punishment.
Otherwise, how could we exist?"*

César Chávez, "Time," July 4, 1969

...que hay otra voz que quiere hablar;
que hay un perfil de tez bronceada
                 que de rodillas
arrastrándose camina por los
Cotton-fields de El Campo y Lubbock, Texas.
—¿A dónde voy?—, pregunta.
    A los cucumber patches de Joliet,
a las vineyards de San Fernando Valley,
a los beet fields de Colorado?

             *   *   *

Horarios inalterables:
la madrugada mecánicamente despierta el
reloj de timbre (¿de qué tamaño es el tiempo?)
Viene el desayuno: huevos rancheros,
               tortillas de harina,
               un cafecito.

¡Y éntrale otra vez con la frescura!
Éntrale a los surcos agridulces más largos
que la vida misma:

plums	beans
grapes	cotton
betabel	pepinos
pruning	leafing
potatoes	apricots
chopping	plucking
soybeans	cebollas

no importa.
Hay que comer, hacer pagos, sacar la ropa
del Lay-Away; '55 Chevy engine tune-up;
los niños en seventh-grade piden lápices
con futuro. Hay otra voz que quiere hablar.

                    *   *   *

Tú,
    cómotellamas, mexicano, latino, Meskin,
    skin, Mex-guy, Mex-Am, Latin-American,
    Mexican-American, Chicano,
tú,
    de las manos diestras, y la espalda
    empapada desde que cruzó tu abuelo el Río,
tú,
    de los blue-jeans nuevos
    pareces
    retoñar cada año como fuerza elemental,
    temporal-arraigado entre el ser y el estar
    de un itinerario. Eres ganapán,
                        estás aquí de paso.

                    *   *   *

    Es el golpe helado del Panhandle que
    penetra ahora
                        tu injuriada sangre.
En tus sienes te pesa haber nacido; pesas
tu saco de algodón-cien libras
que en los sábados se convierten en pesos
miserables.

                    *   *   *

Pero en los sábados de noche
te endomingas con corbata, y con la
luna en la frente cadenciosamente zapateas
polkas del Top-Ten:
　　　—¡Aviéntate otra Isidoro López![1]
　　　—¡Que toquen rock n'roll Alfonso Ramos!
porque mañana es otro día y no lo es.

　　　　　　*　*　*

En la ida y vuelta de tus pensamientos
anticipas
Central Texas.
Los escolares regresan a las estereotipadas
aulas: desde atrás contestan que no saben la
respuesta. Maestros que ni ven, ni oyen,
que hay otra voz que quiere hablar.

　　　　　　*　*　*

Las estaciones siguen en su madura marcha
de generación en generación, de mapa en mapa,
de patrón en patrón, de surco en surco.

Surcos,
viñas,
de donde ha brotado el grito audaz:
las huelgas siembran un día nuevo.
El boycott es religión,
y la múltiple existencia se confirma en celdas.

---

[1]Isidoro López y Alfonso Ramos fueron famosos directores de bandas musicales en los años '50.

SUPLEMENTARIA

VOLVER A CASA

por Juan O. Valencia

NOTA SOBRE EL AUTOR

Juan O. Valencia nació en México. Es catedrático emérito de la
Universidad de Cincinnati, Ohio. Ha publicado tres poemarios: *Carmel,
Signo y sentimiento* y *Espacios vacíos.* Tiene dos libros de cuentos,
Siete veces la noche y *Fábulas de azúcar,* de donde viene esta
selección.

VOLVER A CASA

Frank López (en realidad se llamaba Francisco) se sintió peor aquel
invierno. Los años que llevaba trabajando en la fundición le habían ido
minando la salud. Yo lo conocía desde hacía más de treinta años desde
que emigró de Honduras a trabajar en los hornos de una de las fundiciones
en Gary; en el estado de Indiana. Recuerdo que nos hicimos amigos una
mañana que se me atascó el coche en la nieve y Frank me ayudó a
salir del apuro. Tan pronto como se cruzaron nuestras miradas supimos
que éramos de una misma sangre y desde entonces nos juntábamos a
platicar y beber cerveza mexicana casi todos los domingos.

Por muchos años estuvimos de acuerdo en que nuestros países de
origen nos parecían ya como sombras y hablábamos siempre de lo
que habíamos sufrido en ellos. Frank me aseguraba que nunca volvería
a Honduras, y yo por mi parte no podía regresar a México porque me
había pasado de contrabando a los Estados Unidos y tenía miedo de no
poder entrar otra vez a este país. Aunque de todos modos a mí no me
importaba si no volvía porque no me quedaba nadie en México. Los
padres de Frank todavía vivían en Honduras y se carteaban con su hijo
de vez en cuando.

Yo era como de la familia. Frank me decía que le recordaba a su
único hermano; el que lo había traído a Gary y que murió en la guerra
de Corea. Cierto que Frank conocía a otros "Latins" (como nos decían en
la fundición), pero a mí se me figuraba que yo era como un mundo
aparte para él, especialmente en los cinco últimos años de su vida,
cuando se le agravó la dolencia que no le pudo detener la ciencia médica.

Allá por 1968 Frank decidió visitar su tierra junto con su familia
americana. La familia no estuvo a gusto en Honduras pero Frank sufrió

un cambio muy fuerte en sus sentimientos. A su regreso me dijo que le costó mucho trabajo subirse al avión para volver a este país donde había vivido tanto tiempo. Me aseguró que en su tierra había descubierto lo que siempre llevó dentro.

Recuerdo que un año después de su visita a Honduras, como a mediados de noviembre, cuando empezó a arreciar el frío en Gary, Frank me confió, «presiento que no voy a salir el invierno y he decidido regresar a Honduras con o sin mi familia». De todos modos se hizo un arreglo para que Frank se fuera primero y luego llegaran su esposa e hijos a pasar la Navidad con él. A mí me dolió mucho no poder acompañarlo porque no tenía pasaporte. Antes de abordar el avión me dijo: «Uno le hace falta a su tierra, como una pieza al rompecabezas».

Frank no regresó. Yo le escribí a su familia dándole el pésame. Su padre me contestó agradeciéndome la amistad con Frank, y agregaba que quería contarme como había sido la muerte de su hijo. Me decía que cuando Frank se sintió grave quiso que lo llevaran a pasar unos días al lago Yojoa. Ahí expiró. Terminaba la carta narrándome un incidente que sorprendió a todos. Cuando los que acompañaban a Frank rompieron a llorar, un niño que andaba por allí les dijo, «Ya no lloren, ¿qué no ven que está contento?»

APÉNDICE DE VERBOS

REGULAR VERBS

infinitive

hablar *to speak, to talk*	**comer** *to eat*	**vivir** *to live*

present participle

hablando *speaking*	**comiendo** *eating*	**viviendo** *living*

past participle

hablado *spoken*	**comido** *eaten*	**vivido** *lived*

SIMPLE TENSES

INDICATIVE MOOD

present

I speak, am speaking, do speak		*I eat, am eating, do eat*		*I live, am living, do live*	
hablo	hablamos	como	comemos	vivo	vivimos
hablas	habláis	comes	coméis	vives	vivís
habla	hablan	come	comen	vive	viven

imperfect

I was speaking, used to speak		*I was eating, used to eat*		*I was living, used to live*	
hablaba	hablábamos	comía	comíamos	vivía	vivíamos
hablabas	hablabais	comías	comíais	vivías	vivíais
hablaba	hablaban	comía	comían	vivía	vivían

preterit

I spoke, did speak		*I ate, did eat*		*I lived, did live*	
hablé	hablamos	comí	comimos	viví	vivimos
hablaste	hablasteis	comiste	comisteis	viviste	vivisteis
habló	hablaron	comió	comieron	vivió	vivieron

future

I'll (I will, shall) speak		*I'll (I will, shall) eat*		*I'll (I will, shall) live*	
hablaré	hablaremos	comeré	comeremos	viviré	viviremos
hablarás	hablaréis	comerás	comeréis	vivirás	viviréis
hablará	hablarán	comerá	comerán	vivirá	vivirán

I'd (I would) speak		*I'd (I would) eat*		*I'd (I would) live*	
hablaría	hablaríamos	comería	comeríamos	viviría	viviríamos
hablarías	hablaríais	comerías	comeríais	vivirías	viviríais
hablaría	hablarían	comería	comerían	viviría	vivirían

SUBJUNCTIVE MOOD

present

that I may speak		*that I may eat*		*that I may live*	
hable	hablemos	coma	comamos	viva	vivamos
hables	habléis	comas	comáis	vivas	viváis
hable	hablen	coma	coman	viva	vivan

imperfect (*ra*-form)

that I might speak		*that I might eat*		*that I might live*	
hablara	habláramos	comiera	comiéramos	viviera	viviéramos
hablaras	hablarais	comieras	comierais	vivieras	vivierais
hablara	hablaran	comiera	comieran	viviera	vivieran

imperfect (*se*-form)

that I might speak		*that I might eat*		*that I might live*	
hablase	hablásemos	comiese	comiésemos	viviese	viviésemos
hablases	hablaseis	comieses	comieseis	vivieses	vivieseis
hablase	hablasen	comiese	comiesen	viviese	viviesen

IMPERATIVE MOOD AND SUBJUNCTIVE COMMANDS

hablar

—
habla, no hables (tú) *(don't) speak*
(no) hable (Ud.) *(don't) speak*

(no) hablemos *let's (not) speak*
hablad, no habléis (vosotros / as) *(don't) speak*
(no) hablen (Uds.) *(don't) speak*

comer

—
come, no comas (tú) *(don't) eat*
(no) coma (Ud.) *(don't) eat*

(no) comamos *let's (not) eat*
comed, no comáis (vosotros / as) *(don't) eat*
(no) coman (Uds.) *(don't) eat*

vivir

—
vive, no vivas (tú) *(don't) live*
(no) viva (Ud.) *(don't) live*

(no) vivamos *let's (not) live*
vivid, no viváis (vosotros / as) *(don't) live*
(no) vivan (Uds.) *(don't) live*

PROGRESSIVE TENSES[1]

present progressive

I'm speaking, eating, living

estoy	estamos	hablando, comiendo, viviendo
estás	estáis	
está	están	

imperfect progressive

I was speaking, eating, living

estaba	estábamos	hablando, comiendo, viviendo
estabas	estabais	
estaba	estaban	

COMPOUND TENSES

perfect infinitive

to have spoken, eaten, lived
haber hablado, comido, vivido

perfect progressive

having spoken, eaten, lived
habiendo hablado, comido, vivido

INDICATIVE MOOD

present perfect

I have spoken, eaten, lived

he	hemos	hablado, comido, vivido
has	habéis	
ha	han	

past perfect

I had spoken, eaten, lived

I

había	habíamos	hablado, comido, vivido
habías	habíais	
había	habían	

II

hube	hubimos	hablado, comido, vivido
hubiste	hubisteis	
hubo	hubieron	

future perfect

I'll (I shall, will) have spoken, eaten, lived

habré	habremos	hablado, comido, vivido
habrás	habréis	
habrá	habrán	

conditional perfect

I'd (I would) have spoken, eaten, lived

habría	habríamos	hablado, comido, vivido
habrías	habríais	
habría	habrían	

[1]The two essential progressive tenses are shown. However, progressive constructions may be formed with any indicative or subjunctive tense.

SUBJUNCTIVE MOOD

present perfect

that I may have spoken, eaten, lived

haya	hayamos
hayas	hayáis
haya	hayan

hablado, comido, vivido

past perfect

that I might have spoken, eaten, lived

ra-*form*

hubiera	hubiéramos
hubieras	hubierais
hubiera	hubieran

hablado, comido, vivido

se-*form*

hubiese	hubiésemos
hubieses	hubieseis
hubiese	hubiesen

hablado, comido, vivido

VERB STEM-VOWEL CHANGES AND SPELLING CHANGES

Many verbs show standard patterns of stem-vowel changes or spelling changes. Here is a summary of the main change patterns. Each pattern is illustrated by the indicated verb in the following section, pages 359–366.

STEM VOWEL CHANGES

PRESENT INDICATIVE, PRESENT SUBJUNCTIVE, *tú* IMPERATIVE

Stem changes often appear in the "shoe forms" (that is, forms 1, 2, 3, and 6) of the present indicative and subjunctive.

pensar [e → ie] *to think,* present indicative

1	**pienso**	4	pensamos
2	**piensas**	5	pensáis
3	**piensa**	6	**piensan**

Any change in form 3 of the present indicative will also show up in the **tú** imperative form: **piensa.**

1. e → ie (-ar, -er verbs)

The **-ar** and **-er** verb in group 1 change a stem vowel **e** to **ie** in the shoe forms of the present indicative and present subjunctive, and in the **tú** imperative. See **pensar, perder.**
Verbs like **pensar: acertar, atravesar, cerrar, comenzar, confesar, despertar(se), empezar, negar, nevar, recomendar, sentar(se).**
Verbs like **perder: defender, encender, entender, tender.**

2. o → ue (-ar, -er verbs)

The **-ar** and **-er** verbs in group 2 change a stem vowel **o** to **ue** in the shoe forms of the present indicative and present subjunctive, and in the **tú** imperative. See **contar, doler.**
Other verbs like **contar: acordar(se), acostar(se), almorzar, colgar, costar, demostrar, encontrar, mostrar, probar, recordar, rogar, sonar, soñar.**
Other verbs like **doler: cocer, devolver, llover, mover, soler, torcer, volver.**

3. e → ie, i (-ir verbs)

The **-ir** verbs in group 3 change a stem vowel **e** to **ie** in the shoe forms of the present indicative and present subjunctive, and in the **tú** imperative. They change a stem vowel **e** to **i** in forms 4 and 5 of the present subjunctive, forms 3 and 6 of the preterit, in all forms of the imperfect subjunctive, and in the present participle. See **sentir.**
Other verbs: **advertir, arrepentirse, consentir, convertir(se), divertir(se), herir, mentir, preferir, referir, sugerir.**

4. e → i, i (-ir verbs)

The **-ir** verbs in group 4 change a stem vowel **e** to **i** in the shoe forms of the present indicative and present subjunctive, and in the **tú** imperative. They

also change the stem vowel **e** to **i** in forms 4 and 5 of the present subjunctive, forms 3 and 6 of the preterit, in all forms of the imperfect subjunctive, and in the present participle. See **pedir**.
Other verbs: **competir, concebir, despedir(se), elegir, impedir, repetir, reñir, servir, vestir(se).**

5. o → ue, u (-ir verbs)

The two **-ir** verbs in group 5 change a stem vowel **o** to **ue** in the shoe forms of the present indicative and present subjunctive, and in the **tú** imperative. They change a stem vowel **o** to **u** in forms 4 and 5 of the present subjunctive, forms 3 and 6 of the preterit, in all forms of the imperfect subjunctive, and in the present participle. See **dormir**.
Another verb: **morir**.

6. u → ú (-ar and -ir verbs)

The verbs in group 6 change a stem vowel **u** to **ú** in the shoe forms of the present indicative and present subjunctive, and in the **tú** imperative. See **continuar, reunir.**
Other verbs: **acentuar, actuar, efectuar, embaular, exceptuar, graduar, habituar, insinuar, situar.**

7. u → ue (jugar)

The verb **jugar** is the only verb in Spanish that changes its stem vowel **u** to **ue** in the shoe forms of the present indicative and present subjunctive, and in the **tú** imperative. See **jugar.**

8. e → ye

The verbs **errar** and **erguir** change their stem vowel **e** to **ye** in the shoe forms of the present indicative and present subjunctive, and in the **tú** imperative. See **errar.**

9. o → hue (oler)

The verb **oler** changes its stem vowel **o** to **hue** in the shoe forms of the present indicative and present subjunctive, and in the **tú** imperative. See **oler.**

SPELLING CHANGES

You have to change the spelling of many Spanish words when you add particular endings. This is to remind your reader that the basic sound of the word's stem has NOT been changed by adding the ending.

You need to make spelling changes in people's names, nouns, and adjectives as well, not just in verbs. Spelling changes are not "verbal irregularities," but regularities of the entire Spanish language. Consider, for example, the Spanish system for spelling the k-sound and some parts of the system for spelling the s-sound (or, in parts of Spain, a table of s-sounds and th-sounds):

K-SOUND		S-SOUND [Hispanoamérica]	
c before	**a** = **ca** ("kah")	**s** or **z** before	**a** = **sa** or **za** ("sah")
	o = **co** ("ko")		**o** = **so** or **zo** ("so")
	u = **cu** ("koo")		**u** = **su** or **zu** ("soo")
qu before	**e** = **que** ("keh")	**c** before	**e** = **se, ze,** or **ce** ("seh")
	i = **qui** ("kee")		**i** = **si, zi,** or **ci** ("see")

Here are typical Spanish words with k-sounds. When you add an ending, you need to change the spelling to show that the sound of the word does NOT change.

	BASE WORD	ENDING	SPELLING CHANGE YOU MAKE TO SHOW SOUND DOES NOT CHANGE	NEW WORD
NAME:	**Paco** *Frank*	**-ito**		**Paquito** *Frankie*
	Franco [*Gen.*]	**-ista**		**franquista** [noun] *follower of Gen. Franco*
NOUN:	**vaca** *cow*	**-ero**		**vaquero** *cowboy*
	roca *rock*	**-eño**		**roqueño** [adjective] *rocky, flinty*
ADJECTIVE:	**rico** *rich*	**-ísimo**		**riquísimo** [adjective] *very rich, scrumptious*
		-eza	**c → qu**	**riqueza** [noun] *wealth, riches, richness*
		-ecer		**enriquecerse** [verb] *to get rich*
VERB:	**picar** *to pick, prick, sting,*	**-eta**		**piqueta** [noun] *pickaxe*
		-é		**Lo piqué.** [verb, preterit] *I bugged him.*
	bite, goad . . .	**-en**		**¡Ojalá que no me piquen!** [verb, subjunctive] *I hope they don't sting me!*

The spelling alternation between **c** and **qu** is a fundamental part of the Spanish writing system. It is not a special property of verbs. The same is true of all the other spelling changes discussed in the next section. Keep the sound of your verb in mind, then spell it, following the rules of Spanish spelling. It's easier than trying to memorize large numbers of "irregular" verb forms!

Here is a summary of the main patterns of important spelling changes, all of which are made to show that no change of sound occurs in the stem. Each is illustrated by the indicated verb in the following section, pages 359–366.

10. **c → qu**

> SOUND TO BE WRITTEN: k before a vowel
> LETTER COMBINATIONS FOR K: **ca, co, cu, que, qui**

Verbs in **-car** make this change in form 1 of the preterit and in all 6 forms of the present subjunctive. See **tocar.**
Other verbs that follow this pattern: **atacar, buscar, colocar, comunicar, explicar, indicar, pescar, picar, sacar.**

11. **g → gu** before **e**

> SOUND TO BE WRITTEN: hard g (as in *get*) before a vowel
> LETTER COMBINATIONS FOR HARD G: **ga, go, gu, gue, gui**

Verbs in **-gar** make this change in form 1 of the preterit and in all 6 forms of the present subjunctive. See **pagar.**
Other verbs: **apagar, colgar, jugar, llegar, navegar, regar, rogar.**

12. **gu → g** before **a** or **o**

> SOUND TO BE WRITTEN: hard g (as in *get*) before a vowel
> LETTER COMBINATIONS FOR HARD G: **ga, go, gu, gue, gui**

Verbs in **-guir** make this change in form 1 of the present indicative and all 6 forms of the present subjunctive. See **conseguir.**
Other verbs: **distinguir, perseguir, proseguir, seguir.**

13. **gu → gü** before **e** or **i**

> SOUND TO BE WRITTEN: gw (as in *Gwen.* Spanish lacks a "gwu.")
> LETTER COMBINATIONS FOR GW: gua, guo, güe, güi

Verbs in **-guar** make this change in form 1 of the preterit and all 6 forms of the present subjunctive. See **averiguar.**
Another verb: **apaciguar.**

14. **c → z** before **a** or **o**

> SOUND TO BE WRITTEN: s (in Spain, th) in words historically spelled
> with a soft c (as in *city*).
> LETTER COMBINATIONS FOR THIS S: **ce, ci, za, zo**

Verbs that end in a consonant plus **-cer** or **-cir** make this change in form 1 of the present indicative and in all 6 forms of the present subjunctive. See **convencer**.
Other verbs in **-cer: torcer, vencer;** in **-cir: esparcir.**

15. **z → c** before **e**

> SOUND TO BE WRITTEN: s (in Spain, th) before **e**, in words historically
> spelled with a **z**
> LETTER COMBINATIONS FOR THIS S: **za, zo, ce, ci**

Verbs in **-zar** make this change in form 1 of the preterit and in all 6 forms of the present subjunctive. See **empezar**.
Other verbs: **abrazar, alcanzar, almorzar, cazar, comenzar, cruzar, forzar, gozar, rezar.**

16. **g → j** before **a** or **o**

> SOUND TO BE WRITTEN: h (as in *hot*)
> LETTER COMBINATIONS FOR THIS H: ge, gi, ja, jo, ju

Verbs in **-ger** or **-gir** make this change in form 1 of the present indicative and all 6 forms of the present subjunctive, and the **tú** imperative. See **proteger; corregir.**
Other verbs in **-ger: coger, escoger, recoger;** in **-gir: dirigir, elegir, exigir, regir.**

17. **i → í**

> SOUND TO BE WRITTEN: i (to show that it does not form part of a
> diphthong)
> GRAPHIC METHOD: add a written accent.

Several verbs in **-iar,** and all verbs whose stems have an **h** between **a, e,** or **o** and **i,** add a written accent to a stem vowel **i** in the shoe forms of the present indicative and present subjunctive, and in the **tú** imperative. See **enviar; prohibir.**
Other verbs: **ampliar, criar, desviar, enfriar, esquiar, fiar, guiar, telegrafiar, vaciar, variar.**

18. **u → ú**

> SOUND TO BE WRITTEN: u (to show that it does not form part of a
> diphthong)
> GRAPHIC METHOD: add a written accent.

Verbs whose stems have an **h** between **a** or **e** and **u** add a written accent to a
stem vowel **u** in the shoe forms of the present indicative and present subjunctive,
and in the **tú** imperative. See **rehusar.**

SPELLING CHANGES THAT DO REFLECT SOUND CHANGES

19. **c → zc** before **a** or **o**

Verbs that end in a vowel plus **-cer** (except **mecer**) or **-cir** make this
change in form 1 of the present indicative and in all 6 forms of the present
subjunctive. See **conocer.**
Other verbs in **-cer: agradecer, aparecer, carecer, complacer, crecer,
entristecer, establecer, merecer, nacer, obedecer, ofrecer, padecer,
parecer, pertenecer, reconocer;** in **-cir: conducir, lucir, producir, relucir,
traducir.**

20. Verbs in **-ducir**

These verbs have a **j** in all forms of the preterit and imperfect subjunctive.
They also change **c → zc**; see 19 above. See **conducir.**
Other verbs: **deducir, introducir, producir, reducir, traducir.**

21. Verbs in **-eer**

With these verbs, when the **i** of the regular **-er** ending falls between
vowels, it changes to **y.** The **i** of an ending, when stressed, takes a written
accent, **í.** These changes occur in the preterit, the imperfect subjunctive, and
the two participles. See **creer.**
Other verbs: **leer, poseer, proveer.**

22. Verbs in **-eír**

These verbs drop their stem **e** in the present participle, the shoe forms of
the present indicative, forms 3 and 6 of the preterit, all forms of the present
and imperfect subjunctive, and the **tú** imperative. The stressed **i** of an ending
takes a written accent, **í.** See **reír.**
Other verbs: **freír, sonreír.**

23. Verbs in **-uir**

Except for verbs whose stem ends in **gu** or **qu** (**-guir** or **-quir**), verbs in **-uir** insert a **y** before endings that do not begin with **i**. They also change **i** to **y** between two vowels. See **construir**.
Other verbs: **argüir, atribuir, concluir, constituir, contribuir, destituir, destruir, disminuir, distribuir, excluir, huir, incluir, influir, instruir, restituir, sustituir.**

VERBS REGULAR EXCEPT FOR THEIR PAST PARTICIPLE

These verbs are regular except for their past participle:
abrir, abierto; cubrir, cubierto; describir, descrito; descubrir, descubierto; escribir, escrito; imprimir, impreso; inscribir, inscrito; prescribir, prescrito; proscribir, proscrito; romper, roto; suscribir, suscrito.

These verbs have an irregular past participle in addition to one of the basic stem changes illustrated in the model verbs in the next section: **absolver (o → ue), absuelto; devolver (o → ue), devuelto; disolver (o → ue), disuelto; envolver (o → ue), envuelto; morir (o → ue), muerto; resolver (o → ue), resuelto; volver (o → ue), vuelto.**

MODEL VERBS

Stem Vowel Changes, Spelling Changes, and Irregularities

Only the tenses with changed or irregular forms are shown. Forms that are irregular in each tense are printed in **boldface**.

adquirir	*to acquire*	(Irregular. Makes just half the **i → ie** changes.)
imperative	**adquiere**, adquirid	
present indicative	**adquiero, adquieres, adquiere**, adquirimos, adquirís, **adquieren**	
present subjunctive	**adquiera, adquieras, adquiera**, adquiramos, adquiráis, **adquieran**	

andar	*to walk*	(Irregular)
preterit	**anduve, anduviste, anduvo, anduvimos, anduvisteis, anduvieron**	
imperfect subjunctive	**anduviera, anduvieras, anduviera, anduviéramos, anduvierais, anduvieran (anduviese . . .)**	

avergonzarse	*to be ashamed, to be embarrassed*	(Changes 2, 13, 15)
imperative	**avergüénzate**, avergonzaos	
present indicative	me **avergüenzo**, te **avergüenzas**, se **avergüenza**, nos avergonzamos, os avergonzáis, se **avergüenzan**	
present subjunctive	me **avergüence**, te **avergüences**, se **avergüence**, nos **avergoncemos**, os **avergoncéis**, se **avergüencen**	

averiguar	*to find out, to investigate, to ascertain*	(Change 13)
preterit	**averigüé,** averiguaste, averiguó, averiguamos, averiguasteis, averiguaron	
present subjunctive	**averigüe, averigües, averigüe, averigüemos, averigüéis, averigüen**	
bendecir	*to bless*	(Irregular. Same as **decir** except pp. is regular)
past participle	bendecido	
caber	*to fit, to have room for*	(Irregular)
present indicative	**quepo,** cabes, cabe, cabemos, cabéis, caben	
preterit	**cupe, cupiste, cupo, cupimos, cupisteis, cupieron**	
future	**cabré, cabrás, cabrá, cabremos, cabréis, cabrán**	
conditional	**cabría, cabrías, cabría, cabríamos, cabríais, cabrían**	
present subjunctive	**quepa, quepas, quepa, quepamos, quepáis, quepan**	
imperfect subjunctive	**cupiera, cupieras, cupiera, cupiéramos, cupierais, cupieran** (**cupiese . . .**)	
caer	*to fall*	(Irregular)
present participle	**cayendo**	
past participle	**caído**	
present indicative	**caigo,** caes, cae, caemos, caéis, caen	
preterit	caí, **caíste, cayó, caímos, caísteis, cayeron**	
present subjunctive	**caiga, caigas, caiga, caigamos, caigáis, caigan**	
imperfect subjunctive	**cayera, cayeras, cayera, cayéramos, cayerais, cayeran** (**cayese . . .**)	
conducir	*to drive, to guide, to lead*	(Changes 19, 20)
present indicative	**conduzco,** conduces, conduce, conducimos, conducís, conducen	
preterit	**conduje, condujiste, condujo, condujimos, condujisteis, condujeron**	
present subjunctive	**conduzca, conduzcas, conduzca, conduzcamos, conduzcáis, conduzcan**	
imperfect subjunctive	**condujera, condujeras, condujera, condujéramos, condujerais, condujeran** (**condujese . . .**)	
conocer	*to know, to be acquainted with*	(Change 19)
present indicative	**conozco,** conoces, conoce, conocemos, conocéis, conocen	
present subjunctive	**conozca, conozcas, conozca, conozcamos, conozcáis, conozcan**	
conseguir	*to get, to obtain*	(Changes 4, 12)
present participle	**consigo, consigues, consigue,** conseguimos, conseguís, **consiguen**	
imperative	**consigue,** conseguid	
preterit	conseguí, conseguiste, **consiguió,** conseguimos, conseguisteis, **consiguieron**	
present subjunctive	**consiga, consigas, consiga, consigamos, consigáis, consigan**	
imperfect subjunctive	**consiguiera, consiguieras, consiguiera, consiguiéramos, consiguierais, consiguieran** (**consiguiese . . .**)	
construir	*to construct*	(Change 23)
present participle	**construyendo**	
imperative	**construye,** construid	
present indicative	**construyo, construyes, construye,** construimos, construís, **construyen**	
preterit	construí, construiste, **construyó,** construimos, construisteis, **construyeron**	
present subjunctive	**construya, construyas, construya, construyamos, construyáis, construyan**	
imperfect subjunctive	**construyera, construyeras, construyera, construyéramos, construyerais, construyeran** (**construyese . . .**)	

contar	*to count, to tell*	(Change 2)
imperative	**cuenta,** contad	
present indicative	**cuento, cuentas, cuenta,** contamos, contáis, **cuentan**	
present subjunctive	**cuente, cuentes, cuente,** contemos, contéis, **cuenten**	
continuar	*to continue*	(Change 6)
imperative	**continúa,** continuad	
present indicative	**continúo, continúas, continúa,** continuamos, continuáis, **continúan**	
present subjunctive	**continúe, continúes, continúe,** continuemos, continuéis, **continúen**	
convencer	*to convince*	(Change 14)
present indicative	**convenzo,** convences, convence, convencemos, convencéis, convencen	
present subjunctive	**convenza, convenzas, convenza, convenzamos, convenzáis, convenzan**	
corregir	*to correct*	(Changes 4, 16)
present participle	**corrigiendo**	
imperative	**corrige,** corregid	
present indicative	**corrijo, corriges, corrige,** corregimos, corregís, **corrigen**	
preterit	corregí, corregiste, **corrigió,** corregimos, corregisteis, **corrigieron**	
present subjunctive	**corrija, corrijas, corrija, corrijamos, corrijáis, corrijan**	
imperfect subjunctive	**corrigiera, corrigieras, corrigiera, corrigiéramos, corrigierais, corrigieran** (**corrigiese . . . **)	
creer	*to believe*	(Change 21)
present participle	**creyendo**	
past participle	**creído**	
preterit	creí, **creíste, creyó, creímos, creísteis, creyeron**	
imperfect subjunctive	**creyera, creyeras, creyera, creyéramos, creyerais, creyeran** (**creyese . . .**)	
dar	*to give*	(Irregular)
present indicative	**doy,** das, da, damos, dais, dan	
preterit	**di, diste, dio, dimos, disteis, dieron**	
present subjunctive	**dé,** des, **dé,** demos, deis, den	
imperfect subjunctive	**diera, dieras, diera, diéramos, dierais, dieran** (**diese . . .**)	
decir	*to say, to tell*	(Irregular)
present participle	**diciendo**	
past participle	**dicho**	
imperative	**di,** decid	
present indicative	**digo, dices, dice,** decimos, decís, **dicen**	
preterit	**dije, dijiste, dijo, dijimos, dijisteis, dijeron**	
future	**diré, dirás, dirá, diremos, diréis, dirán**	
conditional	**diría, dirías, diría, diríamos, diríais, dirían**	
present subjunctive	**diga, digas, diga, digamos, digáis, digan**	
imperfect subjunctive	**dijera, dijeras, dijera, dijéramos, dijerais, dijeran** (**dijese . . .**) Verb that follows the same pattern: **contradecir.**	
doler	*to hurt, to ache*	(Change 2)
imperative	**duele,** doled	
present indicative	**duelo, dueles, duele,** dolemos, doléis, **duelen**	
present subjunctive	**duela, duelas, duela,** dolamos, doláis, **duelan**	

dormir	*to sleep*	(Change 5)
present participle	**durmiendo**	
imperative	**duerme,** dormid	
present indicative	**duermo, duermes, duerme,** dormimos, dormís, **duermen**	
preterit	dormí, dormiste, **durmió,** dormimos, dormisteis, **durmieron**	
present subjunctive	**duerma, duermas, duerma, durmamos, durmáis, duerman**	
imperfect subjunctive	**durmiera, durmieras, durmiera, durmiéramos, durmierais, durmieran (durmiese . . .)**	

empezar	*to begin, to start*	(Changes 1, 15)
imperative	**empieza,** empezad	
present indicative	**empiezo, empiezas, empieza,** empezamos, empezáis, **empiezan**	
preterit	**empecé,** empezaste, empezó, empezamos, empezasteis, empezaron	
present subjunctive	**empiece, empieces, empiece, empecemos, empecéis, empiecen**	

enviar	*to send*	(Change 17)
imperative	**envía,** enviad	
present indicative	**envío, envías, envía,** enviamos, enviáis, **envían**	
present subjunctive	**envíe, envíes, envíe,** enviemos, enviéis, **envíen**	

errar	*to err, to miss*	(Change 8)
imperative	**yerra,** errad	
present indicative	**yerro, yerras, yerra,** erramos, erráis, **yerran**	
present subjunctive	**yerre, yerres, yerre,** erremos, erréis, **yerren**	

estar	*to be*	(Irregular)
imperative	**está,** estad	
present indicative	**estoy, estás, está,** estamos, estáis, **están**	
preterit	**estuve, estuviste, estuvo, estuvimos, estuvisteis, estuvieron**	
present subjunctive	**esté, estés, esté,** estemos, estéis, **estén**	
imperfect subjunctive	**estuviera, estuvieras, estuviera, estuviéramos, estuvierais, estuvieran (estuviese . . .)**	

haber	*to have*	(Irregular)
imperative	**hé,** habed	
present indicative	**he, has, ha, hemos,** habéis, **han**	
preterit	**hube, hubiste, hubo, hubimos, hubisteis, hubieron**	
future	**habré, habrás, habrá, habremos, habréis, habrán**	
conditional	**habría, habrías, habría, habríamos, habríais, habrían**	
present subjunctive	**haya, hayas, haya, hayamos, hayáis, hayan**	
imperfect subjunctive	**hubiera, hubieras, hubiera, hubiéramos, hubierais, hubieran (hubiese . . .)**	

hacer	*to make, to do*	(Irregular)
past participle	**hecho**	
imperative	**haz,** haced	
present indicative	**hago,** haces, hace, hacemos, hacéis, hacen	
preterit	**hice, hiciste, hizo, hicimos, hicisteis, hicieron**	
future	**haré, harás, hará, haremos, haréis, harán**	
conditional	**haría, harías, haría, haríamos, haríais, harían**	
present subjunctive	**haga, hagas, haga, hagamos, hagáis, hagan**	
imperfect subjunctive	**hiciera, hicieras, hiciera, hiciéramos, hicierais, hicieran (hiciese . . .)**	

	ir	*to go*	(Irregular)
present participle	**yendo**		
past participle	**ido**		
imperative	**ve,** id		
present indicative	**voy, vas, va, vamos, vais, van**		
imperfect	**iba, ibas, iba, íbamos, ibais, iban**		
preterit	**fui, fuiste, fue, fuimos, fuisteis, fueron**		
present subjunctive	**vaya, vayas, vaya, vayamos, vayáis, vayan**		
imperfect subjunctive	**fuera, fueras, fuera, fuéramos, fuerais, fueran**		
	(fuese . . .)		

	jugar	*to play*	(Change 7)
imperative	**juega,** jugad		
present indicative	**juego, juegas, juega,** jugamos, jugáis, **juegan**		
preterit	**jugué,** jugaste, jugó, jugamos, jugasteis, jugaron		
present subjunctive	**juegue, juegues, juegue, juguemos, juguéis, jueguen**		

	oír	*to hear*	(Irregular)
present participle	**oyendo**		
past participle	**oído**		
imperative	**oye, oíd**		
present indicative	**oigo, oyes, oye, oímos,** oís, **oyen**		
preterit	oí, **oíste, oyó, oímos, oísteis, oyeron**		
present subjunctive	**oiga, oigas, oiga, oigamos, oigáis, oigan**		
imperfect subjunctive	**oyera, oyeras, oyera, oyéramos, oyerais, oyeran**		
	(oyese . . .)		

	oler	*to smell*	(Change 9)
imperative	**huele,** oled		
present indicative	**huelo, hueles, huele,** olemos, oléis, **huelen**		
present subjunctive	**huela, huelas, huela,** olamos, oláis, **huelan**		

	pagar	*to pay*	(Change 11)
preterit	**pagué,** pagaste, pagó, pagamos, pagasteis, pagaron		
present subjunctive	**pague, pagues, pague, paguemos, paguéis, paguen**		

	pedir	*to ask, to ask for*	(Change 4)
present participle	**pidiendo**		
imperative	**pide,** pedid		
present indicative	**pido, pides, pide,** pedimos, pedís, **piden**		
preterit	pedí, pediste, **pidió,** pedimos, pedisteis, **pidieron**		
present subjunctive	**pida, pidas, pida, pidamos, pidáis, pidan**		
imperfect subjunctive	**pidiera, pidieras, pidiera, pidiéramos, pidierais, pidieran**		
	(pidiese . . .)		

	pensar	*to think*	(Change 1)
imperative	**piensa,** pensad		
present indicative	**pienso, piensas, piensa,** pensamos, penséis, **piensan**		
present subjunctive	**piense, pienses, piense,** pensemos, penséis, **piensen**		

	perder	*to lose*	(Change 1)
imperative	**pierde,** perded		
present indicative	**pierdo, pierdes, pierde,** perdemos, perdéis, **pierden**		
present subjunctive	**pierda, pierdas, pierda,** perdamos, perdáis, **pierdan**		

poder	*can, to be able*	(Irregular)
present participle	**pudiendo**	
imperative	—, —	
present indicative	**puedo, puedes, puede,** podemos, podéis, **pueden**	
preterit	**pude, pudiste, pudo, pudimos, pudisteis, pudieron**	
future	**podré, podrás, podrá, podremos, podréis, podrán**	
conditional	**podría, podrías, podría, podríamos, podríais, podrían**	
present subjunctive	**pueda, puedas, pueda,** podamos, podáis, **puedan**	
imperfect subjunctive	**pudiera, pudieras, pudiera, pudiéramos, pudierais, pudieran** (**pudiese . . .**)	

poner	*to put*	(Irregular)
past participle	**puesto**	
imperative	**pon,** poned	
present indicative	**pongo, pones, pone, ponemos, ponéis, ponen**	
preterit	**puse, pusiste, puso, pusimos, pusisteis, pusieron**	
future	**pondré, pondrás, pondrá, pondremos, pondréis, pondrán**	
conditional	**pondría, pondrías, pondría, pondríamos, pondríais, pondrían**	
present subjunctive	**ponga, pongas, ponga, pongamos, pongáis, pongan**	
imperfect subjunctive	**pusiera, pusieras, pusiera, pusiéramos, pusierais, pusieran** (**pusiese . . .**)	

prohibir	*to prohibit, to forbid*	(Change 17)
imperative	**prohíbe,** prohibid	
present indicative	**prohíbo, prohíbes, prohíbe,** prohibimos, prohibís, **prohíben**	
present subjunctive	**prohíba, prohíbas, prohíba,** prohibamos, prohibáis, **prohíban**	

proteger	*to protect*	(Change 16)
present indicative	**protejo,** proteges, protege, protegemos, protegéis, protegen	
present subjunctive	**proteja, protejas, proteja, protejamos, protejáis, protejan**	

querer	*to want, to love*	(Irregular)
imperative	**quiere,** quered	
present indicative	**quiero, quieres, quiere,** queremos, queréis, **quieren**	
preterit	**quise, quisiste, quiso, quisimos, quisisteis, quisieron**	
future	**querré, querrás, querrá, querremos, querréis, querrán**	
conditional	**querría, querrías, querría, querríamos, querríais, querrían**	
present subjunctive	**quiera, quieras, quiera,** queramos, queráis, **quieran**	
imperfect subjunctive	**quisiera, quisieras, quisiera, quisiéramos, quisierais, quisieran** (**quisiese . . .**)	

rehusar	*to refuse*	(Change 18)
imperative	**rehúsa,** rehusad	
present indicative	**rehúso, rehúsas, rehúsa,** rehusamos, rehusáis, **rehúsan**	
present subjunctive	**rehúse, rehúses, rehúse,** rehusemos, rehuséis, **rehúsen**	

reír	*to laugh*	(Irregular)
present participle	**riendo**	
past participle	**reído**	
imperative	**ríe, reíd**	
present indicative	**río, ríes, ríe, reímos,** reís, **ríen**	
preterit	reí, **reíste,** rió, **reímos, reísteis,** rieron	

present subjunctive	**ría, rías, ría, riamos, riáis, rían**
imperfect subjunctive	**riera, rieras, riera, riéramos, rierais, rieran**
	(riese . . .)

reunir	*to unite, to reunite, to join, to assemble*	(Change 6)
imperative	**reúne,** reunid	
present indicative	**reúno, reúnes, reúne,** reunimos, reunís, **reúnen**	
present subjunctive	**reúna, reúnas, reúna,** reunamos, reunáis, **reúnan**	

saber	*to know, to know how*	(Irregular)
present indicative	**sé,** sabes, sabe, sabemos, sabéis, saben	
preterit	**supe, supiste, supo, supimos, supisteis, supieron**	
future	**sabré, sabrás, sabrá, sabremos, sabréis, sabrán**	
conditional	**sabría, sabrías, sabría, sabríamos, sabríais, sabrían**	
present subjunctive	**sepa, sepas, sepa, sepamos, sepáis, sepan**	
imperfect subjunctive	**supiera, supieras, supiera, supiéramos, supierais, supieran**	
	(supiese . . .)	

salir	*to go out*	(Irregular)
imperative	**sal,** salid	
present indicative	**salgo,** sales, sale, salimos, salís, salen	
future	**saldré, saldrás, saldrá, saldremos, saldréis, saldrán**	
conditional	**saldría, saldrías, saldría, saldríamos, saldríais, saldrían**	
present subjunctive	**salga, salgas, salga, salgamos, salgáis, salgan**	

sentir	*to feel*	(Change 3)
present participle	**sintiendo**	
imperative	**siente,** sentid	
present indicative	**siento, sientes, siente,** sentimos, sentís, **sienten**	
preterit	sentí, sentiste, **sintió,** sentimos, sentisteis, **sintieron**	
present subjunctive	**sienta, sientas, sienta, sintamos, sintáis, sientan**	
imperfect subjunctive	**sintiera, sintieras, sintiera, sintiéramos, sintierais, sintieran**	
	(sintiese . . .)	

ser	*to be*	(Irregular)
imperative	**sé,** sed	
present indicative	**soy, eres, es, somos, sois, son**	
imperfect indicative	**era, eras, era, éramos, erais, eran**	
preterit	**fui, fuiste, fue, fuimos, fuisteis, fueron**	
present subjunctive	**sea, seas, sea, seamos, seáis, sean**	
imperfect subjunctive	**fuera, fueras, fuera, fuéramos, fuerais, fueran**	
	(fuese . . .)	

tener	*to have, to hold*	(Irregular)
imperative	**ten,** tened	
present indicative	**tengo, tienes, tiene,** tenemos, tenéis, **tienen**	
preterit	**tuve, tuviste, tuvo, tuvimos, tuvisteis, tuvieron**	
future	**tendré, tendrás, tendrá, tendremos, tendréis, tendrán**	
conditional	**tendría, tendrías, tendría, tendríamos, tendríais, tendrían**	
present subjunctive	**tenga, tengas, tenga, tengamos, tengáis, tengan**	
imperfect subjunctive	**tuviera, tuvieras, tuviera, tuviéramos, tuvierais, tuvieran**	
	(tuviese . . .)	

tocar	*to touch*	(Change 10)
preterit	**toqué,** tocaste, tocó, tocamos, tocasteis, tocaron	
present subjunctive	**toque, toques, toque, toquemos, toquéis, toquen**	
traer	*to bring*	(Irregular)
present participle	**trayendo**	
past participle	**traído**	
present indicative	**traigo,** traes, trae, traemos, traéis, traen	
preterit	**traje, trajiste, trajo, trajimos, trajisteis, trajeron**	
present subjunctive	**traiga, traigas, traiga, traigamos, traigáis, traigan**	
imperfect subjunctive	**trajera, trajeras, trajera, trajéramos, trajerais, trajeran (trajese . . .)**	
valer	*to be worth*	(Irregular)
imperative	**val,** valed	
present indicative	**valgo,** vales, vale, valemos, valéis, valen	
future	**valdré, valdrás, valdrá, valdremos, valdréis, valdrán**	
conditional	**valdría, valdrías, valdría, valdríamos, valdríais, valdrían**	
present subjunctive	**valga, valgas, valga, valgamos, valgáis, valgan**	
venir	*to come*	(Irregular)
present participle	**viniendo**	
imperative	**ven,** venid	
present indicative	**vengo, vienes, viene,** venimos, venís, **vienen**	
preterit	**vine, viniste, vino, vinimos, vinisteis, vinieron**	
future	**vendré, vendrás, vendrá, vendremos, vendréis, vendrán**	
conditional	**vendría, vendrías, vendría, vendríamos, vendríais, vendrían**	
present subjunctive	**venga, vengas, venga, vengamos, vengáis, vengan**	
imperfect subjunctive	**viniera, vinieras, viniera, viniéramos, vinierais, vinieran (viniese . . .)**	
ver	*to see*	(Irregular)
past participle	**visto**	
present indicative	**veo,** ves, ve, vemos, veis, ven	
imperfect indicative	**veía, veías, veía, veíamos, veíais, veían**	
preterit	**vi,** viste, **vio,** vimos, visteis, vieron	
present subjunctive	**vea, veas, vea, veamos, veáis, vean**	

VOCABULARIO

The following Spanish-English and English-Spanish Vocabularies contain the words and expressions that appear in this text. Easily recognizable cognates and words and expressions glossed throughout the text have been omitted along with some very fundamental and basic vocabulary already mastered by intermediate-level Spanish students. If the article of a noun does not indicate gender, the noun is followed by *(m.)* for *masculine* or *(f.)* for *feminine*. Stem changes and spelling changes for verbs are indicated in parentheses after the infinitive: **dormir (ue, u); llegar (gu).**

ESPAÑOL-INGLÉS

A

a to, at, by
  a fondo thoroughly
  a medida que at the same time as
  a propósito by the way
  ¿a quién? (to) whom?
  a través de across, over, through(out)
  a veces sometimes
abierto, -a open
el, la **abogado, -a** lawyer
el **abrigo** overcoat
abrir to open
la **abuela** grandmother
  la **tía abuela** great aunt
el **abuelo** grandfather
aburrido, -a bored, boring
aburrir(se) to bore (to become bored)
acabar to finish
  acabar de + *inf.* to have just
acerca de about

acercarse to approach
aconsejar to advise
acontecer (zc) to happen
el **acontecimiento** occurrence, event
acordarse (ue) de to remember
acostarse (ue) to go to bed
la **actualidad** nowadays, present time
actualmente now, at the present time
el **acuerdo** agreement
  estar de acuerdo to agree
aculturarse to adapt oneself (to another culture)
adelante further, ahead, forward
  más adelante later on, further on
el **adelanto** advance
además besides
la **adivinanza** riddle, puzzle
adivinar to guess
la **aduana** customs

advertir (ie, i) to warn
afeitar(se) to shave (oneself)
aficionado, -a fond of
afuera outside
agradecer (zc) to thank
agregar to add
ahí there
ahora now
alcanzar to reach
la **alcoba** bedroom
alegrarse to be happy
algo anything, something, somewhat
el **algodón** cotton
alguien someone
alguno, -a some
alimentar to feed
allí there
el **almacén** department store
almorzar (ue) to eat lunch
alquilar to rent
alrededor (de) about, around
el **altiplano** high plateau
alto, -a high, tall
  ¡alto! stop!

la **altura** altitude, height
amable kind, nice
el **amanecer** dawn
el, la **amante** lover
amarillo, -a yellow
ambos, -as both
la **ametralladora** machine gun
la **amistad** friendship
las **amistades** friends
andante wandering, errant
andar to walk
el **ánimo** mind, soul, spirit
anoche last night
anteayer day before yesterday
el, la **antepasado, -a** ancestor
anterior previous
antes (de) before
antiguo, -a ancient, old
las **Antillas** West Indies
el **anuncio** advertisement
añadir to add
el **año** year
aparecer (zc) to appear
la **apariencia** appearance
el **apellido** last name, surname
apenas barely
apetecer (zc) to appeal
aprender to learn
apretar (ie) to squeeze
apropiado, -a appropriate
aquí here
el **árbol** tree
arder to burn
la **arena** sand
arreglar to arrange
arrestar to stop
el **arroz** rice

el **asado** roast
el **asado con cuero** beef barbequed in its hide
asegurarse to make sure
así so, thus
así como as well as
el **asiento** seat
asistir to attend
el **asunto** affair, matter
la **atención** attention
prestar atención to pay attention
atraído, -a attracted
aumentar to increase
aún still, yet
aunque although
avanzar to advance
el **ave** (f.) bird
el **avión** airplane
avisar to advise
ayer yesterday
la **ayuda** help
el, la **ayudante** assistant
ayudar to help
el **azúcar** sugar
azul blue

el **bachillerato** bachelor's degree, high school diploma
la **bahía** bay
el **baile** dance
bajar to descend, lower
bajo under
bajo, -a short, low
la **bandera** flag
bañarse to bathe
el **baño** bathroom
el **traje de baño** bathing suit
barato, -a cheap, inexpensive
la **barbaridad** foolishness

¡qué barbaridad! what nonsense!
la **barbarie** barbarism
el **barco** boat
el **barrio** district, neighborhood
bastante fairly, quite, rather
bastar to be enough
la **basura** garbage
beber to drink
la **bebida** drink
la **belleza** beauty
la **bestia** beast
la **bestia de carga** beast of burden
bien well
bienvenido, -a welcome
la **bisabuela** great grandmother
el **bisabuelo** great grandfather
blanco, -a white
la **boca** mouth
la **boda** wedding
la **boina** beret
la **bombilla** light bulb
bordado, -a embroidered
el **bosque** forest
el **brazo** arm
el **bronce** bronze
bucear to dive
buscar to look for, search

el **caballo** horse
caber to fit
la **cabeza** head
cada each
caerse to fall down
la **caja** box
la **calidad** quality
caliente hot
callarse to be quiet

la **calle** street

la **cámara** chamber, House (government body)

el **cambio** change, exchange

en **cambio** on the other hand

cambiar to change, exchange

caminar to walk

la **camisa** shirt

el, la **campesino, -a** farmer

el **campo** country, field

la **canción** song

la **canela** cinnamon

cansado, -a tired

cantar to sing

el **cante** folk song

el **cante jondo** deeply felt Andalusian folk song or music

la **cantidad** quantity

la **cañería** pipeline

la **capilla** chapel

el **capítulo** chapter

la **cara** face

el **caracol** snail

¡**caramba!** confound it!

caraqueño, -a of or from Caracas

cargar to load

cariñoso, -a affectionate

la **carne** meat

caro, -a expensive

el, la **cartero, -a** mail carrier

la **carreta** cart

la **carretera** highway

la **casa** house

la **casa natal** birthplace

casarse to get married

la **casualidad** chance, accident

por **casualidad** by chance

la **catarata** waterfall

cenar to eat dinner

el **centro** downtown

cerca (de) near

la **cerradura** lock

cerrar (ie) to close

cesar to stop

ciego, -a blind

el **cielo** sky

el **cine** movies, movie theatre

el, la **cirujano, -a** surgeon

la **cita** appointment, date

la **ciudad** city

el, la **ciudadano, -a** citizen

claro of course

la **cláusula** clause

la **clave** clue, key

el **coche** car

la **cocina** kitchen

el, la **cocinero, -a** cook

coger (j) to catch, grab, take hold of

colgar (ue) to hang

la **colina** hill

colocar to place

el **comedor** dining room

comenzar (ie) to begin

comer to eat

la **comida** meal

como as, like

cómodo, -a comfortable

el, la **compañero, -a** companion, friend

compartir to share

complacido, -a pleased

componer to compose

la **compra** purchase

ir de **compras** to go shopping

el, la **comprador, -a** buyer, purchaser

con with

con **prisa** hurriedly, quickly

conducir (zc) to drive, lead

la **confluencia** joining (of rivers)

confundir to confuse

conocer (zc) to know (be acquainted with)

el, la **conocido, -a** acquaintance

conocido, -a well-known, famous

el **conocimiento** knowledge

consciente conscious

conseguir (i, i) to obtain, get

el **consejo** advice

consistir en to consist of

constante constant

construir to build, construct

contar (ue) to count, say, tell

el **contenido** content

contestar to answer

contra against

en **contra de** against

contradecir to contradict

contraer to contract, catch, acquire

contratar to hire

el **copal** transparent resin

el **corazón** heart

coronado, -a crowned

corregir (i, i) to correct

el **correo** mail; post office

correr to run

cortar to cut

corto, -a short

la **cosa** thing

la **cosecha** harvest

coser to sew

costar (ue) to cost

creador, -a creative

crear to create

crecer (zc) to grow

la **creencia** belief

creer to believe

la **criada** maid
cruzar to cross
el **cuaderno** notebook
la **cuadra** block (street)
el **cuadro** picture
¿cuál? which?, what?
cualquier, -a
  whatever
¿cuándo? when?
¿cuánto, -a? how
  much?
el **cuarto** room
cubierto, -a covered
cubrir to cover
el **cuello** neck
la **cuenta corriente**
  checking account
el **cuento** short story
el **cuerpo** body
la **cueva** cave
el **cuidado** care, caution
culpar to blame
el **cumpleaños** birthday
cumplir to complete,
  finish
la **cuñada** sister-in-law
el **cuñado** brother-in-law
el **cura** priest
curar to cure
cuyo, -a whose

CH

charlar to chat, talk
el **chicle** chewing gum
el **chisme** gossip

dar to give
dar a luz to give
  birth
dar rabia to enrage,
  enfuriate
dar un paseo to
  take a walk
dar una serenata a
  to serenade

darse cuenta (de)
  que to realize
el **dato** fact
de about, of, from
de enfrente
  opposite, facing
de nuevo again
de repente suddenly
de temporada
  temporarily
de veras really
de vez en cuando
  from time to time
deber ought to, should
el **deber** duty
débil weak
decir to say, tell
el **dedo** finger
dejar to allow, leave
  behind, permit
deletrear to spell
el **delfín** dolphin
demasiado too, too
  much
dentro (de) inside
el **deporte** sport
la **derecha** right
  (direction)
el **derecho** law; right
  (legal)
derecho straight
derrocar to overthrow
desagradable
  disagreeable
desarrollar to develop
el **desarrollo**
  development
descansar to rest
desconocido, -a
  unknown
descrito, -a described
el **descubrimiento**
  discovery
descubrir to discover
descuidado, -a
  unkempt
desde from
desear to desire, wish
desempeñar to play a
  part, role

el **desempleo**
  unemployment
el **deseo** wish
el **desfile** parade
desgraciado, -a
  unfortunate
deshacer to undo
despacio slowly
el **despacho** office
despedirse (i, i) to
  fire; to say good-bye
despegar to take off
  (flight)
despejado, -a clear
despertarse (ie) to
  wake up
después (de) after
destacarse to stand
  out
desterrado, -a exiled
la **destreza** agility
destruir to destroy
la **desventaja**
  disadvantage
detenerse to pause,
  stop
detrás (de) behind
devolver (ue) to
  return, give back
el **diablo** devil
diariamente daily
el **diario** daily newspaper
dibujar to draw
el **dicho** saying
dicho, -a said,
  aforementioned
el **diente** tooth
el **dinero** money
el **dios** god
el **diputado** deputy
la **dirección** address;
  direction
dirigir (j) to direct,
  lead
el **disco** record
la **disculpa** apology,
  excuse
disculpar to excuse
el **diseño** design
el **disfraz** disguise

disfrutar to enjoy
distinto, -a different
distraer to distract
divertirse (ie, i) to enjoy oneself, have a good time
doler (ue) to ache
¿dónde? where?
dormir (ue, u) to sleep
la **ducha** shower
el, la **dueño, -a** owner
dulce sweet
el **dulce** candy
durante during
duro, -a hard

echar to throw; to mail
  echar flor to bloom
  echar mano a to lay hands on, grab
la **edad** age
edificar to build
el **edificio** building
ejercer (z) to exert
el **ejército** army
elegido, -a elected
elegir (i, i) (j) to choose, elect
empezar (ie) to begin
emplumado, -a plumed
en in, on
  en cambio on the other hand
  en contra de against
  en el extranjero abroad
  en seguida immediately
enamorarse to fall in love
el **encaje** lace
encantar to enchant

encargar to entrust
encerrar (ie) to enclose, imprison
encontrar (ue) to find
el, la **enfermero, -a** nurse
enfrentarse con to confront
enfrente (de) in front (of)
  de enfrente opposite, facing
engañar to deceive
enojarse to get angry
enriquecer (zc) to enrich
el **ensayo** essay
enseñar to show, teach
entender (ie) to understand
el **entendimiento** understanding
enterrado, -a buried
entonces then
la **entrada** entrance
entre among, between
entregar to deliver, give away
entretener(se) to entertain (oneself)
entrevistar to interview
enviar to send
envidioso, -a envious, jealous
el **equipo** team
la **equivocación** mistake
el **escabeche** pickled fish
la **escalera** staircase
esclarecer (zc) to illuminate
la **esclavitud** slavery
el, la **esclavo, -a** slave
escoger (j) to choose, select
esconderse to hide
escribir to write
el, la **escritor, -a** writer
escuchar to listen (to)
el **escudero** squire

el **espejo** mirror
la **esperanza** hope
esperar to hope, wait (for)
la **esposa** wife
el **esposo** husband
el **esqueleto** skeleton
la **esquina** corner
la **estación** season; station
el **estado** state
  el **estado del tiempo** weather condition
  estadounidense of or from the USA
estar to be
  estar de acuerdo to agree
  estar de moda to be in style
  estar de prisa to be in a hurry
el **este** east
el **estilo** style
la **estrella** star
el **estreno** premiere
la **estrofa** stanza
la **etiqueta** label
exigente demanding
el **éxito** success
la **explicación** explanation
explicar to explain
extranjero, -a foreign
  en el extranjero abroad
extraño, -a strange

fácil easy
la **fachada** façade
la **falta** lack
la **fe** faith
la **fecha** date
la **felicidad** happiness
fervorosamente zealously

el **ferrocarril** railroad
la **fiebre** fever
fijar to notice
fijo, -a fixed
el **fin** end
fingir (j) to pretend
flaco, -a thin
el **flamenco** flamenco
  el **tablado flamenco**
    flamenco show
la **flor** flower
  echar flor to bloom
florecer (zc) to bloom
el **folleto** brochure
el **fondo** depth
el **formulario** form
fortalecer (zc) to
  fortify
la **foto** photo(graph)
  sacar fotos to take
    photos
fracasado, -a failed
el **fraile** friar
la **frase** phrase, sentence
freír (i, i) to fry
la **frente** forehead
  frente a in front of
fresco, -a cool
la **fuente** fountain
fuerte strong
fumar to smoke
funcionar to work,
  operate
el, la **funcionario, -a** aide
fundado, -a founded
el, la **fundador, -a** founder

el **gallo** rooster, cock
  la **riña de gallos**
    cockfight
ganadero, -a relating
  to cattle
el **ganado** cattle
ganar to win
la **garganta** throat
gastar to spend

el **gaucho** cowboy
el **gemelo** cufflink
el, la **gemelo, -a** twin
el **género** genre
la **gente** people
el, la **gitano, -a** gypsy
el **gobierno** government
la **gota** drop
gozar (de) to enjoy
la **grabadora** tape
  recorder
granadino, -a of or
  from Granada
granizar to hail
el **granizo** hail
griego, -a Greek
el **grillo** cricket
gris gray
el **grito** shout
guapo, -a handsome
la **guerra** war
gustar to please

haber to have
  (auxiliary verb)
la **habitación** room
hacer to do, make
  hacer el papel to
    play the part
  hacer una pregunta
    to ask a question
hacia towards
hallar to find
el **hambre** *(f.)* hunger
hasta until
hay there is, there are
el **hecho** fact, deed
hecho, -a done
el **helado** ice cream
helado, -a frozen
la **hermana** sister
el **hermano** brother
hermoso, -a beautiful
el **hielo** ice
la **hija** daughter
el **hijo** son

hispanohablante
  Spanish-speaking
el **hogar** home
la **hoja** leaf, sheet (of
  paper)
hojear to leaf through
hoy today
el **huarache** woven sandal
la **huerta** garden
el **hueso** bone
el, la **huésped, -a** guest
  huir to flee
el **humo** smoke

I

el **idioma** language
la **iglesia** church
la **igualdad** equality
imponer to impose
inconsciente
  unconscious
insensible insensitive
intemporal untimely
intentar to try
el **invierno** winter
ir to go
  ir de compras to go
    shopping
la **izquierda** left

J

jactarse to boast
el **jardín** garden
el, la **jefe, -a** boss, chief,
  head
el **jinete** horseman
joven young
el, la **judío, -a** Jew
jugar (ue) to play (a
  game)
juntar to join
junto, -a together,
  joined
  junto a next to
la **juventud** youth

L

el **lado** side
el, la **ladrón, -a** thief
el **lago** lake
largo, -a long
la **lástima** pity, shame
el **látigo** whip
el **lavamanos** sink
lavar(se) to wash
(oneself)
la **lectura** reading
leer to read
el **legado** legacy
lejano, -a far away
lejos (de) far
la **lengua** language,
tongue
la **lentitud** slowness
lento, -a slow
el **letrero** sign
el **levantamiento** uprising
levantarse to get up
la **ley** law
la **leyenda** legend
el, la **libertador, -a**
liberator
la **librería** bookstore
ligero, -a light, slight
limpiar to clean
lindo, -a beautiful
el **lirismo** lyrical quality
listo, -a clever; ready
la **locura** insanity
el **lodo** mud
lograr to achieve
la **lucha** struggle, fight
luchar to struggle,
fight
luego next, then
el **lugar** place
tener lugar to take
place
el **lujo** luxury
la **luna** moon
lunes Monday
la **luz** light
dar a luz to give
birth

LL

la **llamada** call
llamar(se) to call (be
named)
el **llanto** lament
la **llave** faucet, key
llegar to arrive
llenar to fill
lleno, -a full
llevar to carry;
to take; to wear
llorar to cry
llover (ue) to rain
la **llovizna** drizzle
lloviznar to drizzle
la **lluvia** rain

M

madrileño, -a of or
from Madrid
la **madrugada** dawn
la **maestría** Master's
Degree
el, la **maestro, -a** master,
teacher
el **maíz** corn
maldito, -a accursed,
damned
el **maleficio** spell, curse
la **maleta** suitcase
malo, -a bad
malvado, -a evil
la **mancha** spot, stain
manchado, -a stained
mandar to send
el **mandato** command
manejar to drive
la **mano** hand
echar mano a to
lay hands on, grab
mantener to maintain
la **manzana** apple
la **mañana** morning
el **mañana** tomorrow
el **mar** sea
la **marca** brand

la **marcha** march
poner en marcha
to start (a car)
el **mariachi** Mexican
street singer
la **mariposa** butterfly
el **mármol** marble
Marte Mars
la **máscara** mask
matar to kill
mayor older, larger
la **mayoría** majority
la **medida** measure
el **medio** middle, half
por medio de
by means of
mejor best, better
mejorar to improve
menos less
por lo menos at
least
la **mente** mind
mentir (ie, i) to lie
la **mentira** lie
el **mensaje** message
la **merienda** light meal,
snack
el **mes** month
la **mesa** table
la **mesera** waitress
el **mesero** waiter
el **mestizaje** racial
mixture (Spanish/
Indian)
meter to place, put
el **mezcal** maguey plant
used in making
liquor
la **mezcla** mixture
el, la **miembro, -a** member
mientras while
mirar to look at,
watch
mismo, -a same
la **mitad** half
la **moda** style, fashion
estar de moda to be
in style
el **modismo** idiom
el **modo** way

el **molusco** mollusk
la **moneda** coin, money
moreno, -a brown, dark-haired, mulatto
morir (ue, u) to die
el **moro** Moor
la **mosca** fly
mostrar (ue) to show
mover (ue) to move
la **moza** waitress
el **mozo** waiter
la **muchedumbre** crowd, multitude
mudarse to move
los **muebles** furniture
la **muerte** death
la **mujer** woman
mundial worldwide
el **mundo** world
la **muralla** wall

nacer (zc) to be born
nacido, -a born
el **nacimiento** birth
nada nothing
nadie no one
la **nariz** nose
la **naturaleza** nature
la **Navidad** Christmas
la **neblina** fog
necesitar to need
negar (ie) to deny
el **negocio** business
nevar (ie) to snow
ni . . . ni neither . . . nor
ni siquiera not even
la **niebla** fog
la **nieve** snow
ninguno, -a none
el **nivel** level
la **noche** night
la **nochebuena** poinsettia
la **noticia** notice
las **noticias** news

la **novedad** novelty, news
la **novia** girl friend, fiancée
el **novio** boyfriend, fiancé
la **nube** cloud
nublado, -a cloudy
el **nudo** knot
la **nuera** daughter-in-law
nuevo, -a new
de nuevo again
nunca never

obedecer (zc) to obey
la **obra** work
obrar to work
occidental western
ocultar(se) to hide (oneself)
el **odio** hate
ofrecer (zc) to offer
el **oído** ear
oír to hear, listen to
ojalá I hope
el **ojo** eye
oler (ue) to smell
olvidarse (de) to forget
la **oración** prayer; sentence, statement
el **orden** command
la **oreja** ear
orgulloso, -a proud
oriental eastern
la **orilla** bank, shore
oscuro, -a dark
el **otoño** autumn, fall
otro, -a another, other

pagar to pay
la **página** page
el **país** country, nation
el **pájaro** bird

la **palabra** word
el **papel** paper; part (in a play), role
hacer el papel to play the part
el **paraguas** umbrella
parar to stop
parecer (zc) to seem
parecido, -a similar
la **pared** wall
la **pareja** couple, pair
el **partido** game; party (political)
el **párrafo** paragraph
pasado, -a past
el, la **pasajero, -a** passenger
pasar to happen, pass
el **pasatiempo** pastime
el **paseo** walk
dar un paseo to take a walk
el **paso** step
patinado, -a skated
pedir (i, i) to ask for, request
el **pelaje** fur
pelear to fight
la **película** film
peligroso, -a dangerous
el **pelo** hair
la **pena** pain, trouble, grief
valer la pena to be worthwhile
el **pensamiento** thought
pensar (ie) to think, intend
el **peñasco** boulder
peor worse, worst
pequeño, -a small
percibir to perceive
perder (ie) to lose
perezoso, -a lazy
el **periódico** newspaper
el, la **periodista** newspaper reporter
permanecer (zc) to remain

pero but
perseguir (i, i) to chase
el, la **personaje** character
pertenecer (zc) to belong
la **pesadez** heaviness
pesado, -a heavy
picante spicy
el **pico** peak
el **pie** foot
ponerse de pie to stand up
la **piedra** stone
la **pierna** leg
pintar to paint
la **piragua** canoe made of reed
pisar to step on
el **piso** floor, story (of a building)
la **pizarra** chalkboard
el **plátano** banana
platicar to chat
la **playa** beach
el **plomo** lead
la **pluma** feather
la **población** population
pobre poor
poco, -a few, little
el **poder** power
poder (ue) to be able
poderoso, -a powerful
polvo dust
poner to put, place
poner a prueba to challenge, put to the test
poner en marcha to start (a car)
ponerse to put on; to become
ponerse a to begin to
ponerse de pie to stand up
ponerse (el sol) to set (sun)
el **poquito** a little bit
por for, in order to

por casualidad accidentally, by chance
por lo demás besides, otherwise
por lo menos at least
por medio de by means of
¿por qué? why?
por supuesto of course
porque because
portarse to behave
postrero, -a last
la **pradera** pasture
el **precio** price
la **pregunta** question
hacer una pregunta to ask a question
preguntar to ask
premiar to award
el **premio** prize
la **prenda** item, article of clothing
la **prensa** press
preocuparse to worry
la **presión** pressure
prestar to lend
prestar atención to pay attention
el **presupuesto** budget
la **primavera** spring
primero, -a first
el, la **primo, -a** cousin
el **principio** beginning, start
al principio at first, in the beginning
la **prisa** hurry
con prisa quickly, hurriedly
estar de prisa to be in a hurry
probar (ue) to sample, taste, try
prodigioso, -a marvelous, wonderful
producir (zc) to produce

prometer to promise
el **pronombre** pronoun
pronosticar to predict
pronto quickly, soon
la **propina** tip
propio, -a own, proper, same
proponer to propose
el **propósito** purpose
a propósito by the way
proteger (j) to protect
el **provecho** advantage
proveer to provide
próximo, -a next
la **prueba** test, trial; proof
poner a prueba to put to the test, challenge
pudrir to rot
el **puente** bridge
pues well, since
el **puesto** job
el **pulgar** thumb
el **punto** point
el **punto de vista** point of view
el **puño** cuff; fist

¡qué! what!
¡qué barbaridad! what nonsense!
¡qué lío! what a mess!
quebrado, -a broken
quebrantar to break
quebrar to break
quedar to remain, be left; to stay
querer (ie) to love, want, wish
querido, -a beloved, dear
químico, -a chemical
quisiera would like
quitar to take away

R

la **rabia** anger, rage
  dar rabia to enrage,
    enfuriate
la **rama** branch
la **rana** frog
  rápido, -a fast
el **rascacielos**
  skyscraper
la **raya** stripe
  real royal
el **recibo** receipt
  recoger (j) to collect
  reconocer (zc) to
    recognize
  recordar (ue) to
    remember
  rechazar to reject
el **recuerdo** memory,
  souvenir
  redondear to round
    (off)
  redondo, -a round
  reflejar to reflect
  regalar to give (as a
    gift)
  regar (ie) to water
la **regla** rule
  regresar to return
el **regreso** return
la **reina** queen
el **reino** kingdom
  reír (i, i) to laugh
  relatar to tell
el **relieve** relief
  religioso, -a religious
el **reloj** watch
  rellenar to fill
  repetir (i, i) to repeat
  requerir (ie, i) to
    require
el **requisito** requirement
la **respuesta** answer
los **restos** remains
la **reunión** rally, meeting
  reunirse to get
    together, meet
la **revista** magazine

  revolver (ue) to stir
el **rey** king
  rezar to pray
el **rincón** corner
la **riña** fight
  la **riña de gallos**
    cockfight
la **riqueza** riches,
  wealth
la **risa** laughter
el **rito** ritual
  rodar (ue) to revolve
  rodear to surround
  rogar (ue) to beg, ask
  rojo, -a red
el **romance** ballad,
  narrative poem with
  eight syllables and
  assonance
  romper to break
la **ropa** clothing
  rosa pink
la **rosa** rose
el **rostro** face
  rubio, -a blond
el **ruido** noise
  ruidoso, -a noisy
el **rumbo** path, direction
  rumbo a on the way
    to, bound for

S

  saber to know
el **sabor** flavor
  saborear to taste
  sacar to remove, take
    out
  sacar fotos to take
    photos
  saciar to satisfy
el **saco** sportcoat
  sagrado, -a sacred
la **sala** living room
la **salida** departure, exit
  salir to leave
la **salud** health
  saludar to greet

  sanar to get well
la **sangre** blood
  secar to dry
  seco, -a dry
  seguir (i, i) to
    continue, follow
  según according to
  seguro, -a safe; sure
el **seguro** insurance
la **selva** jungle
la **semana** week
  semejante similar
la **semilla** seed
  sencillo, -a simple
  sensible sensitive
  sentarse (ie) to sit down
el **sentido** sense
  sentir (ie, i) to feel
la **señal** sign, signal
  sepultado, -a buried
la **serenata** serenade
  dar una serenata a
    to serenade
la **serie** series
  serio, -a serious
  servir (i, i) to serve
  servir de to act as,
    serve as
  siempre always
el **siglo** century
el **significado** meaning
  siguiente following
el **símil** simile
  simpático, -a nice
  sin without
    sin que without
    sin embargo
      nevertheless
  sino but rather
  siquiera: ni siquiera
    not even
el **sitio** place
  sobre about, above,
    on, on top of
el **sobrecargo** steward
la **sobrina** niece
el **sobrino** nephew
el **sol** sun
  ponerse el sol to
    set (sun)

tomar el sol to sunbathe
la **soledad** solitude
solo, -a alone
sólo only
soltar (ue) to release, let go
la **sombra** shade
sonar (ue) to ring
el **sonido** sound
soñar (ue) to dream
soportar to put up with
sorber to sip
sorprender to surprise
la **sorpresa** surprise
sostener to sustain
el **súbdito** subject
subir to go up
súbitamente suddenly
subrayado, -a underlined
sucio, -a dirty
el **suelo** floor, ground
suelto, -a free, loose
el **sueño** dream
la **suerte** luck
sugerir (ie, i) to suggest
sujetar to fasten
el **sujeto** subject
sumamente exceedingly
la **superficie** surface
suplicar to beg
suponer to suppose
surgir (j) to appear suddenly
el **sustantivo** noun

la **taberna** tavern
el **tablado** platform, stage
el **tablado flamenco** flamenco show

tal such
el **tal** that fellow
tal vez perhaps
el **tamaño** size
también also
el **tambor** drum
tampoco neither
tan so
tanto, -a so much
tantos, -as so many
tardar(se) to delay (oneself)
la **tarde** afternoon
tarde late
la **tarea** task
la **tarjeta** card
tejer to weave
el **tejido** cloth
la **telecomedia** soap opera
el **teleférico** cable car
el **tema** theme
el **temblor** earthquake
el **temor** fear
templado, -a temperate
la **temporada** season
temprano early
tener to have
tener en cuenta to keep in mind
tener lugar to take place
tener que ver con to have to do with
terminar to end, finish
el **terreno** piece of land, terrain
el, la **testigo** witness
la **tía** aunt
la **tía abuela** great aunt
el **tiempo** time; weather
el **estado del tiempo** weather condition
la **tienda** store
el **tío** uncle
el **tipo** kind
el **títere** puppet

el **título** title
el **tocadiscos** record player
tocar to play (an instrument); to touch
tocarle a uno to be one's turn
todavía still, yet
tomar to take; to drink, eat
tomar el sol to sunbathe
el **tomo** volume
tonto, -a foolish, stupid
trabajar to work
el **trabajo** work
traducir (zc) to translate
traer to bring
traicionar to betray
el **traje** suit
el **traje de baño** bathing suit
tratar to deal with, treat
tratar de to try (to)
travieso, -a mischievous
la **tribu** tribe
el **trigo** wheat
triste sad
el **trovador** minstrel, troubador
tutearse to address in the **tú** form

último, -a last
único, -a only
unir to join, unite
la **uva** grape

V

la **vaca** cow
vacilar to hesitate

vacío, -a   empty
valer   to be worth
  valer la pena   to be worthwhile
valiente   brave
el valor   courage, value, worth
el vaquero   cowboy
vasco, -a   Basque
el vaso   glass (drinking)
el, la vecino, -a   neighbor
vender   to sell
venir   to come
la ventaja   advantage
ver   to see
  tener que ver con   to have to do with
el verano   summer
la verdad   truth
verdadero, -a   true
vestirse (i, i)   to get dressed

la vez   time
  a veces   sometimes
  de vez en cuando   from time to time
viajar   to travel
el viaje   trip, journey
el, la viajero, -a   traveler
la vida   life
el vidrio   glass
viejo, -a   old
viernes   Friday
vigilar   to watch
la virtud   virtue
la vista   sight, view
vivir   to live
vivo, -a   alive
la vocal   vowel
el, la volador, -a   flyer
volar (ue)   to fly
volver (ue)   to return
la voz   voice
el vuelo   flight
la vuelta   turn

Y

ya   already
  ya que   since
la yerba   herb, grass
  la yerba mate   tea made from holly leaves
el yerno   son-in-law
el yugo   yoke

Z

el, la zapatero, -a   shoemaker, shoemaker's wife
el zapato   shoe
el zócalo   public square

A

about   acerca de, sobre, de
above   sobre
abroad   en el extranjero
accidentally   por casualidad
according to   según
accursed   maldito, -a
to ache   doler (ue)
to achieve   lograr
acquaintance   el, la conocido, -a
to acquire   contraer
across   a través de
to act as   servir de
to adapt (oneself)   aculturar(se)
to add   agregar, añadir
address   la dirección
advance   el adelanto
to advance   avanzar
advantage   el provecho, la ventaja
advertisement   el anuncio
advice   el consejo
to advise   aconsejar, avisar
affair   el asunto
affectionate   cariñoso, -a
aforementioned   dicho, -a
after   después (de)
afternoon   la tarde
again   de nuevo
against   contra, en contra de
age   la edad
agility   la destreza
agnostic   agnóstico, -a
to agree   estar de acuerdo
agreement   el acuerdo
ahead   adelante
aide   el, la funcionario, -a
alive   vivo, -a
to allow   dejar
alone   solo, -a

already   ya
also   también
although   aunque
altitude   la altura
always   siempre
among   entre
ancestor   el, la antepasado, -a
ancient   antiguo, -a
anger   la rabia
angry: to get angry   enojarse
another   otro, -a
answer   la respuesta
to answer   contestar
anything   algo
apology   la disculpa
to appeal   apetecer (zc)
to appear   aparecer (zc)
    to appear suddenly   surgir (j)
appearance   la apariencia
apple   la manzana
appointment   la cita
to approach   acercarse
appropriate   apropiado, -a
arm   el brazo
army   el ejército
around   alrededor de
to arrange   arreglar
to arrive   llegar
as   como
    as well as   así como
to ascend   subir
to ask   preguntar, rogar (ue)
    to ask for   pedir (i, i)
    to ask a question   preguntar, hacer una pregunta
assistant   el, la ayudante
to attend   asistir
attention   la atención
    to pay attention   prestar atención
attracted   atraído, -a
aunt   la tía

great aunt   la tía abuela
autumn   el otoño
to award   premiar

B

bachelor's degree   el bachillerato
bad   malo, -a
ballad   el romance
banana   el plátano
barbarism   la barbarie
barely   apenas
Basque   el, la vasco, -a
to bathe   bañarse
bathing suit   el traje de baño
bathroom   el baño
bay   la bahía
to be   estar, quedar, ser
    to be able   poder (ue)
    to be born   nacer (zc)
    to be enough   bastar
    to be happy   alegrarse
    to be in a hurry   estar de prisa
    to be in style   estar de moda
    to be one's turn   tocarle a uno
    to be quiet   callarse
    to be worth   valer
    to be worthwhile   valer la pena
beach   la playa
beast   la bestia
    beast of burden   la bestia de carga
beautiful   hermoso, -a; lindo, -a
beauty   la belleza
because   porque
to become   ponerse

bedroom   la alcoba
before   antes de
to beg   rogar (ue), suplicar
to begin   comenzar (ie),
   empezar (ie)
   to begin to   ponerse a
beginning   el principio
in the beginning
   al principio
to behave   portarse
behind   detrás de
belief   la creencia
to believe   creer
to belong   pertenecer (zc)
beloved   querido, -a
beret   la boina
besides   además, por lo
   demás
best   el, la mejor
to betray   traicionar
better   mejor
between   entre
bird   el ave (f.), el pájaro
birth   el nacimiento
birthday   el cumpleaños
birthplace   la casa natal
to blame   culpar
blind   ciego, -a
block (street)   la cuadra
blond   rubio, -a
blood   la sangre
to bloom   florecer (zc), echar
   flor
blue   azul
to boast   jactarse
boat   el barco
body   el cuerpo
bone   el hueso
bookstore   la librería
to bore   aburrir
bored   aburrido, -a
boring   aburrido, -a
born   nacido, -a
boss   el, la jefe, -a
both   ambos, -as
boulder   el peñasco
box   la caja
boyfriend   el novio
branch   la rama
brand   la marca

brave   valiente
to break   quebrantar,
   quebrar, romper
bridge   el puente
to bring   traer
brochure   el folleto
broken   quebrado, -a
bronze   el bronce
brother   el hermano
brother-in-law   el cuñado
brown   moreno, -a
budget   el presupuesto
to build   construir, edificar
building   el edificio
buried   enterrado, -a,
   sepultado, -a
to burn   arder
business   el negocio
but   pero; sino
butterfly   la mariposa
buyer   el, la comprador, -a
by   por
   by chance   por
      casualidad
   by means of   por medio
      de
   by the way   a propósito

C

cable car   el teleférico
call   la llamada
to call   llamar
candy   el dulce
canoe (made of reed)   la
   piragua
car   el coche
Caracas (of or from)
   caraqueño, -a
card   la tarjeta
care   el cuidado
to carry   llevar
cart   la carreta
to catch   coger (j), contraer
cattle   el ganado
cave   la cueva
century   el siglo
chalkboard   la pizarra

to challenge   poner a prueba
chamber   la cámara
chance: by chance   por
   casualidad
to change   cambiar
change   el cambio
chapel   la capilla
chapter   el capítulo
character   el, la personaje
to charge   cargar
to chase   perseguir (i, i)
to chat   charlar, platicar
cheap   barato, -a
checking account   la
   cuenta corriente
chemical   químico, -a
chewing gum   el chicle
chief   el, la jefe, -a
to choose   elegir (i, i) (j),
   escoger (j)
Christmas   la Navidad
church   la iglesia
cinnamon   la canela
citizen   el, la ciudadano, -a
city   la ciudad
clause   la cláusula
to clean   limpiar
clear   despejado, -a
clever   listo, -a
to close   cerrar (ie)
cloth   el tejido
clothing   la ropa
   article of clothing   la
      prenda
cloud   la nube
cloudy   nublado, -a
clue   la clave
cockfight   la riña de gallos
coin   la moneda
to collect   recoger (j)
to come   venir
comfortable   cómodo, -a
command   el orden, el
   mandato
to complete   cumplir
to compose   componer
confound it!   ¡caramba!
to confront   enfrentarse con
to confuse   confundir
conscious   consciente

to **consist of** consistir en
content el contenido
to **continue** seguir (i, i)
to **contract** contraer
to **contradict** contradecir
cook el, la cocinero, -a
cool fresco, -a
corn el maíz
corner la esquina, el rincón
to **correct** corregir (i, i) (j)
to **cost** costar (ue)
cotton el algodón
to **count** contar (ue)
country el país
countryside el campo
couple la pareja
courage el valor
cousin el, la primo, -a
to **cover** cubrir
covered cubierto, -a
cow la vaca
cowboy el gaucho, el vaquero
to **create** crear
creative el, la creador, -a
cricket el grillo
to **cross** cruzar
crowd la muchedumbre
crowned coronado, -a
to **cry** llorar
cuff el puño
cufflink el gemelo
to **cure** curar
curse el maleficio
customs la aduana
to **cut** cortar

daily diariamente
daily newspaper el diario
damned maldito, -a
dance el baile
dangerous peligroso, -a
dark oscuro, -a
dark-haired moreno, -a

date la cita, la fecha
daughter la hija
daughter-in-law la nuera
dawn el amanecer, la madrugada
day el día
day before yesterday anteayer
to **deal with** tratar
dear querido, -a
death la muerte
to **deceive** engañar
deed el hecho
to **delay (oneself)** tardarse
to **deliver** entregar
demanding exigente
to **deny** negar (ie)
department store el almacén
departure la salida
depth el fondo
deputy el diputado
to **descend** bajar
described descrito, -a
design el diseño
to **desire** desear
to **destroy** destruir
to **develop** desarrollar
development el desarrollo
devil el diablo
to **die** morir (ue, u)
different distinto, -a
dining room el comedor
to **direct** dirigir (j)
direction la dirección, el rumbo
dirty sucio, -a
disadvantage la desventaja
disagreeable desagradable
to **discover** descubrir
discovery el descubrimiento
disguise el disfraz
to **distract** distraer
district el barrio
to **dive** bucear
to **do** hacer
dolphin el delfín
done hecho, -a

downtown el centro
to **draw** dibujar
dream el sueño
to **dream** soñar (ue)
dressed: to get dressed vestirse (i, i)
drink la bebida
to **drink** beber, tomar
to **drive** conducir (zc), manejar
drizzle la llovizna
to **drizzle** lloviznar
drop la gota
drum el tambor
dry seco, -a
to **dry (up)** secar(se)
during durante
dust el polvo
duty el deber

E

each cada
ear el oído, la oreja
early temprano
earthquake el temblor
east el este
eastern oriental
easy fácil
to **eat** comer, tomar
to **eat dinner** cenar
to **eat lunch** almorzar (ue)
to **elect** elegir (i, i) (j)
embroidered bordado, -a
empty vacío, -a
to **enchant** encantar
to **enclose** encerrar (ie)
end el fin
to **end** terminar
to **enfuriate** dar rabia
to **enjoy** disfrutar, divertirse (ie, i), gozar de
to **enrage** dar rabia
to **enrich** enriquecer (zc)
to **entertain (oneself)** entretener (se)
entrance la entrada

to **entrust** encargar
envious envidioso, -a
equality la igualdad
errant andante
essay el ensayo
event el acontecimiento
evil malvado, -a
exceedingly sumamente
exchange el cambio
to **exchange** cambiar
excuse la disculpa
to **excuse** disculpar
to **exert** ejercer (z)
exiled desterrado, -a
exit la salida
expensive caro, -a
to **explain** explicar
explanation la explicación
eye el ojo

F

façade la fachada
face la cara, el rostro
fact el hecho, el dato
failed fracasado, -a
fairly bastante
faith la fe
fall el otoño
to **fall** caer, caerse
to **fall in love**
    enamorarse
famous conocido, -a
far lejos (de)
far away lejano, -a
farmer el, la campesino, -a
fashion la moda
fast rápido, -a
to **fasten** sujetar
faucet la llave
fear el temor
feather la pluma
to **feed** alimentar
to **feel** sentir (ie, i)
fever la fiebre
few poco, -a
fiancé el novio

fiancée la novia
field el campo
fight la lucha, la riña
to **fight** pelear, luchar
to **fill** llenar, rellenar
film la película
to **find** encontrar (ue),
    hallar
finger el dedo
to **finish** acabar, terminar,
    cumplir
to **fire** despedir (i, i)
first primero, -a
at first al principio
fist el puño
to **fit** caber
fixed fijo, -a
flag la bandera
flamenco el flamenco
flamenco show el
    tablado flamenco
flavor el sabor
to **flee** huir
flight el vuelo
floor el piso, el suelo
flower la flor
fly la mosca
to **fly** volar (ue)
flyer el, la volador, -a
fog la neblina, la niebla
to **follow** seguir (i, i)
following siguiente
fond of aficionado, -a
foolish tonto, -a
foolishness la barbaridad
foot el pie
to **forbid** prohibir
foreign extranjero, -a
forehead la frente
forest el bosque
to **forget** olvidarse de
form el formulario
to **fortify** fortalecer (zc)
forward adelante
founded fundado, -a
founder el, la fundador, -a
fountain la fuente
free suelto, -a
friar el fraile
Friday viernes

friend el, la compañero, -a;
    el, la amigo, -a
friends las amistades
friendship la amistad
frog la rana
from desde, de
from time to time de
    vez en cuando
front de enfrente
in front of frente a,
    enfrente (de)
frozen helado, -a
to **fry** freír (i, i)
full lleno, -a
fur el pelaje
furniture los muebles
further adelante
further on más adelante

G

game el partido
garbage la basura
garden la huerta, el
    jardín
genre el género
to **get** conseguir (i, i)
to **get angry** enojarse
to **get bored** aburrirse
to **get dressed** vestirse (i, i)
to **get married** casarse
to **get together** reunirse
to **get up** levantarse
to **get well** sanar
to **give** dar
to **give (as a gift)**
    regalar
to **give back** devolver (ue)
to **give birth** dar a luz
glass el vaso (drinking); el
    vidrio
global mundial
to **go** ir
to **go shopping** ir de
    compras
to **go to bed** acostarse (ue)
to **go up** subir

god   el dios
gossip   el chisme
government   el gobierno
to grab   coger (j); echar
      mano a
Granada (of or from)
      granadino, -a
grandfather   el abuelo
   great grandfather   el
      bisabuelo
grandmother   la abuela
   great grandmother   la
      bisabuela
grape   la uva
gray   gris
great aunt   la tía abuela
Greek   griego, -a
to greet   saludar
ground   el suelo
to grow   crecer (zc)
to guess   adivinar
guest   el, la huésped, -a
gum: chewing gum   el
      chicle
gypsy   el, la gitano, -a

H

hail   el granizo
to hail   granizar
hair   el pelo
half   la mitad
hand   la mano
   to lay hands on   echar
      mano a
handsome   guapo, -a
to hang   colgar (ue)
to happen   acontecer (zc),
      ocurrir, pasar
happiness   la felicidad
hard   duro, -a
harvest   la cosecha
hate   el odio
to have   tener, haber
   to have a good time
      divertirse (ie, i)
   to have just   acabar de
      + inf.

to have to do with
      tener que ver con
head   la cabeza; el, la
   jefe, -a
health   la salud
to hear   oír
heart   el corazón
heaviness   la pesadez
heavy   pesado, -a
height   la altura
help   la ayuda
to help   ayudar
herb   la yerba
here   aquí
to hesitate   vacilar
to hide   esconderse, ocultarse
high   alto, -a
highway   la carretera
hill   la colina
to hire   contratar
home   el hogar
honeymoon   la luna de
      miel
hope   la esperanza
to hope   esperar
horse   el caballo
horseman   el jinete
hot   caliente
house   la casa
House (government body)
      la Cámara
how much?   ¿cuánto, -a?
hunger   el hambre (f.)
hurriedly   con prisa
hurry   la prisa
   to be in a hurry   estar
      de prisa
to hurt   doler (ue)
husband   el esposo

I

ice   el hielo
ice cream   el helado
idiom   el modismo
to illuminate   esclarecer (zc)
immediately   en seguida
to imprison   encerrar (ie)

to impose   imponer
to improve   mejorar
to increase   aumentar
inexpensive   barato, -a
insanity   la locura
insensitive   insensible
inside   dentro (de)
insurance   el seguro
to intend   pensar (ie)
to interview   entrevistar
item   la prenda

J

jealous   envidioso, -a
Jew   el, la judío, -a
job   el puesto
to join   juntar, unir
joined   junto, -a
joining (of rivers)   la
      confluencia
journey   el viaje
jungle   la selva

K

keep: to keep in mind
      tener en cuenta
key   la llave; la clave
to kill   matar
kind   amable; el tipo
king   el rey
kingdom   el reino
kitchen   la cocina
knot   el nudo
to know   conocer (zc) (be
      acquainted with), saber
      (facts)
knowledge   el
      conocimiento

L

label   la etiqueta
lace   el encaje

lack   la falta
lake   el lago
lament   el llanto
land   el terreno
language   el idioma, la lengua
last   postrero, -a, último, a
   last name   el apellido
   last night   anoche
late   tarde
later on   más adelante
to laugh   reír (i, i)
laughter   la risa
law   el derecho, la ley
lawyer   el, la abogado, -a
to lay hands on   echar mano a
lazy   perezoso, -a
lead   el plomo
to lead   conducir (zc), dirigir (j)
leaf   la hoja
to leaf through   hojear
to learn   aprender
least: at least   por lo menos
to leave   salir, dejar
left   la izquierda
leg   la pierna
legacy   el legado
legend   la leyenda
to lend   prestar
less   menos
to let go   soltar (ue)
level   el nivel
liberator   el, la libertador, -a
lie   la mentira
to lie   mentir (ie, i)
life   la vida
light   ligero, -a
   light meal   la merienda
light   la luz
   light bulb   la bombilla
like   como
to listen (to)   escuchar, oír
little   poco, -a
   a little bit   un poquito
to live   vivir
living room   la sala

lock   la cerradura
long   largo, -a
to look   mirar
   to look at   mirar
   to look for   buscar
loose   suelto, -a
to lose   perder (ie)
to love   querer (ie)
   to fall in love   enamorarse
lover   el, la amante
to lower   bajar
luck   la suerte
luxury   el lujo
lyrical quality   el lirismo

M

machine gun   la ametralladora
made   hecho, -a
Madrid (of or from)   madrileño, -a
magazine   la revista
maid   la criada
mail   el correo
   mail carrier   el, la cartero, -a
to mail   echar
to maintain   mantener
majority   la mayoría
to make   hacer
   to make sure   asegurarse
marble   el mármol
to marry   casarse
Mars   Marte
marvelous   prodigioso, -a
mask   la máscara
master   el, la maestro, -a
Master's Degree   la maestría
matter   el asunto
meal   la comida
meaning   el significado
measure   la medida
meat   la carne
to meet   reunirse
member   el, la miembro, -a
memory   el recuerdo

message   el mensaje
Mexican street singer   el mariachi
mind   el ánimo, la mente
   to keep in mind   tener en cuenta
minstrel   el trovador
mirror   el espejo
mistake   la equivocación
mixture   la mezcla; el mestizaje
mollusk   el molusco
Monday   lunes
money   el dinero, la moneda
month   el mes
moon   la luna
Moor   el moro
morning   la mañana
mouth   la boca
to move   mover (ue), mudarse
movies: movie theater   el cine
mud   el lodo
multitude   la muchedumbre
must   deber

named: to be named   llamarse
nation   el país
nature   la naturaleza
near   cerca de
neck   el cuello
to need   necesitar
neighbor   el, la vecino, -a
neighborhood   el barrio
neither   tampoco
   neither...nor   ni...ni
nephew   el sobrino
never   nunca
nevertheless   sin embargo
new   nuevo, -a
   news   las noticias, la novedad
newspaper   el diario, el periódico

next luego, próximo, -a
  next to junto a
nice amable, simpático, -a
niece la sobrina
night la noche
noise el ruido
noisy ruidoso, -a
none ninguno, -a
nonsense la barbaridad
  what nonsense! ¡qué
    barbaridad!
no one nadie
nose la nariz
not no
  not even ni siquiera
notebook el cuaderno
nothing nada
notice la noticia
to **notice** fijar
noun el sustantivo
novelty la novedad
now actualmente, ahora
nowadays la actualidad
nurse el, la enfermero, -a

O

to **obey** obedecer
to **obtain** conseguir (i, i)
to **occur** acontecer
occurrence el
  acontecimiento
of de
  of course! ¡por
    supuesto!, ¡claro!
to **offer** ofrecer (zc)
office el despacho
old antiguo, -a, viejo, -a
older mayor
on sobre
  on the other hand en
    cambio
  on the way to rumbo a
  on top of sobre
only sólo; único, -a
to **open** abrir
open abierto, -a
to **operate** funcionar

opposite de enfrente
other otro, -a
otherwise por lo demás
ought deber
outside afuera
overcoat el abrigo
to **overthrow** derrocar
own propio, -a
owner el, la dueño, -a

P

page la página
to **paint** pintar
pair la pareja
paper el papel
parade el desfile
paragraph el párrafo
part (in a play) el papel
party (political) el
  partido
to **pass** pasar
passenger el, la pasajero, -a
past pasado, -a
pastime el pasatiempo
pasture la pradera
path el rumbo
to **pause** detenerse
to **pay** pagar
  to **pay attention** prestar
    atención
peak el pico
peasant el, la campesino, -a
people la gente
to **perceive** percibir
perhaps tal vez
to **permit** dejar
phrase la frase
picture el cuadro
pink rosa
pipeline la cañería
pity la lástima
place el lugar, el sitio
  to **take place** tener
    lugar
to **place** colocar, meter,
  poner
plane el avión

plateau (high) el altiplano
platform el tablado
to **play** jugar (ue); (**an**
  instrument) tocar
  to **play the part** hacer
    el papel, desempeñar
to **please** gustar
pleased complacido, -a
plumed emplumado, -a
poinsettia la nochebuena
point el punto
  point of view el punto
    de vista
poor pobre
population la población
post office el correo
power el poder
powerful poderoso, -a
to **pray** rezar
prayer la oración
to **predict** pronosticar
premiere el estreno
present time la actualidad
  at the present time
    actualmente
press la prensa
pressure la presión
to **pretend** fingir (j)
previous anterior
price el precio
priest el cura
prize el premio
to **produce** producir (zc)
to **promise** prometer
pronoun el pronombre
proof la prueba
to **propose** proponer
to **protect** proteger (j)
proud orgulloso, -a
to **provide** proveer
puppet el títere
purchase la compra
purchaser el, la
  comprador, -a
purpose el propósito
to **put** meter, poner,
  colocar
  to **put on** ponerse
  to **put to the test** poner
    a prueba

to **put up with** soportar
puzzle la adivinanza

Q

quality la calidad
quantity la cantidad
queen la reina
question la pregunta
  to **ask a question** hacer
    una pregunta,
    preguntar
quickly pronto, con prisa
quiet: to be quiet callarse
quite bastante

R

railroad el ferrocarril
rain la lluvia
to **rain** llover (ue)
rally la reunión
rather bastante
to **reach** alcanzar
to **read** leer
reading la lectura
ready listo, -a
to **realize** darse cuenta (de)
  que
really de veras
receipt el recibo
to **recognize** reconocer (zc)
record el disco
  record player el
    tocadiscos
red rojo, -a
to **reflect** reflejar
to **refuse** negar (ie)
to **reject** rechazar
relief el relieve
religious religioso, -a
to **remain** permanecer (zc),
  quedar
remains los restos
to **remember** acordarse (ue)
  de, recordar (ue)

to **remove** quitar
to **rent** alquilar
to **repeat** repetir (i, i)
  reporter el, la periodista
to **request** pedir (i, i)
to **require** requerir (ie, i)
  requirement el requisito
to **rest** descansar
to **return** regresar, volver
  (ue), devolver (ue)
  return el regreso
to **revolve** rodar (ue)
  rice el arroz
  riches la riqueza
  riddle la adivinanza
  right la derecha
    (direction); el derecho
    (legal)
to **ring** sonar (ue)
  ritual el rito
  roast el asado
  role el papel
    to **play the role** hacer
    el papel
  room el cuarto, la
    habitación
  rose la rosa
to **rot** pudrir
  round redondo, -a
to **round (off)** redondear
  royal real
  rule la regla
to **run** correr

S

sacred sagrado, -a
sad triste
safe seguro, -a
said dicho, -a
same mismo, -a, propio, -a
to **sample** probar (ue)
sand la arena
to **satisfy** saciar
to **say** contar (ue), decir
  to **say good-bye**
    despedirse (i, i)
saying el dicho

sea el mar
to **search** buscar
  season la estación; la
    temporada
  seat el asiento
to **see** ver
  seed la semilla
to **seem** parecer (zc)
  seen visto, -a
to **select** escoger (j)
to **sell** vender
to **send** enviar, mandar
  sense el sentido
  sensitive sensible
  sentence la frase, la
    oración
to **serenade** dar una
  serenata a
  series la serie
  serious serio, -a
to **serve** servir (i, i)
    to **serve as** servir (i, i)
    de
to **set (sun)** ponerse el sol
to **sew** coser
  shade la sombra
  shame la lástima
to **share** compartir
to **shave** afeitarse
  sheet (of paper) la hoja
  shirt la camisa
  shoe el zapato
  shoemaker el, la
    zapatero, -a
    shoemaker's wife la
    zapatera
  shopping: to go shopping
    ir de compras
  shore la orilla
  short bajo, -a, corto, -a
    short story el cuento
  shout el grito
to **show** enseñar,
  mostrar (ue)
  shower la ducha
to **shrink** contraer
  side el lado
  sight la vista
  sign el letrero, la señal
  signal la señal

similar parecido, -a, semejante
simile el símil
simple sencillo, -a
since pues, ya que
to **sing** cantar
sink el lavamanos
sip sorber
sister la hermana
sister-in-law la cuñada
to **sit** sentarse (ie)
size el tamaño
skated patinado, -a
skeleton el esqueleto
sky el cielo
skyscraper el rascacielos
slavery la esclavitud
to **sleep** dormir (ue, u)
slight ligero, -a
slow lento, -a
slowly despacio
slowness la lentitud
small pequeño, -a
to **smell** oler (ue)
smoke el humo
to **smoke** fumar
snail el caracol
snow la nieve
to **snow** nevar (ie)
so así, tan
  so many tantos, -as
  so much tanto, -a
soap opera la telecomedia
solitude la soledad
some alguno, -a
someone alguien
something algo
sometimes a veces
somewhat algo
son el hijo
song la canción
  folk song (Andalusian) el cante jondo
son-in-law el yerno
soon pronto
sound el sonido
souvenir el recuerdo
Spanish-speaking hispanohablante
spell el maleficio

to **spell** deletrear
to **spend** gastar
spicy picante
sport el deporte
sportcoat el saco
spot la mancha
spring la primavera
square (public) el zócalo
to **squeeze** apretar (ie)
squire el escudero
stained manchado, -a
staircase la escalera
to **stand** levantarse
  to **stand out** destacarse
  to **stand up** ponerse de pie
stanza la estrofa
star la estrella
start el principio
to **start (a car)** poner en marcha
state el estado
statement la oración
to **stay** quedarse
step el paso
to **step on** pisar
steward el sobrecargo
still aún, todavía
to **stir** revolver (ue)
stone la piedra
to **stop** arrestar, cesar, detener, parar
stop! ¡alto!
store la tienda
story el cuento; (**of a building**) el piso
straight derecho
strange extraño, -a
stranger el, la extranjero, -a
street la calle
stripe la raya
strong fuerte
struggle la lucha
to **struggle** luchar, pelear
stupid tonto, -a
style el estilo, la moda
  to **be in style** estar de moda
subject el súbdito, el sujeto

such tal
suddenly de repente, súbitamente
sugar el azúcar
to **suggest** sugerir (ie, i)
suit el traje
  bathing suit el traje de baño
suitcase la maleta
summer el verano
sun el sol
to **sunbathe** tomar el sol
to **suppose** suponer
sure seguro, -a
surface la superficie
surgeon el, la cirujano, -a
surname el apellido
surprise la sorpresa
to **surprise** sorprender
to **surround** rodear
surrounding alrededor de
to **sustain** sostener
sweet dulce

T

table la mesa
to **take** llevar, tomar
  to **take a walk** dar un paseo
  to **take away** quitar
  to **take hold of** coger (j)
  to **take off (flight)** despegar
  to **take out** sacar
  to **take photos** sacar fotos
  to **take place** tener lugar
to **talk** charlar
tall alto, -a
tape recorder la grabadora
task la tarea
to **taste** probar (ue), saborear
tavern la taberna
to **teach** enseñar
teacher el, la maestro, -a

team   el equipo
to **tell**   contar (ue), decir,
   relatar
temperate   templado, -a
temporarily   de temporada
terrain   el terreno
test   la prueba
   to **put to the test**   poner
      a prueba
to **thank**   agradecer (zc)
theme   el tema
then   entonces, luego
there   ahí, allí
   there is, there are
      hay
thief   el, la ladrón, -a
thin   flaco, -a
thing   la cosa
to **think**   pensar (ie)
thoroughly   a fondo
thought   el pensamiento
throat   la garganta
through   a través de, por
to **throw**   echar
thumb   el pulgar
time   el tiempo, la vez
   at the same time as   a
      medida que
   from time to time   de
      vez en cuando
tip   la propina
tired   cansado, -a
title   el título
today   hoy
together   junto, -a
tomorrow   el mañana
tongue   la lengua
too much   demasiado
tooth   el diente
to **touch**   tocar
towards   hacia
to **translate**   traducir (zc)
to **travel**   viajar
traveler   el, la viajero, -a
to **treat**   tratar
tree   el árbol
tribe   la tribu
trip   el viaje
true   verdadero, -a
truth   la verdad

to **try**   intentar, probar (ue),
   tratar de
turn   la vuelta
twin   el, la gemelo, -a

umbrella   el paraguas
uncle   el tío
unconscious   inconsciente
under   bajo
underlined   subrayado, -a
to **understand**   entender (ie)
understanding   el
   entendimiento
to **undo**   deshacer
unemployment   el
   desempleo
unfortunate   desgraciado, -a
to **unite**   unir
unkempt   descuidado, -a
unknown   desconocido, -a
until   hasta
untimely   intemporal
uprising   el levantamiento
USA (of or from)
   estadounidense

value   el valor
view   la vista
virtue   la virtud
voice   la voz
volume   el tomo
vowel   la vocal

W

to **wait (for)**   esperar
waiter   el mesero, el mozo
waitress   la mesera, la
   moza

to **wake up**   despertarse (ie)
to **walk**   andar, caminar
   to **take a walk**   dar un
      paseo
wall   la muralla, la pared
wandering   andante
to **want**   querer (ie)
war   la guerra
to **warn**   advertir (ie, i)
to **wash (oneself)**   lavar(se)
watch   el reloj
to **watch**   mirar, vigilar
to **water**   regar (ie)
waterfall   la catarata
way   el modo
   by the way   a propósito
weak   débil
wealth   la riqueza
to **wear**   llevar
weather   el tiempo
   weather condition   el
      estado del tiempo
to **weave**   tejer
wedding   la boda
week   la semana
welcome   bienvenido, -a
well: to get well   sanar
well   bien; pues
well-known   conocido, -a
West Indies   las Antillas
western   occidental
what?   ¿cuál?
what!   ¡qué!
   what a mess!   ¡qué lío!
   what nonsense!   ¡qué
      barbaridad!
whatever   cualquier, -a
wheat   el trigo
when?   ¿cuándo?
where?   ¿dónde?
which?   ¿cuál?
while   mientras
whip   el látigo
white   blanco, -a
whom?   ¿a quién?
whose   cuyo, -a
   ¿whose?   ¿de quién?
why   ¿por qué
wife   la esposa
to **win**   ganar

winter   el invierno
wish   el deseo
to **wish**   desear
without   sin
witness   el, la testigo
woman   la mujer
wonderful   prodigioso, -a
word   la palabra
work   la obra, el trabajo
to **work**   funcionar, obrar,
    trabajar
world   el mundo
worldwide   mundial
to **worry**   preocuparse

worse   peor
worst   el, la peor
worth   el valor
    to **be worth**   valer
    to **be worthwhile**   valer
    la pena
to **write**   escribir
writer   el, la escritor, -a

year   el año
yellow   amarillo, -a

yesterday   ayer
    day before yesterday
        anteayer
yet   aún, todavía
yoke   el yugo
young   joven
youth   la juventud

zealously   fervorosamente

ÍNDICE